AF252959

LES DERNIERS INVALIDES
GUY-PÉRON
PRÉFACE
DE
Jules CLARETIE
DE
l'Académie Française
Barrère
PARIS · CH · DELAGRAVE · Éditeur 15 Rue SOUFFLOT

Les
Derniers Invalides

GUY-PÉRON

Les Derniers Invalides

MÉMOIRES, SOUVENIRS, RÉCITS ET ÉPISODES

GUERRES DU MAROC, D'ALGÉRIE, DE CRIMÉE, D'ITALIE

DU MEXIQUE, DE CHINE

ET GUERRE FRANCO-ALLEMANDE

PRÉFACE DE JULES CLARETIE

De l'Académie française.

PARIS

LIBRAIRIE CH. DELAGRAVE

15, RUE SOUFFLOT, 15

PRÉFACE

C'est un des souvenirs et des chapitres de la *Vie à Paris* : le printemps aux Invalides.

Ce printemps de Paris, messager de joie et de vie, donne pourtant une mélancolie inattendue aux pierres qui tombent et aux vieillards qui passent. Ironiques antithèses! Je regardais tout à l'heure, dans son jardinet rajeuni, un ancien soldat qui, lentement, ratissait ses petites allées, redressait çà et là quelques branchettes aux bourgeons naissants, contemplait, souriant, de ses prunelles fatiguées, d'un bleu passé, — de ce bleu que l'âge décolore, — ce coin de terre, ce petit lambeau de jardin qu'il allait voir refleurir encore une fois. Et il y avait de l'étonnement et de la gratitude aussi, une sorte de satisfaction résignée, dans le regard que le vieil homme, très las, don-

naît à ses plates-bandes, à ses fleurs, à ses primevè-
res qu'il voyait se rouvrir, un printemps encore...

Les jardinets des Invalides! Tout petits, plus
petits qu'un minuscule jardin japonais, d'humbles
carrés de terre, mais tout peuplés de souvenirs!
Ils se font rares. On vient d'en convertir plus d'un
en prairie, et le temps n'est pas loin où ces jardins
de vieux soldats, avec leurs bancs de bois, leurs
charmilles, leurs petites bicoques de guinguette,
disparaîtront comme disparaissent, un à un,
ceux-là mêmes qui les cultivaient autrefois. Tout
passe. Et l'hôtel des Invalides, où par milliers vi-
vaient jadis — je les ai vus dans leurs immenses
réfectoires— les vieux troupiers, l'Hôtel n'a plus
que quelques vétérans qui y demeurent, attendant la fin, épaves de gloire, combattants devenus caducs...

Mais rien n'est plus touchant que de rencontrer, dans les cours désertes, les allées où les
passants sont rares, ces derniers occupants du
vieil Hôtel qui ne sera plus demain qu'un musée
ou un état-major. Ils passent, la casquette à cocarde tricolore remplaçant le casque ou le képi
d'autrefois, appuyés sur leurs cannes ou traînant
quelque jambe brisée. On dirait qu'ils incarnent
encore, dans leurs torses courbés, leurs têtes bran-
lantes ou chauves, les années de victoires ou de

sacrifices, et j'éprouve, à suivre leurs pas sur le sable, l'émotion qui saisissait le héros de Balzac à voir passer le colonel Chabert.

Je les regardais, ces jardins de vieillards, grands comme des mouchoirs de poche, — plus grands pourtant que la fosse qui nous attend tous, — et ce qui me frappait, c'est, au-dessus des petites maisonnettes de planches improvisées où ces invalides vont reposer leurs rhumatismes, le moulin que quelques-uns installent là pour en voir virer doucement les ailes, comme un bon Hollandais regarderait les bateaux de son horloge mécanique. Il y a tout un symbole dans ce petit moulin que l'invalide a planté au faîte de sa masure et qui tourne, tourne au vent, avec ses ailes peintes en couleurs tricolores et son étiquette R. F. Moulin à vent de ces pauvres vieux qui ont été, à leur heure, les don Quichottes du devoir. Moulins à vent dont les ailes autrefois leur ont cassé les os et dont la chanson, lorsque le vent printanier souffle de ce côté, leur chante comme aujourd'hui quelque espoir de renouveau.

Je me suis approché d'un de ces vieux qui sarclait ses allées qu'un enfant mesurerait en deux bonds. C'était un homme solide encore, le visage grave et calme, la moustache grise, avec le ruban de la médaille militaire sur la poitrine. Je lui ai parlé de ce dont on parle quand on ne se connaît point et de ce qui intéresse tout le monde, — de la pluie et du beau temps, — et il m'a dit le plaisir qu'il avait à jardiner par ces vingt degrés de chaleur. En mars!

Puis, en arrivant aux confidences de la vie courante, mélancoliquement il m'a raconté sa tristesse de voir l'Hôtel se vider, comme une auberge en fin de saison :

« Nous ne sommes plus qu'une soixantaine à peu près, soixante en comptant les enfants de troupe. Le ministre de la guerre n'envoie plus personne. Quand je suis entré ici, en 94, j'étais le trois centième. Depuis ce temps-là, il n'en est pas parti plus de douze ou quinze pour leur pays. Ils sont sortis. Ils sont revenus.

— Et les autres?

— Les autres?... Les autres sont morts. Le plus vieux de nous tous est un nommé Brindeau. Il a quatre-vingt-onze ans.

— Quelque Africain, sans doute?

— Non, un ancien gendarme. Notre doyen! »

Et l'invalide reprend son jardinage, tandis qu'arrive par l'allée un vétéran appuyé sur sa béquille et qui me fait penser à cet artilleur de Champigny dont un obus venait de casser la jambe et qui, tranquille, nous disait :

« Voilà quinze ans que j'en casse à d'autres. Chacun son tour ! »

Toute la brutale philosophie de la guerre dans un mot !

Chacun son tour. Toute la philosophie de la vie aussi.

* *

Le grand jardin de l'Hôtel est superbe, du reste, par ce beau soleil. Les allées blanches, criblées de lumière, s'étendent géométriquement, bordées de fusains verts et de lilas qui vont fleurir. Et, tout étincelant d'or, l'admirable dôme de Mansart, que les canons prussiens prenaient pour cible, scintille dans la lumière, là-haut. A terre, alignés dans les fossés, les canons de bronze montrent leurs gueules qui ne mordent plus : canons chinois ou canons turcs, parfois labourés par un boulet ; canons du temps de Louis XIV, avec la devise : *Nec pluribus...* ; canons allemands, sur leurs affûts, œuvres d'art à la fois et de bataille, portant ces mots ironiques sur des instruments de mort : *Fides, Lex, Justitia...*

Ils sont muets, les canons jetés à terre, ils sont endormis. Un enfant joue tout auprès et les caresse de ses petites mains roses. Un invalide les regarde et passe.

Au loin, dans les cours froides, les fresques de Bénédict Masson représentant l'histoire de France s'écaillent et tombent par squames comme une peau malade. Quand l'horloge sonne, admirablement sonore, on se demande si ce n'est pas un glas. Il semble qu'en passant on contemple là quelque chose de grand qui finit. De ces hautes murailles grises tombe, ainsi qu'une ombre de gloire, une sorte de majesté crépusculaire. Les noirs captifs enchaînés au coin des pavillons regardent de leurs yeux de bronze des pans de mur, des sculptures qui s'effritent, et dans la chapelle je cherche tous ces drapeaux que j'admirais au temps de mon enfance et qu'un incendie a consumés. Il en reste du moins, il reste des hampes noircies, des soies déchiquetées, comme des témoins d'autrefois.

La France nouvelle peut et doit garder de la vieille France les trophées poudreux et les lauriers, même desséchés. C'est un héritage de fierté, ces loques appendues aux voûtes de l'église et qui, avec tant de sang, ont coûté tant de dévouements et d'héroïsmes. Sang inutile, héroïsme devenu fumée comme les drapeaux brûlés. Mais le sacrifice à une idée est-il jamais inutile et faut-il enseigner aux martyrs qu'ils ont été dupes?

Le vieux Daumesnil et le général Duphot, dont les statues se dressent sous les arcades de la grande cour, sont là pour répondre. Rien n'est inutile de ce qui perpétue la patrie.

*
* *

Et ces pauvres gens, ces braves gens qui époussètent présentement leurs bordures de buis, plantent autour de leurs jardins des palissades neuves, admirent dans la terre noire quelque pensée ouvrant ses pétales de velours, — ces Cincinnatus du petit jardinet ont donné leurs efforts, haleté et lutté pour nous conserver ce qui nous reste de France.

Je voudrais savoir ce qu'ils pensent, quels rêves confus s'agitent encore dans leurs cerveaux. Parmi ces soixante, il en est qui ont pu voir encore l'Algérie, qui ont vu les tranchées de Crimée, les rizières de Lombardie ou de Chine, qui ont vu Frœschwiller et Metz. Quels souvenirs en ont-ils gardés? quelles images? J'ai visité le commandant Brasseur, le héros du Bourget, dans sa chambrette des Invalides. Il vivait là, mourait là, paralysé à demi sous la photographie du tableau d'Alphonse de Neuville, les yeux sur son épée qu'il n'avait pas rendue. Quand il évoquait le passé, il donnait, sans phrase aucune, la sensation de l'épique.

D'autres sont là encore, comme lui. Les derniers. Et après eux aura disparu cet uniforme légendaire, la capote sombre et la casquette de l'invalide. Ah! le temps lointain, le temps où l'on croyait à tant de choses, à l'invalide à la tête de bois!

Un écrivain, curieux de ce passé vivant encore, — de ce qui subsiste de ce passé, — M. Guy-Péron, a eu l'idée d'aller demander aux survivants de ce petit bataillon sacré que chaque jour décime, leurs sensations, leurs souvenirs. Il a interviewé les « derniers invalides », et de leurs propos, des évocations de batailles, — gloires et victoires, comme disaient les rimes enfuies des vieilles chansons, — il a tiré un volume tout à fait particulier, attendrissant et poignant, qui pourrait s'appeler aussi les *Mémoires des braves gens inconnus*.

M. Guy-Péron a bien fait de se hâter. — Bientôt il n'eût été plus temps, et dans un coin de terre qui ne sera pas le jardinet ourlé de buis, sera couché le dernier invalide. Et le printemps sourit à ces vieillards surveillant leurs fleurs nouvelles. Jeunes pousses et vieilles gens. C'est la germination éternelle. Et c'est la vie.

Il y a là, tout près, — comme à l'abri du monument de Louis XIV, — de l'autre côté du fossé plein d'herbe verte, une façon de square, un jardin où, sous les grands arbres, au pied des statues blanches, viennent jouer, creuser la terre, faire des tas de sable, les enfants. A deux pas de ces vieux, les petits rient et courent. Les cris d'oiseaux des uns couvrent la toux des autres. Là, — près de ce cèdre aux branches étendues ou de cet orme superbe où les passereaux bavardent, comme les enfants, — H. Taine mourant se traînait, me dit-on, et venait, d'habitude, s'asseoir, contempler le tronc solide de l'arbre rajeuni à chaque printemps. Et le philosophe rêvait au cours inévitable des choses.

Un jour, Paul Bourget l'aperçut là, rêvant, et Taine, en lui montrant l'arbre robuste, lui dit tristement, mais résigné, apaisé :

« J'aime à regarder quelque chose de fort! »

La sève, c'est la force ; et la sève court à travers les branches pendant que les invalides se courbent un peu plus chaque jour vers la terre qui fut maternelle, — nourrice de vie, berceuse de mort.

Et les lilas s'ouvrent, les lilas d'avril qui si vite auront passé comme — la constatation est banale — toutes les fleurettes de ce monde, fleurettes de gloire, fleurettes de pouvoir, fleurettes d'argent, fleurettes d'amour...

Un dernier salut au vieil invalide qui, de son geste militaire, porte la main à la visière de sa casquette, — et je laisse derrière moi le jardin et les jardinets, les enfants, les vieillards et le Dôme aux nervures d'or qui étincelle dans le soleil. Un coin de passé autour duquel, inconscient, joue l'avenir.

Jules Claretie.

LISTE DES INVALIDES

Le commandant KOCH, né à Paris en 1816.

L'ex-grenadier BODAUD, né à Gentilly en 1826.

L'ex-chasseur d'Afrique ARRAS, né à Lanne (Hautes-Pyrénées) en 1820.

L'ex-zouave DODOU, né à Saint-Amand (Nièvre) en 1826.

L'ex-caporal JOUVENAUX, né à Lille en 1824.

L'ex-voltigeur DOUAZE, né au Theil (Ardèche) en 1819.

L'ex-chasseur à cheval BRINDEAU, né à Laval en 1813.

L'ex-chasseur d'Afrique PIERRE, né à Tours en 1820.

L'ex-sergent des zouaves PAULZAC, né à Agen en 1830.

L'ex-sergent de grenadiers PACQUIN, né à Saint-Avold (Alsace) en 1831.

L'ex-voltigeur RETORS, né à Béziers en 1830.

L'ex-caporal de grenadiers MALROUX, né à Maurs (Cantal) en 1836.

L'ex-artilleur STRASWECK, né à Charenton en 1828.

L'ex-cuirassier SYLVAIN, né à Grenoble en 1832.

L'ex-artilleur SCHMIDT, né à Bourges en 1830.

L'ex-chasseur à pied THIL, né à Devant-les-Ponts, près Metz, en 1827.

L'ex-artilleur LEMAIRE, né à Neufchâtel (Seine-Inférieure) en 1830.

L'ex-zouave LEFEBVRE, né à Poitiers en 1832.

L'ex-soldat GILBERT, né à Congis (Seine-et-Marne) en 1830.

L'ex-clairon de zouaves GRISON, né à Meurey-en-Vaux (Haute-Saône).

L'ex-voltigeur THIEBAUT, né à Villiers-aux-Oies (Meurthe).

L'ex-zouave GÉRONDEAU, né à Meung-sur-Loire (Loiret) en 1833.

L'ex-zouave REYNAUD, né à Lablachère (Ardèche) en 1834.

L'ex-gendarme GUILLERME, né à Quimper en 1824.

Le capitaine COLOMBAIN, né à Paris en 1847.

L'ex-lancier ZUCKMEYER, né à Strasbourg en 1831.

L'ex-soldat LUCCIONI, né à Urtacca (Corse).

L'ex-soldat ROUX, né à Toulon en 1847.

L'ex-sergent BLANC, né à Toulouse en 1846.

L'ex-soldat MALAURIE, né à Tulle en 1830.

L'ex-turco LUTRINGER, né à Moosch (Haut-Rhin) en 1826.

LES
DERNIERS INVALIDES

AVANT-PROPOS

S'il est à Paris une physionomie sympathique, intéressante, populaire entre toutes, c'est bien celle de nos invalides, de nos vieux brisquards, débris glorieux et lamentables de nos armées d'Afrique, de Crimée, d'Italie, du Mexique, de Chine, et aussi, hélas! de la néfaste guerre de 1870-71, où la victoire qui leur avait été fidèle en maints combats devait alors les abandonner.

Lorsque nous les voyons passer avec leur légendaire houppelande de drap bleu, leur casquette de cuir ornée de la cocarde tricolore, marchant la tête haute et le regard droit, bombant leur poitrine constellée de médailles, qui marquent pour eux les diverses étapes de leur vie guerrière, nous nous rappelons, aussitôt, les dernières pages de notre histoire, pages brûlantes de récits de batailles et tout illuminées de lueurs d'héroïsme. Et nous saluons, sinon avec notre chapeau, au moins avec notre cœur, les conquérants anonymes qui les ont écrites avec leur sang.

Conquérants !!... Certes ils le sont, ou plutôt ils le furent, car après avoir gagné de multiples batailles, pris des villes immenses et conquis de vastes territoires au prix de leur sang, au péril de leur vie, ces guerriers sont revenus au pays, glorieux, mais pauvres ; repus de gloire, mais le ventre creux ; la poitrine constellée de médailles, mais sans un maravédis dans leur poche ; vainqueurs du monde, mais vaincus de la vie.

Et ils ont dû chercher asile en le vieil hôtel militaire où, depuis plusieurs siècles, viennent mourir en paix les conquérants sans conquête, les prolétaires de l'armée, ceux que mon éminent maître Jules Claretie appelle si justement les don Quichottes de la gloire.

Que leur reste-t-il, aujourd'hui, à ces vainqueurs d'Isly, de la Smala, de l'Arbach, de Laghouat, de Rome, de Sébastopol, de Magenta, de Melegnano, de Palestro, de Solférino, de Puebla et de Palikao ?... Un jardinet grand comme un mouchoir de poche, une tonnelle que tapisse un friselis de verdure, une corbeille de fleurs (roses et myosotis au printemps ; lis en été, chrysanthèmes en automne), plusieurs arbres fruitiers, pêchers ou pruniers, parfois un lilas : voilà

le seul bien foncier de ces conquérants. Quelques
médailles tintinnabulent sur leur poitrine : c'est
toute leur fortune. Cependant, ils s'estiment riches,
car les invalides sont modestes en leurs goûts (modestes comme tous les braves). N'ayant plus d'êtres à
chérir, car la solitude se fait autour de la vieillesse,
ils reportent leur affection sur les fleurs de leurs
jardins, et ils s'attendrissent devant un bourgeon qui
s'ouvre comme devant une nouvelle vie à laquelle
ils participeraient.

Ils ne demandent plus qu'une chose au monde,
c'est qu'on les laisse mourir en paix.

Jadis ils étaient six mille. Aujourd'hui ils ne sont
plus qu'une cinquantaine. C'est le dernier carré en
lequel foncent chaque année les noirs escadrons de
la mort.

Avant peu le vieil hôtel militaire de la place Vau-
ban ne sera plus que la nécropole de Napoléon Ier,
de ses généraux et des gouverneurs des Invalides.

L'écho des vastes salles ne s'éveillera plus au récit enflammé de quelques vétérans racontant leurs
exploits; les dalles sonores des corridors déserts, le
pavé des cours immenses et silencieuses, ne retenti-
ront plus du martellement de quelque jambe de bois.
Et dans les frais et fleuris jardinets, on n'apercevra
plus la sympathique silhouette de quelques conquérants devenus Cincinnatus, cultivant des corbeilles
de roses, ou bien assis sous sa verte tonnelle, le verre
en main, buvant le bon vin de France qui égaye, qui

réconforte et qui met un instant le soleil de la vie dans les yeux presque éteints de ceux qui vont mourir.

Avant que la mort ait arrêté sur leurs lèvres les récits de leurs campagnes, de leurs exploits, de leurs actions d'éclat, et aussi de leurs souffrances, je suis allé voir ces vieux de la vieille, et j'ai recueilli, avec les cahiers journaux de routes et mémoires réunis en ce volume, les récits qu'ils m'ont faits, en leur langage imagé, pittoresque en sa vulgarité même, émaillé parfois de jurons et d'expressions joviales, qui ne font, d'ailleurs, que donner l'allure toute militaire qui convient à des récits guerriers.

Organisation. — Mais tout d'abord examinons l'organisation de cette institution nationale.

Il nous faut remonter à une époque assez reculée pour en retrouver une semblable.

A Rome, les vétérans invalides obtenaient parfois une part du territoire conquis. Auguste fonda même une caisse militaire destinée à venir en aide aux vieux blessés.

En France, les premiers rois distribuaient, à titre de récompense, des fiefs aux chefs qui combattaient pour eux, mais ils ne se préoccupaient pas des simples soldats.

C'est Charlemagne qui eut, le premier, l'idée d'imposer aux monastères et abbayes de fondation royale l'obligation de recevoir des soldats blessés, lesquels, sous les noms d'oblats ou frères lais, y remplissaient d'humbles fonctions. Plus tard, un certain nombre d'entre eux formèrent, sous le nom de *mortes-payes,* les garnisons des châteaux de peu d'importance.

En 1254, saint Louis fonda les *Quinze-Vingts,* établissement dans lequel furent uniquement admis des gentilshommes ayant perdu la vue pendant la croisade.

Henri III créa, en 1575, une sorte d'ordre de chevelerie, l'ordre de la *Charité chrétienne,* composé d'officiers et de soldats infirmes, entretenus aux frais des couvents qui avaient été obligés de les recevoir comme oblats.

Henri IV n'oublia pas qu'il devait son royaume au courage et au dévouement de ses soldats, et il résolut de mettre leur vieillesse à l'abri de la misère. Pour cela, il reprit le projet que quelques-uns de ses prédécesseurs avaient eu avant lui de former un établissement spécial pour les invalides. En 1597, il affecta à la réalisation du plan qu'il avait conçu l'hôpital de la Charité chrétienne, situé rue de Lourcine, au faubourg Saint-Marceau, fondé au treizième siècle par Marguerite de Provence, veuve de saint Louis.

Mais, cet établissement étant devenu insuffisant, Louis XIII ordonna de fonder au château de Bicêtre, sous le nom de *Commanderie de Saint-Louis,* un hospice pour tous les officiers et soldats mutilés et dépourvus de ressources; mais les travaux d'exécution furent suspendus par la mort du roi.

Les multiples guerres qui se produisirent sous le règne de Louis XIV augmentèrent considérablement le nombre des mutilés à cette époque. Et c'était pitié, dit un écrivain du temps, de voir ces braves, estropiés pour le compte du roi, obligés de tendre la main le long des chemins, tout travail leur étant impossible.

C'est alors que Louis XIV décida de leur faire bâtir un palais qu'on appellerait l'hôtel des Invalides. La construction de ce palais, décidée le 12 mars 1670, ne dura que quatre ans, et à la fin de 1674 les soldats infirmes quittèrent le Cherche-Midi, où on les avait provisoirement installés, pour prendre possession du superbe établissement qui fait encore aujourd'hui l'admiration de ses nombreux visiteurs.

Bruant d'abord, Mansart ensuite, collaborèrent à son exécution. Les plans du dôme sont exclusivement de Mansart.

Nous ne ferons pas ici une description détaillée de l'illustre hôtel, si connu des Parisiens.

La façade, d'une ordonnance sévère, s'étend sur un développement de cent quatre-vingt-seize mètres. Derrière cette façade sont cinq cours entourées de bâtiments hospitaliers élevés de trois étages. Les bâtiments qui bordent actuellement le boulevard des Invalides ont été élevés seulement sous Louis XV.

Dès que les vieux soldats furent installés dans leur

hôtel, le roi le dota largement, et lorsque éclata la Révolution, son revenu annuel s'élevait à un million sept cent mille livres, ce qui équivaut à plus de trois millions de notre monnaie actuelle.

Après la guerre de la Succession d'Espagne, la place ayant manqué à l'hôtel des Invalides pour tous les ayants droit, on dut remplacer pour beaucoup l'assistance en nature par l'assistance en argent, laquelle prit bientôt un caractère de droit, consacré par la loi de 1900.

Sous Louis XV, de nombreux abus s'introduisirent dans l'hôtel des Invalides. Il n'était pas rare de voir les grands seigneurs y faire admettre leurs anciens laquais, bien qu'ils n'eussent jamais porté les armes, et le ministre Saint-Germain eut toutes les peines du monde à réprimer ces criantes illégalités. Sous la Révolution, les dépenses des Invalides furent mises à la charge de l'État. En 1811, Napoléon, par un décret, accorda aux Invalides une dotation de six millions. De grandes modifications furent introduites dans l'institution; l'uniforme fut modifié et mis en rapport avec celui de l'armée.

En 1832, la dotation fut confisquée au profit de l'État, et depuis lors les dépenses de ce service forment un chapitre du budget du ministère de la guerre.

Les guerres de la Révolution et de l'Empire firent adjoindre à l'hôtel trois succursales établies successivement à Versailles, Gand et Avignon, et qui ont été depuis tour à tour supprimées; la dernière est celle d'Avignon, qui a subsisté jusqu'en 1850. Depuis lors, tous les invalides sont réunis à Paris. Leur nombre, qui s'est élevé à quinze mille sous le Consulat, à vingt-six mille en 1812, était encore à six cent quatre-vingt-cinq après la guerre, pour tomber à cinquante, chiffre actuel.

Les invalides sont organisés militairement et justiciables des conseils de guerre. Mais jamais aucune mesure de ce genre n'a été prise, de mémoire d'invalide actuel.

Une ordonnance de 1822, et qui est toujours en vigueur, leur donne le pas sur tous les autres corps de l'armée.

Pour pouvoir être admis à l'hôtel des Invalides, d'après les anciens règlements, il fallait être pensionné par l'État, être âgé de soixante ans au moins et avoir des blessures et infirmités équivalentes à la perte d'un membre. Ce règlement n'est plus observé.

Les invalides sont répartis en trois catégories. La première comprend les officiers de tous grades. Ils sont actuellement au nombre de trois seulement. La deuxième, les invalides relativement actifs, qui font leur chambre, leur lit, entretiennent leurs effets, et dont le service, très restreint, consiste à être homme de garde ou planton à la cuisine. La troisième, les impotents, dits grands moines lais et petits moines lais. Les petits moines lais comprennent les manchots (*maniirots*), les *béquillards*; ils ont une nourriture spéciale et des servants pour les soigner. Les grands moines lais ne paraissent pas au réfectoire et sont servis dans leur dortoir ou chambre, qui constituent la section d'hospitalisation considérée comme infirmerie-hôpital.

Autrefois, chaque catégorie ou division était commandée par un chef de division ayant sous ses ordres un adjudant et un nombre variable de chefs de chambrée chargés de maintenir l'ordre.

Il y avait aussi un maréchal de France ou général de division gouverneur, un général de brigade commandant l'École, tout un état-major de colonel, lieutenant-colonel, commandant, capitaine adjudant-major, choisis parmi les officiers en retraite.

A un moment même, le gouverneur était le roi Jérôme de Westphalie, frère de Napoléon Ier, père de feu le prince Jérôme, mort il y a quelques années.

Qu'on nous permette de citer à ce sujet une amusante anecdote :

Très vieux, très malade, occupant depuis quelques années son poste de gouverneur qui lui avait été octroyé par son neveu Napoléon III, avec la dignité de maréchal de France, le *Moniteur* publiait tous les jours dans sa partie non officielle un bulletin de santé. Comme d'usage, les hauts et les bas alternaient, et comme il allait mieux ce jour-là, les médecins avaient envoyé un bulletin rassurant ainsi conçu : « Le mieux persiste. » Erreur ou malice, le typo composa : « Le vieux persiste. » La coquille eut un succès fou, mais son auteur dut la regretter, car il fut mis à la porte.

De tout cet état-major, le dernier gouverneur, qui était le général de Martimprey, mort vers 1880, ne fut plus remplacé. Les officiers supérieurs disparurent par voie d'extinction; enfin, la mort du général Arnoux, le dernier commandant, décida le ministre de la guerre à rattacher les Invalides au gouvernement de Paris. Les invalides reçoivent une petite solde dite de menus besoins et qui est pour les simples soldats de vingt centimes par jour et par homme. Les gradés touchent quelques sous de plus, suivant le degré de la hiérarchie.

Tout le monde doit manger à la même heure au réfectoire.

La nourriture est très variée et fort suffisante : un plat de viande, un plat de légumes, un dessert et quarante centilitres de vin à chaque repas; sept cent cinquante grammes de pain par jour. Quand un invalide n'aime pas un plat, on lui en donne un autre.

Ces hommes d'âge, qui ont leurs habitudes, leurs petites manies, ne sauraient où aller si la liberté leur était rendue. Du reste, cette liberté, ils la possèdent, puisqu'ils peuvent s'en aller du jour au lendemain; et s'ils restent, c'est que ce genre de vie leur plaît.

LE COMMANDANT KOCH

KOCH

Le commandant Koch occupe, à l'infirmerie des Invalides, un modeste logement de deux pièces, éclairé par trois fenêtres sur la cour d'Alger. Des gravures, des tableaux guerriers, des scènes de batailles, illuminent les murs de lueurs d'héroïsme. A côté du portrait du général Koch, frère du commandant, un délicieux pastel représente une

jeune fille portant une gerbe de fleurs. Ce pastel,
œuvre du commandant Koch, eut, il y a quelques
années, les honneurs du Salon. Plus loin, une carte
de l'Indo-Chine et du Tonkin signée Koch, me rappelle que le commandant n'est pas seulement un
peintre de talent, mais aussi un géographe éminent,
titulaire du prix Malte-Brun, de la Société de géo-
graphie.

Cependant, assis dans son vaste fauteuil, près de
la fenêtre ensoleillée, le corps anémié par l'âge
(M. Koch a quatre-vingt-huit ans), les membres
tordus par les rhumatismes contractés dans les tranchées de Crimée, l'ex-brillant officier de la légion
étrangère, qui en 1837 débarquait sur la terre d'A-
frique, me raconte les souvenirs de son existence
passée en grande partie sur les champs de bataille
d'Algérie, de Crimée, d'Italie, de Chine... Sa voix,
d'abord faible, hésitante et douce, grossit, devient
claironnante pour lancer des noms de victoires, car
le commandant Koch n'a pas connu la défaite. Et,
tandis qu'il me parlait avec volubilité, scandant ses
mots, l'œil clair et brillant comme une lame d'épée,
il se redressait en brusque ressaut de tout son
corps, le bras lancé en avant comme s'il commandait une charge. Mais bientôt, épuisé par cet effort,
il retombait sur son fauteuil, et sa voix, redevenue
plaintive et faible comme celle d'un enfant, implorait le silence, demandait grâce pour sa mémoire
vacillante comme la flamme d'une lampe qui va

s'éteindre, tandis que ses pauvres doigts tordus par la douleur frappaient nerveusement son front sabré de rides, comme pour en éveiller les souvenirs enfouis sous la cendre des années.

A ses côtés, vigilante et attentive, la sœur Sainte-Thérèse, qui le soigne depuis de longs mois, lui criait à l'oreille les questions que je lui posais ; le vieux commandant se les répétait comme à lui-même, puis y répondait avec douceur.

« J'entends bien, ma sœur, j'entends bien, mais excusez-moi de ne pouvoir répondre à toutes vos questions, car je n'ai plus de mémoire, les souffrances l'ont tuée. »

Et, bondissant de son fauteuil, le bras lancé en avant, l'œil brillant, le vieux guerrier clame d'une voix tonnante :

« Je souffre depuis Sébastopol!! »

Puis, épuisé par cet effort, il retombe dans son fauteuil, prend son front dans ses mains et reste un instant immobile et rêveur.

Mais bientôt il relève la tête et, d'une voix faible, il me dit :

« Excusez-moi de ne pouvoir vous en dire davantage, mais mes souvenirs sont bien loin, et ma mémoire est courte. »

Je demande :

« Où avez-vous été blessé ? »

Le commandant fronce les sourcils, bondit à nouveau, puis, m'envoyant, en un geste brusque, mais involontaire, son poing en pleine poitrine, il tonne, scandant ses mots :

« Blessé en Crimée... nuit du 2 mai, dans les tranchées ;... éclat d'obus, atteint à la tête et à la jambe... Jamais reculé, moi... Toujours en avant... devriez le savoir... Je chargeai, comme ceci. »

Puis, lancé... le commandant charge à fond sur les Russes... ou plutôt sur moi, ce qui m'oblige à me replier en bon ordre jusqu'à un retranchement naturel formé par une table et deux chaises... tandis que le commandant clame toujours par-dessus les obstacles mis à son impétuosité :

« Gaillards solides... courageux ; mais incapables de rompre l'élan de nos soldats. On l'a vu à l'Alma... j'y étais ;... à Inkermann... j'y étais; au Mamelon-Vert, j'y étais;... à Malakoff... j'y étais;... à l'affaire de nuit du 2 mai... j'y étais : la preuve, j'ai été blessé... à côté de mon chef... Bazaine, le malheureux Bazaine...

Voici quelques détails sur cette affaire du 2 mai :

Les Russes, pour prévenir une attaque générale des armées alliées, élevaient devant le bastion du Mât des ouvrages de contre-approche qui menaçaient une de nos batteries. Il fallait donc détruire complètement ces ouvrages avant qu'ils ne fussent terminés. C'était l'avis du général Canrobert. Pélissier, commandant en chef, ne tarda pas à le partager. Devant le danger croissant qu'offraient ces travaux d'approche, les deux généraux, d'accord à ce sujet,

décidèrent une attaque de nuit contre ces ouvrages.
Les généraux Rivet, Bazaine, de la Motte-Rouge,
le lieutenant-colonel Raout et le général de division
de la Salle furent chargés de cette attaque.

Dans la soirée, les troupes vinrent se masser à la
maison du Clocheton, et, à la nuit, elles se mirent
silencieusement en route à travers les cheminements.
Elles étaient divisées en trois colonnes. A droite, le
9ᵉ bataillon de chasseurs à pied, commandé par le
capitaine Villermin et appuyé par deux compagnies
du 42ᵉ régiment d'infanterie de ligne. Au centre, la
colonne dirigée par le général de la Motte-Rouge. A
gauche, la colonne placée sous les ordres du général
Bazaine, et qui comprenait les compagnies du 1ᵉʳ régiment de la légion étrangère et celles du 13ᵉ et du
79ᵉ, colonel Grenier.

A dix heures et demie, l'ordre de l'attaque est donné.

Les compagnies s'élancent au pas de course, baïonnette au canon, escaladent les parapets; une violente
fusillade les accueille, mais l'intérieur de l'ouvrage
est vite envahi; de véritables corps à corps s'enga-
gent entre assiégeants et défenseurs. Les Russes
longtemps résistent, puis finissent par céder le terrain, laissant leurs ouvrages aux mains des Français
victorieux.

Mais, dès que les Russes en fuite eurent regagné
Sébastopol, tous les canons de la place se mirent à
tonner, et une pluie de boulets et d'obus s'abattit sur
les vainqueurs, qui ne reculèrent pas d'une semelle.

Notre artillerie répondit bientôt aux batteries russes et parvint à les faire taire.

Cependant, entraînés par l'ardeur de la lutte, beaucoup de nos soldats s'étaient élancés à la poursuite des Russes et arrivèrent jusqu'aux escarpements du bastion central, qu'ils tentèrent d'escalader; mais, renversés par les fougasses qui éclatèrent de tous côtés, ils furent obligés de revenir, poursuivis à leur tour par l'ennemi, qui en tua un grand nombre. Trois fois les Russes tentèrent des retours offensifs, trois fois ils furent repoussés.

« C'est au cours de ce combat, dit le commandant, que le colonel Vienot, du 1er régiment de la légion étrangère, fut tué (une balle lui avait traversé le crâne). Moi, je fus blessé d'un éclat d'obus à la tête et à la jambe. J'en souffre encore aujourd'hui. »

Et il clame d'une voix forte : « Voilà cinquante ans que je souffre de mes blessures!! »

Je demande encore :

« Quelles autres campagnes avez-vous faites?

— Toutes! clame-t-il.

— Celle de Kabylie?

— Oui, toutes!

— Celle d'Italie? »

Le vieux commandant abat violemment son poing sur la table, se lève d'un bond, fait le tour de la table, me saisit nerveusement le bras, et, les yeux dans les yeux, me crie d'une voix formidable :

« A toutes! vous dis-je; à toutes! à toutes!

— Je l'ignorais.

— Devriez le savoir. »

Enfin, il me lâche et retombe épuisé sur son fauteuil.

Au même instant, des rires d'enfants, puis des jurons, se font entendre dans le couloir. Une voix furieuse crie :

« Bougres de clampins ! Je vais vous f... un coup de canne ! »

Et la porte s'ouvre, livrant passage à l'invalide Pacquin, ex-sergent des grenadiers de la garde impériale et, présentement, ordonnance du commandant Koch.

« Voyez-vous, dit-il à la sœur Sainte-Thérèse, voyez-vous ces clampins, les tambours, ça vous regarde en ricanant... Mais qu'ils ne m'embêtent pas, ou gare la canne ! »

Et, avec son bâton à pomme d'ivoire, il fait un moulinet terrible.

Après avoir remis une lettre au commandant, l'invalide Pacquin sort en murmurant :

« Bougres de clampins !.. clampins !.. clampins !.. »

Mais je continue auprès du commandant mes questions, peut-être abusives.

« Vous avez fait la campagne de Chine ? »

Il me répond toujours sur le même ton violent et saccadé :

« J'ai fait la campagne de Chine,... en 1860, avec Cousin-Montauban. Suis allé là-bas... chercher mon galon de chef de bataillon... »

2

Et le commandant parle avec volubilité, lançant des dates, des noms de batailles, de villes, Palikao, Pékin, etc., jurant, tonnant, abattant de furieux coups de poing sur la table ou bien s'avançant vers moi, l'air menaçant, le poing fermé,... mais, heureusement, désarmé, et, finalement, regagnant son vaste fauteuil, entre les bras duquel il retombe paisible, silencieux, anéanti.

Le commandant est visiblement fatigué, je ne veux pas abuser de ses instants; mais, avant de le quitter, je le prie de bien vouloir me confier un de ses portraits. Alors le vieux guerrier qui, depuis un instant, semblait somnoler, se réveille, se redresse, bondit et d'une voix furieuse :

« Pour quoi faire? Pour m'exalter encore? Eh bien! je m'en f... de la gloire!.. je me f... de tout... Je ne demande qu'une chose, c'est de mourir... Voilà trente ans que je demande la mort... que je l'appelle... que je la souhaite, mais la gueuse ne veut pas de moi!.. Elle me trouve trop vieux!.. J'ai quatre-vingt-huit ans!.. »

Enfin, sur l'insistance de la sœur Sainte-Thérèse, le vieux brave consent, tout en ronchonnant, à me confier son portrait.

Et, après avoir serré la main du commandant, je me retire charmé et légèrement meurtri par les récits guerriers, prolixes, mais imagés, de ses nombreuses campagnes et de ses incalculables batailles.

L'EX-GRENADIER BODAUD

COMBATTANT D'ALGÉRIE, DU MAROC ET DE ROME

LA GUERRE AU MAROC EN 1844-45. — LA CASQUETTE DU PÈRE BUGEAUD. LE GUET-APENS D'EL-OUSSINI. — LA VEILLÉE DES ARMES. — LA BATAILLE DE L'ISLY. — CONFLIT ENTRE L'EX-CHASSEUR D'AFRIQUE ARRAS ET L'EX-ZOUAVE DODOU.

BODAUD

Dans la salle Wagram éclairée par quatre vastes fenêtres sur un jardinet, je rencontre un ancien combattant du Maroc, l'invalide Bodaud, blessé d'une balle dans l'épaule au siège de Rome en 1849.

A mon entrée dans la salle, le vieux brisquard, qui sirotait des tisanes en pestant contre l'âge, les infirmités et les blessures, lève vers moi des regards inquiets. Il me prend pour un assureur sur la vie. D'un mot je le rassure. Alors, tranquillisé, il m'invite à m'asseoir, et, sur ma demande, me narre ses souvenirs :

« Je me suis engagé en 1844 au 33° de ligne. C'est à ce titre que j'ai fait la campagne d'Algérie et du Maroc, sous les ordres du maréchal Bugeaud.

— Vous avez connu Bugeaud ?

— Fallait bien que je le connaisse, puisque c'était mon chef.

— Alors vous connaissez aussi l'histoire de la casquette ?

— Ah ! oui, fait le vieux soldat en riant. Ah ! oui, que je la connais... Cette sacrée casquette nous a-t-elle fait rire ! ! Il avait une façon si drôle de la mettre sur sa tête... tantôt à droite... tantôt à gauche... parfois en arrière, en crâneur — ou bien sur le front... selon qu'il était d'humeur gaie ou d'humeur triste ! Et alors, on chantait :

> « Est-elle au mauvais temps, ou bien au beau ?
> Penche-t-elle coquette ?
> S'il la met droit' comme un shako,
> Nous aurons du nouveau. »

Et le vieil Africain reprend au refrain, en tapant avec sa cuillère sur sa soucoupe :

> As-tu vu la casquette,
> La casquette,
> As-tu vu la casquette
> Du pèr' Bugeaud ?

« Cet air-là, me dit Bodaud, ça me rajeunit de soixante ans.

— Vous connaissez l'auteur de cette chanson?

— Naturellement, puisque c'était un de mes copains, un voltigeur, un Gascon, un vrai blagueur. Lorsqu'il eut fait sa chanson, il la chanta devant Bugeaud, qui, loin de s'en fâcher, s'en amusa énormément.

— On raconte, dis-je à Bodaud, que Bugeaud passa une revue avec son bonnet de nuit, croyant avoir sur la tête son képi... De là cette chanson.

— Ça, c'est un mensonge qui n'est pas vrai, déclara l'invalide. Ceux qui vous l'ont dit ont menti. Vous pouvez le leur dire de ma part, oui, de ma part. J'en prends la responsabilité.

« Je vais vous dire la vérité vraie, moi : un matin, près du Rocher de Sel, sur la route de Laghouat où nous allions, Bugeaud sortit de sa tente et monta à cheval sans s'apercevoir qu'il avait sur sa tête la casquette de toile grise qu'il mettait pour dormir la nuit. Alors, nous tous, en le voyant, nous nous poussâmes du coude en disant : — As-tu vu la casquette du père Bugeaud?

« Le colonel Camou et le général Marey-Monge, qui étaient en tête de la colonne, se tordaient. Bugeaud, les voyant rire, ne tarda pas à deviner la cause de leur hilarité. Il retira aussitôt sa casquette.

« Là-dessus, mon copain le voltigeur broda une

chanson, qu'on chanta bientôt partout. Voilà la vérité vraie.

— Vous avez pris part aux combats du Maroc ?

— Je vous crois.

— Racontez-moi ça. »

Bodaud alluma une cigarette, puis commença :

« Lorsque la guerre éclata, j'arrivais au régiment
où je venais de m'engager. A cette époque, un guet-
apens, semblable à celui de Figuig, venait de se produire. Des bandes de Marocains franchissaient la
frontière et venaient tirailler sur nos troupes. Lamoricière, lancé à la poursuite d'Abd-el-Kader, les
ayant poursuivis et chassés, les Marocains préten-
dirent que le général avait passé la frontière.

« Le caïd ou l'amel Sidi-el-Guenaouï, prenant fait
et cause pour ces bandes, fit demander à Bugeaud
l'évacuation de Lalla-Maghrnia, où s'était installé
Lamoricière avec une petite colonne. Le maréchal
répondit que ces choses-là se discuteraient mieux
de vive voix, dans une entrevue.

« Et il désigna le général Bedeau pour s'y rendre.
L'endroit choisi fut le marabout de Sidi-Moham-
med-el-Oussini. Bon, très bien. Le général s'y rend
et est reçu par le caïd, dont l'armée formait un vaste
demi-cercle autour du marabout. Mais là, impossible aux deux négociateurs de s'entendre, tellement
les Marocains hurlaient et criaient à tue-tête, si bien
qu'exaspéré par tout ce bruit, Bedeau se lève en
disant : — Les hommes doivent cesser de parler

quand les chiens aboient. — Puis il monte à cheval
pour s'éloigner, lorsque aussitôt les Marocains s'a-
vancent et tirent sur lui ainsi que sur son escorte.

« Indigné de ce guet-apens, le maréchal ordonne de
prendre l'offensive. Nous nous avançons par échelons vers le centre de l'ennemi. Pendant ce temps,
la cavalerie prend les Marocains en flanc et ramène
sur nous la célèbre garde noire, que nous fusillons
sans pitié. Ah! ce ne fut pas long, je vous en réponds! Quand le soleil se coucha, un soleil d'Afrique
tout rond et tout rouge, les belles plaines vertes du
Maroc étaient couvertes de cadavres, et nous n'avions
plus qu'à bivouaquer au clair de lune sur le champ
de bataille.

Le lendemain de notre occupation d'Oudjà, le
sultan du Maroc ordonna une levée en masse.
Nous allions avoir toute l'armée marocaine sur les
bras.

« — Tant mieux, disait Bugeaud, plus il y en aura,
plus on en battra.

« Nous eûmes quelques petits combats à livrer
aux Marocains le 1er, puis le 13 juillet, sur l'Oued-
Isly. Le 19, nous étions de retour à Lalla-Maghrnia.
Cependant l'armée marocaine s'avançait, précédée
de sa nombreuse cavalerie de Moghrebins qui comptait soixante-six mille cavaliers; elle était commandée par Moula-Mohammed, fils du sultan Moula-
Abd-er-Rhaman. Le jeune Moula-Mohammed, que
nous appelions *Moule à pipe*, fit connaître sa pré-

sence au maréchal Bugeaud par une sommation hautaine d'évacuer Lalla-Maghrnia, tel que l'amel lui en avait précédemment intimé l'ordre. S'il se figurait qu'après la raclée que nous lui avions infligée le 15 juin, nous allions lui obéir, Moula se mettait sa pipe dans l'œil, car, bien entendu, on ne l'écouta pas. Bon, très bien.

« Le 12 août, une fête eut lieu au camp. Sur les bords de l'Isly, les officiers avaient improvisé un vaste jardin, dont l'enceinte et les allées étaient formées par de magnifiques touffes de lentisques et de lauriers-roses. Des portiques de verdure garnissaient l'allée principale, qui conduisait à une vaste plateforme également entourée de ces lauriers. Tout cet emplacement était splendidement illuminé par des lanternes de papier rouge, bleu, orange, vert, violet, etc., etc. Pendant la fête, le maréchal circulait, joyeux, dans les groupes et annonçait ses préparatifs de combat.

« — Demain, disait-il de sa bonne grosse voix, nous aurons une belle journée! Avec notre petite armée dont l'effectif est de six mille cinq cents baïonnettes et de quinze cents chevaux, je vais attaquer l'armée du prince marocain.

« Voici mon ordre d'attaque. Je donne à ma petite armée la forme d'une hure de sanglier. La défense de droite, c'est Lamoricière ; la défense de gauche, c'est Bedeau ; le museau, c'est Pélissier, et moi je suis entre les deux oreilles.

« Ah! mes amis, nous rentrerons dans l'armée marocaine comme dans du beurre!

« Je n'ai qu'une crainte : c'est que, prévoyant une défaite, ils ne se dérobent à nos coups. »

« Ceci se passait le 12 août. Bon. Très bien.

« Le 13, le maréchal ordonna un fourrage, auquel toute l'armée prit part. Mais à la tombée de la nuit, au lieu de revenir au camp comme d'habitude, on resta sur place au milieu des champs de blé et d'orge, dont les épis, à cette époque de l'année, s'élevaient à hauteur d'homme. On coucha dans les champs, par un clair de lune splendide.

« A une heure du matin, l'ordre nous est donné de nous mettre en marche dans le plus profond silence.

« Bon, très bien. Nous voilà en marche, glissant silencieusement dans les blés, dans les orges, sous la clarté bleuâtre de la lune qui se mirait dans la rivière l'Isly lamée de lueurs d'argent. En avant, marchait la cavalerie, les spahis rouges du colonel Yusuf, et les chasseurs d'Afrique dont les petits chevaux arabes, peu fidèles à la consigne, troublaient le silence nocturne de leurs hennissements répétés. A 6 heures du matin, nous venions de gravir une verte colline fleurie de géraniums sauvages et qui nous séparait de l'Oued-Isly, quand apparut à nos yeux le camp marocain, une véritable ville de tentes blanches que dominait, au milieu, la tente impériale toute dorée. C'était au soleil levant, sous le ciel bleu d'Afrique, dans ces vastes et verdoyantes plaines, légèrement mamelonnées et traversées par la rivière d'argent de l'Isly, un merveilleux spectacle qui nous enthousiasmait. Tous les soldats poussèrent un hourra formidable.

« Aussitôt, on vit les Marocains sortir en courant de leurs tentes et s'élancer sur leurs chevaux pour nous disputer le passage de la rivière. Mais nous y étions déjà, ayant de l'eau jusqu'au ventre, et nous l'avions traversée lorsqu'ils arrivèrent. Alors, dans un ordre parfait, on s'avance dans les masses marocaines qui formaient un vaste demi-cercle autour de nous et opéraient sur nos petits bataillons des charges répétées de cinq à six mille cavaliers prêts à nous sabrer. Nous les laissons avancer jusqu'à cinquante mètres, puis nous tirons dans le tas. Pendant deux heures ces charges se renouvelèrent.

« Mais elles étaient mal dirigées, et nous n'eûmes pas besoin de nous former en carré pour les repousser.

« Un instant, nous fûmes dans un véritable cercle de feu, une grêle de balles s'abattit sur nous. Mais nous avancions toujours. Arrivés près des tentes, nos six escadrons de spahis changèrent vigoureusement les terribles Moghrebins et envahirent le camp impérial, malgré le feu de onze pièces de canon qui le défendait. Les servants furent sabrés sur leurs pièces. Les chasseurs d'Afrique vinrent à la rescousse et achevèrent la défaite de l'armée marocaine. A midi, on était maître du camp.

« Notre butin fut considérable. Des soldats avaient, les uns un cheval, ou des armes, des fusils, des yatagans, d'autres des drapeaux verts de l'islam et des richesses de toutes sortes trouvées dans la tente de Moule à pipe, qui fut pour nous une véritable tente à héritage. Moi, j'héritai d'un narguilé que j'ai revendu depuis au colonel Camou.

« Pendant que nous nous battions sur terre, le prince de Joinville avec son escadre bombardait Tanger et Mogador. Je voudrais bien vous raconter ça, mais je n'y étais pas. On ne peut pas être partout à la fois, n'est-ce pas ? Bref, quelques semaines après ces combats, la paix était signée avec le Maroc.

« Il ne nous restait plus qu'à prendre Abd-el-Kader, ce qui n'était pas facile, je vous en réponds. Ce qu'il nous a fait marcher, l'animal ! »

Et le vieux grenadier, passant sa main sur son front, s'exclame :

« Ah ! je les connais, les marches dans la brousse sous un soleil de feu à travers les montagnes de la Kabylie ; je les connais, les nuits bleues d'Afrique, passées sous la tente, et les matins dorés où l'on partait pour marcher jusqu'au crépuscule, à travers des pays tantôt déserts et plats, tantôt boisés de palmiers, d'orangers, de citronniers et de dattiers. Nous marchions, les pieds écorchés par les rochers ou brûlés par les sables du désert, le ventre vide la plupart du temps, les reins écrasés par la charge du paquetage, la gorge sèche, le crâne en feu et les yeux cuits par les rayons brûlants du soleil ; nous marchions... nous marchions toujours, ne nous arrêtant que pour nous battre.

— Vous avez fait aussi la campagne de Rome ?

— Oui, je pris part au siège en 1849, sous les ordres du général Oudinot. C'est là que je reçus une balle dans l'épaule, à l'assaut de la porte Cavalghieri. Après un court stage à l'hôpital Saint-Mandrier, j'eus mon congé. Ma carrière militaire était terminée.

— Et depuis, demandai-je à Bodaud, vous n'avez pas fait le coup de feu ?

— Pardon... en 1870, j'ai fait le coup de feu contre les Prussiens. »

Et le vieux brave ajoute avec fierté :

« J'étais franc-tireur. »

. . . .

Pendant que Bodaud me faisait le récit de ses exploits, deux invalides étaient venus s'asseoir à ses côtés et paraissaient s'intéresser vivement au récit de leur frère d'armes. L'un, l'ex-chasseur d'Afrique Arras, ponctuait d'un : « Très bien ! c'est exact ! » chaque phrase de Bodaud. L'autre, l'ex-clairon de zouaves Dodou, coiffé d'un bonnet de coton, haussait les épaules, crispait les poings et paraissait fort en colère.

Quand Bodaud eut terminé, Arras se mit à chanter :

Il a fort bien parlé !
Buvons à sa santé !

. . . .

Et, prenant sur sa table de nuit une tasse de tisane, il la vida d'un trait.

Alors je demandai à l'ex-chasseur de me raconter ses souvenirs d'Afrique.

« Ma foi, répondit Arras, ce me serait fort difficile, car il y a si longtemps que je ne me souviens de rien, pour ainsi dire. Tout ce dont je me rappelle, c'est d'avoir fait la campagne de Kabylie en 1842-1843 sous les ordres du maréchal Bugeaud, et qu'au cours de cette campagne nous avons péniblement souffert de la fatigue, de la chaleur, du froid et de la faim, de la faim surtout... Car souvent on manquait de vivres. Alors on ne mangeait que des escargots, on buvait l'eau croupie des fossés. Parfois cependant, lorsque les convois de vivres se faisaient trop longtemps attendre, on faisait des razzias.

« Voici comment on procédait :

« Lorsque nous connaissions l'emplacement d'une tribu, on marchait vers elle, pendant la nuit. Dès l'aube, avant que les Arbis fussent éveillés, on tombait dans le campement et on tiraillait sur ceux qui opposaient un semblant de résistance. Alors, les hommes, les femmes, les enfants, surpris au milieu de leur sommeil, s'enfuyaient affolés dans toutes les directions. Pendant qu'une partie des nôtres leur donnait la chasse, on rassemblait vivement les bœufs, les moutons, les veaux, les chèvres, les poules. On pillait les tentes, où l'on trouvait parfois un riche butin, notamment de jolis tapis, des armes, des vivres, des pots de graisse ou de beurre. Après, on chassait devant nous les troupeaux. Tout cela brayait, criait, mugissait, bêlait. C'était un tapage infernal. Parfois les Arbis, revenus de leur stupeur, s'élançaient à notre poursuite pour reprendre leurs troupeaux. C'étaient alors des combats d'arrière-garde, qui nous coûtaient souvent fort cher en hommes; mais on finissait toujours par avoir le dessus et par éloigner les Arabes. On rentrait victorieux au camp avec nos... ou plutôt avec leurs troupeaux.

« Alors avait lieu la distribution des vivres. On égorgeait les bœufs, les veaux, les chèvres, les moutons, qu'on faisait ensuite rôtir, au-dessus d'un feu de bivouac.

« Ce jour-là, on mangeait voracement, goulûment; on se gavait pour huit jours, pour quinze jours, et l'on se couchait le ventre plein, en songeant à de futures razzias.

« Certes, tomber à l'improviste sur une tribu paisible et la razzier... n'était peut-être pas très... correct, mais... que voulez-vous... à la guerre comme à la guerre... Et puis, vraiment, nous aurions été bien naïfs de nous laisser mourir de faim, dans un pays où les vivres étaient à portée... de fusil.

— Et après la campagne de Kabylie, demandai-je à Arras, où êtes-vous allé?

— Après avoir marché, peiné, guerroyé, razzié pendant sept ans en Algérie, je suis revenu en France... pour rentrer aussitôt dans la gendarmerie... Voilà tout ce que j'avais à vous dire. »

Et se tournant vers Dodou, qui haussait les épaules, crispait les poings et paraissait fort en colère, Arras ajouta :

« Mais voilà le camarade Dodou qui pourra vous en raconter plus long que moi, car il a compté vingt-cinq années de service. Il est allé un peu partout : en Algérie, en Crimée, en Italie, au Mexique... Il n'y a qu'au pôle nord qu'il ne soit pas encore allé.

— Vous avez fait la campagne du Mexique? » demandai-je alors à Dodou.

Le vieux grognard me jeta un regard furibond et répondit d'un ton sec :

« Ça ne vous regarde pas.

— Permettez, » fis-je.

Alors, sur le même ton sec :

« Je ne permets pas, répliqua Dodou... Si vous voulez connaître le Mexique, vous n'avez qu'à y aller.

— Voyons, dit Arras, tu nous as dit l'autre jour que tu étais entré le premier à Puebla.

— Je suis entré le premier à Puebla, répliqua sèchement Dodou, parce que les autres étaient derrière moi.

— Tu nous as même dit, continua Arras, que tu sonnais du clairon à t'en décrocher la mâchoire.

— Si je sonnais du clairon, ce n'était pas pour m'amuser... mais parce qu'on me l'avait commandé.

— Dites-nous vos souvenirs.

— Je n'ai pas de souvenirs... Je ne suis allé nulle

part... je n'ai rien vu... je n'ai rien entendu, je ne sais rien... suffit!

— Cependant!

— Un soldat ne doit rien voir..., ne doit rien entendre..., il n'a qu'à obéir quand ses chefs commandent... Suffit!

— Alors, fit Bodaud, goguenard, si tu n'es allé nulle part, si tu n'as pas fait de campagnes, pourquoi as-tu accepté les médailles d'Algérie, de Crimée, d'Italie et du Mexique?

— J'accepte tout ce qu'on me donne, dit sèchement le vieux grognard; il n'y a que les coups de bâton que je n'accepte pas... Et puis, suffit! ordonna-t-il en élevant la voix d'un air menaçant, plus de questions, n'est-ce pas? ou vous me feriez mettre en colère... »

Et, comme Arras le traitait de *vieux birbe,* Dodou arracha furieusement de sur sa tête son bonnet de coton, le roula en boule et le jeta au visage de l'ex-chasseur d'Afrique.

Celui-ci, bondissant sous l'outrage, prit, près de son lit, une béquille, la brandit au-dessus de la tête de son insulteur..., puis... la remit en place, en disant :

« Ah! si je ne me retenais pas! »

Ensuite, il se rassit l'air furibond en criant :

« J'ai quatre-vingt-quatre ans... trois campagnes; je me suis battu pendant dix ans, mais c'est la première fois qu'on me frappe avec un instrument... *cotondant...* »

. . . .

C'est le verre en main que se termina cette que-
relle, Dodou ayant payé une tournée de camomille.
Arras, qui ne voulait pas être en reste de générosité,
offrit une tournée de bourrache à tous les malades
de l'infirmerie.

LE CAPORAL JOUVENAUX

LA RÉVOLUTION DE 1848. — LE 23 FÉVRIER. — EN PATROUILLE. — RUE DE MONTREUIL. — LES BARRICADES. — CAMPAGNE DE ROME. — LE BRAS GAUCHE ENLEVÉ PAR UN BOULET.

JOUVENAUX

Dans la vaste et claire salle de l'infirmerie, quelques invalides assis, les uns près du poêle, les autres sur leur lit voilé de rideaux blancs, fument silencieusement leur pipe, en lisant les journaux du jour.

Ouvrant la porte vitrée, le planton qui m'a conduit jusque-là, à travers un lacis de couloirs interminables et

sonores, entre dans la salle, et, d'une voix forte,
appelle :

« Jouvenaux ! »

Des têtes se relèvent, des regards curieux plongent
par-dessus des lunettes et nous fixent un instant.
Une sœur répète le nom lancé par le planton :

« Jouvenaux ! »

Alors là-bas, tout là-bas, au fond de la salle, un
vieux brisquard, assis près de la fenêtre ensoleillée,
se lève et vient vers moi d'un pas alerte. Malgré son
grand âge (soixante-dix-huit ans), le caporal Jouvenaux, ancien combattant de 1848 et du siège de
Rome, a l'œil clair et aigu comme une baïonnette ;
son visage martial est sabré de rides, une longue
barbe blanche descend sur sa poitrine barrée des rubans jaunes de Rome, de la médaille militaire, ainsi
que du ruban rouge de la Légion d'honneur.

J'explique au caporal Jouvenaux le but de ma visite et le prie de me raconter ses souvenirs de 1848,
dont il est un des derniers combattants.

Le vieux brave tire de sa pipe une bouffée de fumée, sourit, puis répond :

« Allons dans le jardin ; nous y serons mieux pour
parler de toutes ces choses de jadis. »

Le jardin de l'infirmerie, où nous allons nous
asseoir sur un banc, est désert et silencieux. Des
tilleuls en fleur y jettent une ombre épaisse et bleue,
où scintille le jet d'argent d'une fontaine. A notre
droite, l'infirmerie aligne ses six fenêtres grillagées ;

voilées de blanc; parfois un coin du rideau se sou-
lève et laisse voir la tête d'un malade dont le visage
livide et mélancolique se colle au carreau. A gauche,
des vieux murs tapissés de lierre et de chèvrefeuille,
où s'ébrouent des oiseaux, séparent ce jardin du
reste du monde.

Alors, le vieil invalide, après avoir rallumé sa
pipe et lancé quelques bouffées de fumée vers le ciel
clair et bleu de ce matin de mai, me narra ainsi ses
souvenirs de 1848 :

« J'étais à cette époque simple soldat au 16ᵉ léger,
en garnison à Vincennes. Le 23 février, au matin,
l'ordre nous fut donné de rentrer à Paris pour réprimer l'insurrection, qui, la veille au soir, y avait
éclaté. Des coups de fusil avaient été tirés. Il y avait
eu des morts et des blessés. De là, agitation, cham-
bardement, émeute, insurrection; bref... la révolution. Le 1ᵉʳ bataillon fut chargé de la défense des Tuileries; le 2ᵉ, mon bataillon, était caserné à Reuilly,
pour surveiller le faubourg Saint-Antoine.

« Vers sept heures du matin, mon chef, le lieutenant Phuit, envoya ma compagnie pour faire des patrouilles, dans les quartiers agités de la Roquette,
de Ménilmontant et de Charonne.

« Je m'en souviens, oui, je m'en souviens comme
si c'était d'hier. Il faisait un temps humide et froid.
Bien que l'heure fût matinale, on rencontrait dans
les rues un grand nombre d'ouvriers armés qui descendaient sur les boulevards, où, disaient-ils, « ça

allait chauffer ». Quelques-uns avaient des sabres, et d'autres des fusils. Des groupes se formaient au coin des rues. On voyait des gens s'aborder d'un air mystérieux. Une odeur de poudre flottait dans l'air. On sentait qu'il allait pleuvoir des balles. D'heure en heure, de minute en minute, l'effervescence grandissait. Des coups de fusil éclataient on ne sait où.

« Et c'était comme des fusées un matin de fête nationale. Mais bien moins gai..., surtout pour nous. Je vois encore cette rue de Montreuil où nous étions au moment du grabuge. Je la vois avec ses terrains vagues, ses palissades, ses jardins vierges et incultes, ses petites boutiques bariolées de couleurs criardes et pavoisées d'enseignes, ses hautes et vieilles maisons à pignons. Aux fenêtres bordées de pots de résédas, des ouvrières, des femmes du peuple, montraient leurs têtes inquiètes, effarées, d'autres agitaient des drapeaux ou des linges multicolores. Sur notre passage on criait : « Vive la réforme! A bas les ministres! » Debout sur une borne, un grand gaillard à longue barbe rouge, coiffé du bonnet phrygien, haranguait la foule en agitant vers le ciel ses bras nus aux poings énormes. Sa voix de stentor dominait le tumulte de la rue. Des lambeaux de son discours arrivaient jusqu'à nous, coupés par les applaudissements de ses auditeurs. Cependant les commerçants affolés fermaient vivement leurs boutiques. Et des groupes d'ouvriers débouchaient toujours des rues adjacentes pour gagner le faubourg.

Ils se tenaient par le bras et chantaient la *Marseillaise* ou le *Chœur des Girondins*. Ils criaient : « Vive la réforme ! » Sous l'auvent d'une porte, un ouvrier, le fusil sur l'épaule, était retenu par sa jeune femme éplorée, les cheveux au vent, qui, d'un geste pathétique l'engageait à rester, en lui montrant ses petits enfants, deux blonds chérubins accrochés à sa robe. Mais l'ouvrier, s'arrachant à son étreinte, suivit ses camarades, et je vois encore la femme restée sur le trottoir, l'air anéanti, les bras ballants, le suivre d'un regard plein d'angoisse jusqu'à ce qu'il eût disparu là-bas, tout là-bas, dans la foule armée au-dessus de laquelle les drapeaux rouges claquaient au vent.

« Au-dessus de toute cette rumeur du faubourg en révolution, planait le son du tocsin qu'on sonnait dans les églises lointaines.

« Nous étions arrivés près de la barrière Saint-Maur, lorsque le bruit se répandit que des barricades s'élevaient boulevard du Temple et que les troupes étaient aux prises avec les insurgés, rue Geoffroy-Langevin et rue Sainte-Croix-de-la-Bretonnerie, dont les postes venaient d'être pris.

« Alors, pour ne pas être cernés, nous rebroussons chemin et nous tentons de regagner la place du Trône ; mais déjà d'énormes barricades, construites en un clin d'œil, avec des matériaux de toutes sortes, nous barraient la route. Cependant, nous avançons lorsque, à quelques mètres d'une barricade faite de chariots renversés, de pavés, de poutres, et surmontée d'un large drapeau rouge, une violente fusillade des insurgés renverse six de nos hommes et les blesse assez grièvement. Je faillis moi-même écoper ; mon shako et mes habits furent traversés par plusieurs balles. Alors, ne pouvant passer, nous nous replions vers le cimetière du Père-Lachaise, que nous tentons de traverser. Mais là, nouvel avatar : les gardes nationaux, qui combattaient avec les émeutiers, nous ferment les grilles. Il nous fallut donc chercher une autre issue. C'était pas facile, ah non ! Enfin, en faisant un long détour par la rue des Ormeaux, nous pûmes tout de même gagner la place du Trône ; nous étions sauvés. Pendant ce temps, le 1er bataillon, qui défendait les Tuileries, était désarmé par la foule, ainsi que le 2e bataillon caserné à Reuilly. Le lendemain, Louis-Philippe faisait ses malles et partait pour l'étranger.

« Et voilà, ajouta le vieil invalide, avec un bon gros rire, voilà comment je pris part au combat de février 1848.

— Vous avez fait la campagne de Rome ?

— Oui, en 1849. Partis de Toulon sur un paquebot qui dansait sur les vagues comme une coque de noix, nous étions, le 23 avril, en vue de Civita-Vecchia. Cette petite ville comptait alors un millier d'habitants. Le port est assez coquet. Il forme une anse, dont l'entrée est protégée par un môle qui avait alors, à l'une de ses extrémités, un phare, et à l'autre une batterie de canons. A droite on apercevait

un vieux château fort. A gauche se trouvait le lazaret, et au fond l'arsenal et la ville.

« Dès qu'on aborda, toute la population rassem-
blée sur les quais nous salua des cris de : *Viva la
Francia!* C'était plus que de l'enthousiasme, c'é-
tait du délire. Les gens de Civita-Vecchia, hommes,
femmes et enfants, s'empressaient autour de nous
et aidaient au débarquement. Tout d'abord les grenadiers mirent pied à terre; puis ce fut notre tour.
Après avoir suivi les quais, nous nous arrêtâmes
sur une petite place où nous furent délivrés nos bil
lets de logement; une partie des troupes logea chez
les habitants, l'autre s'installa dans des couvents
abandonnés.

« Trois jours après notre débarquement, le général
Oudinot, qui commandait le corps expéditionnaire,
donna l'ordre de marcher sur Rome. L'accueil que
nous avions reçu à Civita-Vecchia lui permettait de
croire qu'un accueil semblable nous était réservé à
Rome. Il se trompait étrangement, comme vous allez
le voir.

« Nous voilà donc partis dans la campagne romaine,
égayant de quelques chansons la longueur et la mo-
notonie de la route, comptant d'ailleurs sur l'habitant pour améliorer notre ordinaire plutôt maigre.
Nous pensions, en effet, être reçus en amis. Cruelle
erreur! nous fûmes reçus comme des loups. Ce ne
furent pas des mains qui se tendirent vers nous, ce
furent des canons de fusils.

« Plus nous approchions de Rome, plus les populations nous étaient hostiles, et plus les coups de fusil devenaient nombreux sur notre passage.

« Enfin, à l'aube d'un beau jour d'avril, nous aperçûmes, dans le lointain, Rome, ses nombreuses églises, ses curieuses maisons dont les vitres étincelaient au soleil, et plus haut, sur une colline qui dominait la ville, le merveilleux Capitole. Mais autour de cette ville immense planait un silence de mort. Les portes étaient fermées et barricadées. Sur les remparts, les canons alignés dirigeaient vers nous leur gueule béante, prête à vomir le feu et la mort, et derrière ces canons s'agitaient les silhouettes des soldats de Garibaldi.

« Depuis quelques jours, en effet, le chef de l'insurrection avait réuni à Rome un corps de volontaires d'environ douze cents hommes, et composé de nervis, de vagabonds, de mendiants. Il y avait aussi un grand nombre d'étudiants et d'ouvriers. Ce n'était pas une armée, c'était une cohue, mais une cohue de gens énergiques, résolus et d'une bravoure folle, ainsi que nous devions en faire la triste expérience.

« C'est au village de San-Antonio, à environ un mille de Rome, que la bataille a commencé. Garibaldi, avec douze cents légionnaires, occupait ce bourg. Lorsque nous y arrivâmes, il ouvrit sur nous un feu d'enfer. Mais nous le repoussâmes et le poursuivîmes jusqu'à la porte Cavalghieri, qui se trouve derrière le Vatican.

« Emportés par l'ardeur de l'action, nous pénétrons avec l'ennemi dans la ville. Mais, à peine sommes-nous dans cet étroit faubourg, entre les remparts et les talus des jardins, que nous nous trouvons devant une colossale barricade surmontée de trois pièces de canon. Et voilà que, tout à coup, les trois canons crachent leurs boulets et creusent dans nos rangs des tranchées sanglantes.

« Par trois fois, nous tentons d'enlever la barricade, sous une grêle de balles et de boulets, par trois fois nous sommes repoussés. Alors on essaye d'ouvrir une brèche dans le mur, pour tourner la barricade; mais les Romains sont sur leurs gardes. Tous nos efforts demeurent vains.

« Devant l'impossibilité d'avancer, le général ordonna la retraite. Mais pour revenir, ce n'était pas facile. Il fallait, en effet, suivre une longue rue encaissée par des murailles. Au bout de cette rue, les Romains avaient masqué, dans une cambuse, quatre pièces de canon, si bien que, lorsque les colonnes défilèrent dans cette rue, ils nous prirent en écharpe et nous canonnèrent, tandis que, cachés derrière les remparts, leurs tirailleurs nous fusillaient impitoyablement. On ne savait plus où se fourrer. C'était effrayant.

— Je vous crois, fit une voix derrière nous; c'est là que j'ai reçu une balle dans l'épaule. »

Nous nous retournâmes. C'était Bodaud, le combattant d'Isly et de Rome.

« Le nombre des morts et des blessés fut considérable, ajouta Jouvenaux, et il y eut aussi beaucoup de prisonniers.

— Environ trois cents, dit Bodaud.

Mais Jouvenaux continue toujours :

« On a dit que Garibaldi, lors de cette attaque du 30 avril, nous avait pris trois cents hommes. Parbleu, ce n'est pas difficile de faire des prisonniers de cette façon-là !

— De quelle façon?

— Je vais vous l'expliquer, écoutez-moi. »

Et Jouvenaux expliqua :

« Le 30 avril, à onze heures et demie, le commandant du 20ᵉ reçoit l'ordre de repousser les tirailleurs qui inquiétaient le flanc droit de la colonne. On charge. Les Romains reculent et abandonnent successivement les jardins qui entourent la ville, depuis la porte Cavalghieri jusqu'à la porte San-Pancrazio. Mais là, ils se réfugient dans plusieurs maisons voisines du rempart et derrière un talus où se trouvaient trois pièces de canon. Des matelas étaient placés contre la porte, où un passage étroit était pratiqué. Sur les remparts se tenaient les défenseurs.

« Sachant que le général devait se porter sur un autre point, le commandant, afin d'attirer l'ennemi de son côté, fait attaquer la porte Saint-Pancrace. Une vive fusillade répond à cette attaque. Soudain on entend une musique et un chant. On s'arrête, on

écoute ce chant : c'était la *Marseillaise*. Alors on
s'imagine que la ville est prise de l'autre côté, d'autant plus que les soldats romains s'avançaient la
crosse en l'air en criant : « La paix ! la paix ! » Puis
ils enlacent et embrassent nos tirailleurs en criant :
Siamo amici ! siamo fratelli !

« Devant ces marques de sympathie, le commandant fait remettre la baïonnette au fourreau.

« On rentre dans Rome. Tout à coup, nos tirailleurs se trouvent entourés d'une population furieuse
qui brandissait des poignards et des pistolets. Bref,
impossible de résister.

— N'empêche, dit Bodaud, que nous avons été
battus ce jour-là.

— Nous voilà donc obligés de nous retirer, continue Jouvenaux. Le général Oudinot écrivit en France,
pour demander du renfort, nos forces étant insuffi-
santes pour prendre une ville aussi bien défendue.
En attendant les renforts, on prépara un siège en
règle, on creusa des tranchées sous le feu de l'ennemi,
qui, pour ne pas qu'on l'oublie, nous envoyait des
boulets. Et c'est ainsi que j'en reçus un dans le bras,
le 18 mai, vers huit heures du matin. Ce jour-là, j'é-
tais de garde aux tranchées lorsque, soudain, une
violente secousse me renverse ; je me relève tout
étourdi, et je m'aperçois qu'il me manque un bras.
Un boulet venait de m'emporter le bras gauche, je
saignais comme un bœuf ; j'eus cependant la force
de me rendre jusqu'à l'ambulance, à la villa Pam-

phile. De là, je fus transporté à Civita-Vecchia, et l'on m'embarqua pour l'hôpital de Saint-Mandrier, près de Toulon. »

. . . .

Après deux mois et dix-sept jours de convalescence à l'hôpital de Saint-Mandrier, Jouvenaux tint garnison à Schlestadt et à Bourg-en-Bresse.

En 1850, il reçut son congé et une pension annuelle de trois cents francs, plus quarante francs pour la médaille. Le vieux brave, qui avait avec lui sa mère, dut vivre onze mois avec cette modeste pension. Enfin, le 13 février 1851, il entrait aux Invalides.

Le caporal Jouvenaux fut décoré de la médaille de Rome sur le champ de bataille, et de la médaille militaire en... 1892; la croix d'honneur lui fut donnée en 1898, quarante-huit ans après le siège de Rome!

L'EX-VOLTIGEUR DOUAZE

LE VICE-DOYEN DES INVALIDES. — EN CRIMÉE. — BLESSÉ SANS LE SAVOIR. UN PRIX MONTYON.

DOUAZE

Dans la même salle de l'infirmerie, je rencontre le voltigeur Douaze, un vieux de la vieille, dans toute l'acception du mot.

Douaze est né en 1819 et s'est engagé en 1838. Vingt-six ans de services militaires, deux blessures, médailles de Rome, de Crimée, d'Italie, la croix de la Légion d'honneur.

« J'ai quatre-vingt-cinq ans, me dit Douaze, je

suis le vice-doyen des Invalides. Le doyen, tenez, le voilà : c'est Brindeau, qui est de la classe 1833. »

Et il me désigne un invalide à la mine réjouie, qui, assis sur son lit, mange sa soupe avec volupté.

Et Douaze ajoute :

« Mais lui, il ne s'est jamais battu. Après un court service dans les chasseurs à cheval, il est entré dans la gendarmerie et y est resté toute sa vie.

« Aussi, voyez comme il est bien conservé.

— Mais vous, combien de campagnes avez-vous?

— Quatre. Ah! certes, je n'en ai pas tant que mon camarade de lit Lutringer, qui était avec moi à Rome et qui, depuis, s'est rengagé dans les tirailleurs algériens, ce qui lui a permis de rouler un peu partout. »

Et s'adressant à son camarade de lit :

« Combien as-tu de campagnes, Lutringer?

— Trente-deux, fait avec fierté l'ex-turco.

— C'est un chiffre, fit Douaze. Moi je n'en ai que quatre. En 1853, j'étais en garnison à Rome. En 1854, j'ai fait la campagne de Crimée. C'est là que j'ai été blessé aux deux bras, la première fois le 22 mai, la seconde fois le 8 septembre, à l'assaut de Malakoff.

« Quand je fus blessé le 22 mai, je ne m'en étais pas aperçu tout d'abord et je continuais à charger, lorsque mon lieutenant, me voyant l'épaule en sang, me cria :

« — Eh! Douaze, où courez-vous ainsi?

« — Mon lieutenant, je fais comme les autres, je cours sur l'ennemi.

« — Mais, me dit-il, vous êtes blessé.

« — Pas possible ! Où donc ?

« — A l'épaule.

« C'était vrai : un éclat d'obus m'avait touché au haut du bras. Le sang coulait sur ma capote.

« Ensuite, j'ai fait la campagne d'Italie comme voltigeur de la garde. J'étais à Turbigo, à Magenta, à Solférino, un peu partout. Enfin, en 1868, j'ai pris ma retraite, après vingt-six ans de services. C'est un bail, comme vous le voyez.

— Le métier militaire vous plaisait ?

— Heu ! heu ! Il me plaisait sans me plaire.

— Alors, pourquoi vous rengagiez-vous ?

— Parce qu'il le fallait !

— Comment ! il le fallait ? » .

Et le vieux brave, qui est aussi un brave homme, déclare :

« C'était pour aider mes parents, qui étaient pauvres et chargés de famille. Je leur abandonnais l'argent de mes remplacements chaque fois que je me rengageais. »

Sur ces mots, je quittai l'invalide Douaze, en regrettant de ne pouvoir lui décerner le prix Montyon, auquel il aurait droit.

L'EX-CHASSEUR D'AFRIQUE PIERRE

(UN SURVIVANT DE SIDI-BRAHIM)

L'AFFAIRE DE SIDI-BRAHIM. — LES EMBUCHES DE MOHAMMED-TRARI. — L'EMBUSCADE. — LE CHAMP DU CARNAGE. — AU MARABOUT DE SIDI-BRAHIM. — DEVANT DJEMMA. — LUGUBRE BESOGNE. — LA DÉIRAH DE L'ÉMIR. — SUR LES BORDS DE LA MALOUÏA. — LES PRISONNIERS D'AÏN-TEMOUCHEN. — LA FUITE DE LA DEIRAH. — EN VUE DE MÉLILIA. — LA NUIT TRAGIQUE. — ÉGORGEMENT DE 300 PRISONNIERS. — RETOUR DES SURVIVANTS A DJEMMAH.

C'est encore dans la vaste salle de l'infirmerie que je trouve deux vieux soldats d'Afrique : l'ex-chasseur d'Afrique Pierre, de la classe 1844, et l'ex-chasseur d'Afrique Chandelier, de la classe 1845.

M'adressant d'abord à l'invalide Pierre, je le prie de me raconter ses souvenirs. Celui-ci, un véritable géant terrassé par la maladie, me répond :

« Oh! moi, je n'ai pas grand'chose à raconter. Je suis débarqué en Afrique en 1844, j'ai pris rang dans les chasseurs d'Afrique à Mostaganem; j'avais pour chef le colonel Tartas. Ensuite j'ai *garnisonné (sic)* à Tenès, à Orléansville. En 1855, j'ai fait la campagne de Crimée, où j'ai attrapé des rhumatismes qui ne m'ont pas lâché depuis. Et voilà !

— C'est tout?

— C'est tout. »

Son camarade de lit, Chandelier, me pousse alors du coude et me dit à l'oreille :

« Faites-lui donc raconter l'affaire de Sidi-Brahim; il la connaît à fond.

— Vous oubliez, dis-je à Pierre, de me raconter l'affaire de Sidi-Brahim. »

Le vieux brisquard lève la tête, me regarde, puis, d'une voix sombre et comme s'il se parlait à lui-même :

« Sidi-Brahim! Sidi-Brahim! »

Il saisit son front dans ses mains, semble se recueillir un instant, puis, brusquement :

— Je puis vous parler, dit-il, de cet horrible massacre, tout aussi bien, et même mieux, qu'un historien, et pour cause... Je suis de ceux qui recueillirent les rares survivants de la compagnie des chasseurs d'Orléans, qui prirent part à cette sanglante affaire. Oui, je puis dire que je connais, en ses moindres détails, cet épisode tragique de l'histoire d'Algérie, car longtemps on en causa le soir dans les chambrées ou dans les bivouacs d'Afrique. Le hussard Barbut et le clairon Rolland, survivants du massacre, m'ont raconté plus d'une fois les aventures de leur captivité sur les rives de la Malouïa, dans le camp du cruel Ben-Thami, le lieutenant d'Abd-el-Kader.

— Vous en souvenez-vous?

— Si je m'en souviens!... »

Et il ajouta :

« Moi, je puis vous parler de cette affaire, d'après ce que j'ai vu, et comme je l'ai entendu raconter à Barbut et à Rolland, et non comme l'ont rapportée les journaux de l'époque, qui ont brodé là-dessus un tas de calembredaines et de mensonges.

« Faut d'abord vous dire qu'en septembre 1845, Mohammed-Trari, caïd de la tribu des Beni-Souhalia ou Soulia, — je ne sais plus au juste, — se présenta au colonel de Montagnac, commandant supérieur de Djemmah-Gazouet. Il venait implorer son secours contre l'émir, qui, disait-il, venait razzier sa tribu. Ce n'était, vous le pensez bien, qu'une embûche afin d'attirer dans un guet-apens le colonel de Montagnac, très détesté des Arabes pour sa rigueur dans la répression des révoltés. — Ah! ce qu'il traitait les Bédouins, fallait voir! — Ainsi, en mars 1844, dans la province de Constantine, le colonel ayant fait prisonnier le caïd Si-Zerdout, il le fit coller contre un mur et pan! fusillé immédiatement. Ensuite il lui fit couper la tête et le poignet droit. Il rentra au camp, précédé de la tête de Si-Zerdout qu'un soldat avait plantée au bout de sa baïonnette, tandis que le poignet droit était accroché au chien du fusil. Bref, le colonel de Montagnac était la terreur des Bédouins. Je vous disais donc que Mohammed-Trari avait demandé le secours du colonel contre Abd-el-Kader. Après en avoir référé au colonel Cavaignac, le colonel Montagnac partit de Djemmah dans les derniers jours de septembre, laissant le commandement du camp à un capitaine du génie dont j'ignore le nom, mais cela n'a pas d'importance.

« Il emmenait avec lui quatre compagnies du 3ᵉ bataillon des chasseurs d'Orléans (dont le drapeau est aujourd'hui celui des chasseurs de Vincennes), environ trois cent cinquante soldats, soixante-dix cavaliers et trois officiers de hussards commandés par le chef d'escadron Gourby ou Courby de Cognord, — je ne me souviens plus au juste. — Le soir, la colonne campa à environ deux kilomètres du marabout de Sidi-Brahim, un endroit magnifique, bordé de collines verdoyantes plantées de palmiers, de dattiers, d'orangers, bref un vrai petit paradis... C'est donc là qu'ils campèrent pour passer la nuit... nuit qui pour beaucoup d'entre eux allait être la dernière.

« Le matin, dès que la diane eut sonné le réveil, quelques cavaliers arabes apparurent sur les crêtes des collines et disparurent aussitôt.

« — Puisqu'ils ne veulent pas venir à nous, dit alors Montagnac, nous irons à eux. »

« Et, se plaçant à la tête des hussards, le colonel gravit les coteaux, suivi des chasseurs à pied qui montèrent au pas gymnastique. Le commandant Froment Coste restait avec deux compagnies pour garder le camp.

« Après une heure et demie de marche, les hussards

d'avant-garde aperçurent des Arabes qui, comme les premiers, s'enfuirent aussitôt. Leur tactique était d'attirer la colonne dans l'embuscade. Afin de les atteindre, le colonel se lance à leur poursuite, laissant l'infanterie en arrière, quand soudain, à un tournant du chemin, les hussards se voient entourés d'une nuée d'Arabes qui surgissent inopinément de tous les côtés. Les uns, à pied, se précipitent dans les jambes des chevaux et tentent de renverser les cavaliers ; les autres, à cheval et armés de yatagans ou de fusils, chargent furieusement la petite colonne, qui, tout en se défendant, gagne un mamelon pour s'y défendre en attendant l'infanterie. Mais les Arabes, de plus en plus nombreux et qui semblaient à chaque minute sortir de sous terre, les y suivirent.

« Alors, une mêlée furieuse s'engage. Le capitaine Gentil de Saint-Alphonse tombe le crâne fendu d'un coup de yatagan ; le lieutenant Klein, plusieurs fois blessé et souffrant atrocement, descend de cheval pour aller mourir dans un fourré de lentisques. Montagnac lui-même est grièvement blessé d'une balle dans le ventre, son cheval est tué sous lui. Le cavalier Testard lui offre le sien : il remonte à cheval pour résister jusqu'à la dernière heure. Enfin les chasseurs à pied arrivent. A leur tête, le capitaine de Chargères et le lieutenant Lazaret, un tout jeune homme, s'élancent, baïonnette en avant, sur les Bédouins qui se replient. Mais voilà que du lointain accourt au galop une masse innombrable de cavaliers rouges au-dessus desquels flottait un immense drapeau blanc surmonté du croissant d'or de l'islam. C'était la réserve de l'émir. — Abd-el-Kader lui-même, tout vêtu de blanc, était à la tête de cette cavalerie. C'est en vain que nos hussards et nos *chass d'or*, comme nous les appelions, essayent de résister à cette trombe en se formant en carré. Ils sont renversés et broyés sous le choc de la cavalerie arabe. Ceux qui échappent à la mort, les blessés, sont immédiatement faits prisonniers, tandis que les Arabes s'abattent comme des vautours sur les morts et leur coupent la tête pour en faire des trophées. Ah! n... de D... de n... de D...! s'écrie le vieux soldat, chaque fois que je songe à cette affaire, j'en ai des tremblements de colère.

— Mais, dis-je à Pierre, les deux compagnies restées au camp, que devinrent-elles?

— Attendez, répond l'invalide, attendez, je vais vous le dire.

« Dès le début du combat, Montagnac avait envoyé le maréchal des logis Barbut, mon vieil ami Barbut, de qui je tiens ce détail, chercher du renfort au camp. Le chef de bataillon Froment Coste partit aussitôt au secours du commandant, ne laissant au bivouac qu'une compagnie sous les ordres du capitaine de Géreaux. Lorsque les chasseurs arrivèrent près du lieu de la rencontre, ils n'aperçurent que des milliers et des milliers d'Arabes qui se précipitèrent aussitôt vers eux pour les sabrer. Alors ils se retirèrent sur un mamelon et se formèrent en carré. Mais ils furent aussitôt entourés, fusillés, sabrés. Trois soldats seulement et mon ami Barbut échappèrent au massacre et furent faits prisonniers.

« Mais il restait encore une compagnie qui gardait le bivouac sous les ordres du capitaine de Géreaux. Alors l'émir Abd-el-Kader s'élança vers le camp. En voyant arriver cette masse de cavalerie, le capitaine de Géreaux fit prendre les armes à ses hommes et s'empressa de gagner le marabout de Sidi-Brahim, dont les murs crénelés pouvaient lui permettre de résister à la cavalerie. Ils y étaient à peine entrés que les réguliers de l'émir en faisaient l'assaut. Une fusillade nourrie de nos *chass d'or* les obligea à reculer. Un second assaut n'eut pas plus de succès; une série de tentatives semblables coûtèrent la vie à plusieurs centaines d'Arabes. Redoutant un second Mazagran, Abd-el-Kader demanda au commandant Courby de Cognord, son prisonnier, de se rendre auprès du capitaine de Géreaux pour l'inviter à se rendre. Le commandant refusa. Il s'adressa alors au major Dutertre, qui accepta cette mission et se rendit devant le marabout. Là, Dutertre, interpellant ses compagnons d'armes :

« — Soldats, leur cria-t-il, on m'envoie pour vous prier de vous rendre. Eh bien! moi, je vous invite à résister jusqu'à la mort!

« Et, après un adieu à son ami de Géreaux, le

major Dutertre retourna vers Abd-el-Kader, qui aussitôt lui fit trancher la tête. La lutte continua.

« Pendant quatre jours, les 23, 24, 25, 26 septembre 1845, les chasseurs d'Orléans résistèrent aux assauts furieux de plusieurs milliers d'Arabes. Mais les vivres vinrent à manquer ; la faim et surtout la soif, plus terrible encore sous ce ciel de feu, décimèrent la petite troupe ; des hommes tombèrent exténués derrière leur rempart, d'autres devinrent fous ; quelques-uns moururent, et les cadavres, qu'on n'avait pas le temps d'enterrer, infectèrent l'air.

« Cependant les malheureux survivants espéraient toujours que le bruit du combat serait entendu de la garnison, que des renforts allaient arriver, et leurs regards se portaient désespérément vers Djemmah. Mais les secours attendus n'arrivaient pas, ne devaient pas arriver.

« Alors le capitaine de Géreaux prit une résolution énergique. Il décida qu'il fallait, coûte que coûte, retourner à Djemmah en se frayant un chemin à travers les Arabes.

« Le matin du quatrième jour, il fit enterrer les morts ; les blessés, chargés sur les épaules des hommes valides, furent placés au milieu du carré, et la petite troupe, qui n'était plus que de soixante hommes, sortit bravement du sinistre marabout. A vingt-cinq mètres du blockhaus, le détachement, cerné par les Bédouins, se forma en carré, et les soixante fusils partirent en même temps, ouvrant un chemin sanglant dans les rangs de l'ennemi. Vingt mètres plus loin, le détachement, cerné de nouveau par les Arabes, s'ouvrit un chemin de la même façon.

« Pendant huit kilomètres, la compagnie de Géreaux fut sans cesse harcelée, entourée par les Arabes, mais chaque fois elle leur passa sur le corps, non sans pertes d'ailleurs, car elle n'eut plus bientôt qu'une trentaine d'hommes. Sur le point d'atteindre Djemmah, dont ils voyaient déjà les minarets de la mosquée et les palmiers des jardins, les soldats aperçurent un ruisseau.

« Alors ces malheureux, qui n'avaient rien bu depuis quatre jours et que la soif torturait, rompirent leurs rangs malgré les ordres de leurs chefs pour courir s'y désaltérer. Ce fut leur perte. Les cavaliers arabes se jetèrent sur eux et les sabrèrent presque sous nos yeux; car la garnison de Djemmah, ayant entendu leur clairon, était sortie pour courir à leur secours. Quand nous arrivâmes sur le lieu du combat, le capitaine de Géreaux, le lieutenant Chapdelaine et le major Ragutti ainsi que la plupart de leurs soldats gisaient à terre, sanglants, sabrés, hachés, décapités par les yatagans arabes. Douze hommes seulement avaient pu s'échapper, parmi lesquels un ami de l'invalide Bodaud, le chasseur Lappara, qui, depuis, a été garde du jardin des Tuileries.

— Et les prisonniers? que devinrent-ils?

— Attendez donc, répondit l'invalide, je vais vous

le dire ; attendez, je ne puis pas tout vous raconter en même temps. »

Et le vieux soldat continua :

« Après le combat du 23 septembre, où les hussards de Montagnac avaient trouvé la mort, les Arabes décapitèrent les morts et obligèrent les prisonniers à aller laver à l'Oued-Sloui les têtes sanglantes de leurs camarades. Le commandant Courby de Cognord était parmi ces prisonniers, ainsi que je vous l'ai dit. Il avait été ramassé sanglant, le front fendu, sur le champ de bataille, au moment où un Bédouin, qui le croyait mort, commençait à le décapiter.

« Heureusement pour lui qu'un chef arabe avait arrêté à temps la main du misérable. Le commandant en fut quitte pour une large entaille au cou.

« A la chute du jour, les prisonniers furent amenés devant l'émir, qui lui-même avait été blessé pendant la lutte. Il les regarda d'un œil plein de fureur, puis il les fit conduire dans leurs tentes respectives.

« Le lendemain, on leur fit laver à nouveau et enduire de miel les têtes de leurs compagnons d'armes, puis on entassa ces sinistres trophées dans des paniers que portaient des mulets.

« Entourés d'une centaine de cavaliers et de fantassins, les prisonniers, au nombre de soixante-douze, sur lesquels soixante-huit blessés juchés sur les mulets, à côté des paniers remplis de têtes, furent dirigés sur les frontières du Maroc. Après toute une journée de marche sous un ciel de feu, à travers un pays désolé, le triste cortège arriva au crépuscule en vue d'un village arabe où il fit halte. Le 25, il reprit sa marche dès l'aube, et ne s'arrêta que le soir sur les bords de la Malouïa.

« Après cinq jours de marche à travers les montagnes du Maroc, les prisonniers arrivèrent dans une grande plaine où campait la deirah d'Abd-el-Kader, véritable ville de tentes, où circulaient pêle-mêle hommes, femmes, enfants ainsi que les bestiaux, bœufs, chameaux, chevaux, moutons, chèvres, poules, etc., etc. Comme ces captifs passaient devant une tente plus grande que les autres, et devant laquelle se trouvaient deux nègres armés chacun d'un fusil, une vieille femme, la mère de l'émir, en sortit, suivie de trois jeunes femmes demi-nues.

« Après les salamalecs d'usage, la vieille femme, s'adressant aux prisonniers :

« — Qu'avez-vous fait de notre beau pays? leur dit-elle. Pourquoi êtes-vous venus y semer la discorde, la guerre, l'incendie, le pillage, la ruine et la mort? Pourquoi êtes-vous venus brûler nos récoltes et tuer nos enfants? Vous n'avez donc pas de mère ni de famille dans votre pays? Pourquoi voulez-vous nous prendre cette terre où nous sommes nés, où nos parents sont nés et sont morts, et où comme eux nous voulons mourir libres? Vous ne répondez pas. Hélas! c'est Dieu qui l'a voulu. Que sa volonté soit faite, car Dieu est grand, et Mahomet est son prophète! »

« Puis les jeunes femmes, s'approchant des prisonniers, leur offrirent du lait, des figues, des dattes, tandis que des serviteurs nègres apportaient sur des plateaux le couscous, un mets arabe que je connais bien, car j'en ai mangé bien plus que je n'en mangerai maintenant.

« Le soir, on conduisit les captifs vers les bords de la Malouïa, sur un emplacement où étaient dressées quelques tentes et qu'entourait un double buisson de cactus et de jujubiers sauvages.

« Comme ils y arrivaient, ils virent se précipiter vers eux un soldat français vêtu de loques. Celui-ci, nommé Burgis ou Surgis, — je ne sais plus au juste, — était prisonnier des Arabes depuis le mois d'avril 1845... En pleurant, il raconta à ses compatriotes qu'il avait été pris aux environs de Djeirfra avec deux de ses compagnons d'armes, lesquels étaient morts de fatigue et de chagrin. Quant à lui, Surgis, il était devenu l'esclave du frère de lait de l'émir Hadj-Déchir, marié à une jeune fille française, Madeleine Gilles, prise avec sa mère par les Arabes dans les environs de Mascara en 1842.

« Le lendemain matin, Mohammed, celui qui avait emmené les prisonniers à la deirah, vint prévenir le commandant Courby de Cognord qu'il partait rejoindre l'émir Abd-el-Kader, et il le pria de lui remettre pour celui-ci une lettre indiquant le nombre des prisonniers, lettre qu'Abd-el-Kader voulait remettre ou envoyer au général Cavaignac, commandant supérieur de Tlemcen. Pendant plusieurs jours, les prisonniers restèrent sous leur tente à panser leurs blessures. Ils n'en sortaient que pour aller se plonger dans une source d'eau chaude qui coulait à quelques mètres de là, et dont l'action bienfaisante activa leur guérison.

« Les prisonniers virent arriver, quelque temps après, deux cent trente Français : dix hommes du 8e bataillon de chasseurs, trois hussards, l'ordonnance du colonel Montagnac, tous défenseurs de Sidi-Brahim, faits prisonniers au moment d'arriver à Djemmah. Les autres faisaient partie du convoi commandé par le lieutenant Marin, du 15e léger, surpris et capturé quelques jours après à Sidi-Brahim par les Arabes, au moment où il sortait d'Aïn-Temouchent. Un officier du 14e de ligne, le lieutenant Hillerain, un médecin, le docteur Cabasse, et l'interprète Levy, étaient parmi ces captifs.

« En décembre, les prisonniers reçurent la visite du kalife Bou-Hamedi, escorté par deux cents réguliers arabes que commandait le cruel Moctar-ben-Aïssa. Le kalife rapportait une lettre de Cavaignac en laquelle celui-ci annonçait que le commandant de Cognord était nommé lieutenant-colonel et officier de la Légion d'honneur, et que Barbut, Testard et Metz étaient nommés chevaliers.

« Vers le milieu de janvier, le docteur Cabasse rencontra, en allant à la rivière, un Bédouin qui lui remit une lettre. Elle était signée de Demetrio de

Benitto, gouverneur espagnol de Mélilia. En cette
lettre, Demetrio offrait aux officiers prisonniers de
les faire évader. Mais le projet était irréalisable ; les
officiers ne voulaient pas abandonner leurs soldats.
Ils firent remercier le gouverneur de Mélilia.

« En février, le kalife Bou-Hamedi manda les officiers sous sa tente ; il dit au colonel de Cognord
qu'Abd-el-Kader l'avait chargé de faire l'échange des
prisonniers, et qu'il fallait en avertir de suite le général Cavaignac. Puis, changeant de ton, il s'écria
avec fureur :

« — Si on veut m'arracher mes prisonniers par la
force, je jure par Mahomet que je saurai remplir
mon devoir sans hésitation. — C'était une menace de
mort.

« Le colonel écrivit aussitôt à Cavaignac pour l'a-
viser du résultat de l'entrevue.

. . . .

« Le 9 février, — si mes souvenirs sont exacts, —
le camp fut levé précipitamment, et la deirah se mit
en marche rapidement vers l'ouest, en suivant les
rives de la Malouïa. Quatre des prisonniers, épuisés
par la fatigue, n'ayant pas eu la force de suivre la
deirah, furent égorgés par les Arabes.

« Après plusieurs jours de marche exténuante dans
des sentiers rocailleux et dans des ravins remplis de
cactus et de broussailles, les malheureux prisonniers,
brisés de fatigue, mourant de soif, les pieds nus, en
sang, déchirés par les ronces du chemin, arrivèrent

dans des gorges profondes, où la deirah resta cachée jusqu'au 14. Elle se remit en marche pour aller camper sur une haute montagne qui dominait une immense plaine et la mer, au bord de laquelle on apercevait les maisons blanches et la mosquée de Mélilia.

. . . .

« — Avec quelle joie, me disait Rolland, avec quelle joie nous vîmes la mer!... la mer calme, bleue, infinie, où glissaient les bateaux voiliers des pêcheurs! Des larmes plein les yeux, nous songions que de l'autre côté de cette mer, c'était la France, la ville, le village où nous pleuraient une mère, un père, une famille qui nous croyaient perdus. Quelques centaines de mètres à parcourir, et nous étions au rivage, où un pêcheur n'aurait pas refusé de nous prendre dans sa barque, et alors c'eût été la délivrance. Mais, lorsque nous détournions les yeux de la mer pour les porter vers le camp, nous apercevions les farouches sentinelles arabes préposées à notre garde. Alors cette lueur d'espoir s'envolait, et nous retombions dans un profond accablement.

« Cependant, le caporal Moulin, du 8e bataillon, et les soldats Ismaël et Poggi, tentèrent cette évasion impossible. Un soir, ils s'enfuirent du camp pour gagner la côte; mais le lendemain matin ils étaient repris et ramenés à la deirah. Le kalife furieux voulait les faire mourir sous le bâton. Ils allaient subir ce châtiment, quand le colonel Courby de Cognord, intervenant auprès de Bou-Hamedi, obtint leur grâce.

« Les officiers étaient bien traités, mais il n'en était pas de même des soldats, que les Bédouins traitaient comme des chiens et rouaient de coups de bâton. Les malheureux, devant l'impossibilité de la révolte, devaient se résigner à tout subir.

« Dans les premiers jours d'avril, les prisonniers virent arriver à la deirah El-Bertani et Mustapha-ben-Tami, beau-frère d'Abd-el-Kader. Celui-ci venait préparer le massacre des prisonniers.

« Quelques jours après, on séparait les soldats de leurs chefs. Sous un prétexte quelconque, le colonel Courby de Cognord, le docteur Cabasse, les lieutenants Marin, Lazaret, Hillerain, les cavaliers Thomas, Metz, Testard et Barbut, les soldats Michel, du 41e, et Trotté, du 8e bataillon, étaient conduits à la tente de Seliman, cheik de Beni-Hachem, qui les reçut fort mal. Quand ils rentrèrent, le lendemain soir, au camp, ils n'y trouvèrent plus leurs compagnons d'armes. Et comme ils demandaient à les voir, on leur répondit qu'ils étaient partis très loin. Or, d'après mon vieil ami le clairon Rolland, qui, avec le chasseur Delpech, a pu échapper au massacre, voici ce qui s'était passé :

. . . .

« — Aussitôt le départ de nos officiers, au crépucule, me dit Rolland, on nous fit aligner sur un rang. Lorsque nous fûmes ainsi rassemblés, les réguliers de l'émir nous conduisirent par groupes de six dans leurs tentes. Delpech, Chauvin, Gallus, Durand,

Mialle et moi, nous fûmes emmenés dans un gourbi
où se trouvaient une vieille Mauresque et une jeune
négresse qui pilaient du couscous dans un mortier.
Une dizaine d'Arabes vinrent se masser devant la
porte. Nous restâmes là jusqu'à minuit. Autour de
nous, il y avait des allées et venues singulières, des
Bédouins chuchotaient en nous regardant. Tout cela
nous semblait étrange, mais nous étions loin de nous
douter de ce qui se préparait. A minuit, je commençais à m'assoupir sur une botte d'alfa, lorsqu'un long
cri déchira le silence de la nuit. Je m'éveillai. Des
Arabes couraient de tous côtés ; les uns portaient des
torches, d'autres avaient des armes. Un second cri
jaillit dans la nuit, puis, soudain, des clameurs
épouvantables s'élevèrent. Dans le gourbi voisin du
nôtre, une voix implorait grâce ; on entendait aussi
des râles, et partout, de toutes les tentes et de tous
les gourbis, jaillirent des cris affreux de gens qu'on
égorge. Terrifiés, nous nous levâmes.

« Mais, comme nous allions sortir, les assassins
entrèrent. Ils se jetèrent d'abord sur Chauvin. Un des
Arabes le renversa sur son genou, tandis qu'un autre lui coupait le cou. Bien que sans armes, nous
nous jetâmes sur les bandits. Une chèvre, affolée par
tout ce bruit, voulut fuir, et, en fuyant, renversa
deux de nos assassins. Avant qu'ils se fussent rele-
vés, j'étais sorti du gourbi avec Delpech, tandis que
Durand, Gallus et Mialle restaient aux prises avec les
égorgeurs. En deux bonds, passant à travers les haies

de cactus et de jujubiers qui fermaient le camp, nous fûmes dans la plaine. Nous ne nous arrêtâmes qu'à l'aube dans le creux d'un ravin où coulait une rivière. Après nous être désaltérés, nous reprîmes notre course affolée à travers les montagnes et les ravins. Enfin, le soir du troisième jour, nous arrivâmes exténués, mourant de faim et de soif, à Lalla-Maghrnia.

. . . .

« Quand Rolland nous racontait ça, ajoute l'invalide Pierre, il ne pouvait s'empêcher de pleurer.

— Mais les officiers, que devinrent-ils? demandai-je à Pierre.

. . . .

— Le colonel Courby de Cognord, les lieutenants Lazaret, Marin, Hillerain, le docteur Cabasse, Barbut, Testard, Michel, et le hussard Metz, qui depuis s'est établi négociant à Alger sous le nom de Mathieu, suivirent la deirah, par monts et par vaux, tantôt à travers le désert du Sahara, tantôt dans les montagnes de Kabylie, puis dans une forêt près d'Aïn-Zorah, où ils campèrent jusqu'en octobre, époque à laquelle ils purent obtenir leur mise en liberté grâce à une rançon de trente-trois mille francs qu'ils firent remettre à Bou-Hamedi, lieutenant d'Abd-el-Kader. On les conduisit alors à la côte, où un voilier envoyé par les autorités d'Algérie les prit pour les conduire à Mélilia. De là ils regagnèrent Djemmah, qu'ils avaient quitté un an auparavant avec trois cent cinquante de leurs compagnons d'armes, tués depuis à Sidi-Brahim ou égorgés sur les rives de la Malouïa.

« Mais, dit en se levant l'invalide Pierre, nous les avons bien vengés !

« Depuis cette époque, nous avons fait une chasse effrénée à Abd-el-Kader. Nous ne lui avons pas laissé une minute de repos, car on était bien décidés à le prendre mort ou vif... Ah! le brigand! il nous en a donné du mal! mais on l'a pris tout de même !

— Il s'est rendu, rectifia l'invalide Chandelier.

— On l'a pris, » répéta Pierre.

Mais Chandelier de répliquer :

« Il s'est rendu quand il s'est vu pris... Je puis vous en parler en toute connaissance de cause... J'étais là lors de sa reddition.

— Après tout, fit Pierre, qu'il se soit rendu ou qu'il ait été pris, cela m'est parfaitement égal. »

A cet instant, la cloche du dîner se fit entendre.

L'EX-SERGENT DE ZOUAVES PAULZAC

D'ALGER A LAGHOUAT. — PRISE DE LA VILLE. — LE MASSACRE DES HABITANTS. — L'ENFANT DE TROUPE. — EN CRIMÉE. — LA BATAILLE D'INKERMANN. — LE COLONEL DE CAMAS. — SCÈNES DOULOUREUSES. — SOUVENIRS SANS REGRETS.

PAULZAC

« Je me suis engagé en 1849, au 1er zouaves, à Alger ; j'ai été en garnison à Sétif... et en 1852 j'étais à la prise de Laghouat... »

Ainsi s'exprimait d'une voix faible l'ex-sergent de zouaves Paulzac, couché sur son lit de douleur où l'ont jeté vingt-cinq années de pénibles campagnes sous le soleil d'Afrique et dans les neiges de Crimée.

« Oui, continua-t-il, après un instant de silence ; j'étais à la prise de Laghouat, je m'en souviens comme si ça datait d'hier.

« C'était en décembre 1852 ; nos quelques spahis en garnison à Laghouat ayant été chassés par la population révoltée, une expédition fut décidée et placée sous les ordres du général Pélissier ; je faisais partie de la colonne expéditionnaire. Nous voilà donc lancés dans le désert... à pied, comme de juste, et chargés comme des mulets. Avant d'arriver à Laghouat, on fit halte sur les rives de l'Oued-Djelfa... près de la forêt de Moalba. L'endroit est coquet. On y voit beaucoup de palmiers, de cèdres, de tuyas, de chênes-lièges. Notre bivouac était situé près d'une vallée très étroite et très sinueuse formée par la rivière Djelfa, dont l'eau — nous l'avons constaté à nos dépens — est imbuvable, après son passage sur un rocher de sel. Au bout de six semaines, on se remit en route... sous un soleil de feu, à travers d'immenses plaines de sables où nous enfoncions jusqu'à la cheville... ce qui rendait la marche très pénible. Beaucoup de soldats tombèrent malades, épuisés de fatigue ; on dut les installer dans les cacolets qui suivaient la colonne. Un matin, on arriva devant une vieille ville arabe, toute blanche, bâtie sur deux rochers, au milieu de la verdure d'une oasis. C'était Laghouat.

« Immédiatement la ville fut investie, en attendant l'heure de l'assaut...

« Je vois encore, à vingt pas de moi, un jeune capitaine expliquant à Pélissier que la ville était entourée d'un mur de briques flanqué de huit tours. Et Pélissier de répondre d'un air enjoué : — Ils ont huit tours... très bien. Avec celui que nous leur jouerons, ça en fera neuf.

« Ce n'était peut-être pas très fort comme jeu de mots, mais... en Afrique, il faut si peu de chose pour faire rire ! Le 2 décembre, on nous fit prendre les armes pour reconnaître la place et déterminer l'endroit le plus favorable à l'attaque. Dès qu'ils nous virent nous former en colonnes, les Arbis, s'imaginant que nous allions prendre la ville d'assaut, sortirent en nombre pour en défendre l'approche.

« Embusqués derrière leurs rocs, ou à l'abri des murs de leurs jardins, ils ouvrirent sur nous une violente fusillade et nous tuèrent ou blessèrent une cinquantaine d'hommes. Le marabout Sidi-El-Hadj-Aïssa qui domine la ville, fut plusieurs fois repris et abandonné. Dans cette lutte acharnée, nous vîmes tomber, mortellement blessé, le capitaine de zouaves Bessières. Pélissier ne voulut pas continuer la lutte. Il ordonna la retraite et remit l'assaut à un autre jour.

« Mais, pendant la nuit qui suivit l'attaque, le général fit reprendre le marabout et y installa une batterie de brèche. C'est de cet endroit que devait partir la colonne d'assaut.

« Dès l'aube, la batterie commença son feu. Derrière le rocher se trouvaient massés deux bataillons du 2ᵉ zouaves, prêts à partir au premier signal.

« En même temps, nous nous rangions devant la porte de l'est. Nous étions munis d'échelles, car nous devions tenter l'escalade, dès que les troupes d'Oran pénétreraient à l'ouest, sur la brèche ouverte par l'artillerie.

« A mesure que les boulets démolissaient un pan de mur, on apercevait les Arbis groupés devant la brèche et prêts à bondir sur les assaillants. Ils avaient amené leur unique canon, qui faisait, heureusement, plus de bruit que de mal.

« Un peu avant midi, notre artillerie se tut, des cris s'élevèrent, et aussitôt nous vîmes les zouaves de la colonne d'Oran se ruer sur la brèche, baïonnette en avant, et tomber comme des diables au milieu des Arbis surpris et épouvantés. Puis, ce fut notre tour. A l'aide d'échelles et malgré une vive fusillade, on escalada les murs et on repoussa à coups de baïonnette les défenseurs de la ville, qui voulaient nous barrer la route. Alors, ce fut une course folle après les habitants qui fuyaient dans les ruelles et dans les jardins. Il y eut un massacre épouvantable. Les zéphirs, surtout, se montraient implacables ; ils poursuivaient les hommes, les femmes, les enfants, jusque dans leurs maisons, ils les tuaient sans pitié et les jetaient dans les puits. Près d'une mosquée, trois zéphirs lardèrent de coups de baïonnette une jeune femme qui allaitait son enfant ; ils allaient assommer

le gosse à coups de crosse, lorsque nous arrivâmes
à temps pour les en empêcher. La femme, les seins
percés, en sang, nous regardait avec épouvante;
elle serrait son enfant dans ses bras et ne voulait
pas le lâcher. Mais quand elle nous vit repousser les
zéphirs, elle nous le tendit en pleurant, puis ses
membres se raidirent, et elle expira... On emmena le
petit moricaud, qui fut adopté par la compagnie.
Depuis, il nous suivit dans toutes nos campagnes...
En 1866, il s'engagea dans les tirailleurs; je le revis
à Alger en 1868. Mais, depuis, je l'ai perdu de vue.
Enfin, pour vous en finir avec Laghouat, je vous
dirai que le massacre fut si grand, que nous patau-
gions dans une véritable boue de sang et qu'il nous
fallut cinq jours pour enterrer les cadavres. Je vous
dis ces choses parce que je les ai vues et qu'elles
m'ont frappé. Ah! c'est une bien triste chose que
la guerre!

— Et après Laghouat, demandai-je à Paulzac,
quelle campagne avez-vous faite?

— Après... Laghouat... répondit le vieux soldat. Eh
bien! j'ai fait la campagne de Crimée... J'étais à
l'Alma, j'étais aussi à Inkermann, où j'ai reçu un
si formidable coup de crosse sur la tête... que j'en
suis resté étourdi pendant douze heures. Ce sont,
voyez-vous, des choses dont on se souvient. »

Ici, Paulzac s'arrêta pour prendre la tasse de
tisane que la sœur Sainte-Thérèse venait de lui apporter. Après l'avoir vidée d'un trait, il reprit :

« Oui, ce sont des choses dont on se souvient. Et je n'oublierai jamais, dussé-je vivre cent ans, la bataille d'Inkermann.

— Racontez-moi ça. »

Le vieil invalide s'accouda sur son oreiller, puis, d'une voix émue :

« C'était, je m'en souviens parfaitement, un dimanche matin, le 5 novembre; il faisait un brouillard si épais qu'on n'aurait pu le couper même avec un couteau. Je dormais encore sous ma tente, lorsqu'un tintamarre épouvantable m'éveilla. En deux bonds, je fus debout.

« Là-haut, du côté d'Inkermann où les Anglais étaient campés, la fusillade roulait, le brutal grondait, et le vent apportait jusqu'à moi les clameurs d'épouvante des uns et les cris de rage des autres. Soudain, un officier d'ordonnance passa au galop de son cheval en criant : — On se bat là-haut; trois régiments russes viennent d'envahir le camp anglais. — Des chefs, accourus aussitôt, donnèrent des ordres brefs. Les clairons sonnèrent, les tambours battirent. En un clin d'œil, le régiment fut rassemblé. Le général Bosquet, tout pâle, passa devant nous sur son cheval, puis, après nous avoir jeté un coup d'œil rapide, il se dirigea vers les tirailleurs algériens, auxquels il adressa la parole.

« Nous marchions au feu, rapidement, lorsqu'il repassa et dit, en levant son sabre : — Soldats, en avant, et vive l'empereur! — Une dizaine de zouaves répétèrent ce cri, les autres se turent, car chaque fois que le général nous recommandait spécialement de crier : Vive l'empereur ! le colonel Collineau nous recommandait expressément de ne rien crier du tout... attendu que le premier empereur était mort et que le second était absent.

« — Ne parlons jamais des absents, nous disait-il avec sa familiarité coutumière.

« Pendant ce temps, sous le choc des Russes qui les avaient surpris en plein sommeil, les Anglais affolés reculaient, reculaient toujours, tiraillant à droite, à gauche, au hasard, dans le brouillard. Les Russes, au contraire, protégés par quatre-vingt-dix canons juchés sur les hauteurs et qui ouvraient un feu terrible sur les colonnes anglaises, avançaient, avançaient toujours, très serrés en colonnes profondes qui surgissaient à chaque instant du brouillard. Mais, en nous voyant arriver à la rescousse, les Anglais reprirent courage et, avec nous, s'élancèrent sur les Russes à la baïonnette. Pendant quatre heures, la lutte fut implacable, acharnée; on se battait corps à corps, personne ne voulait reculer. Grimpait-on sur les hauteurs pour s'emparer des batteries, les Russes descendaient en courant sur nous, afin de nous arrêter.

« Par grappes, on dégringolait dans des ravins, on se relevait pour se battre encore. En sueur, les habits collés sur le dos par la pluie, éreintés, fourbus, faits comme des bouchers, on se poursuivait sous les halliers, et vlan, un coup de crosse sur la tête, et vlan, un coup de baïonnette dans le ventre, et vlan, une balle entre les deux yeux, l'homme roulait en hurlant, le visage en sang, les tripes à l'air, mais il en revenait d'autres, et il fallait continuer le massacre. On tuait pour ne pas être tué. Parfois, c'était un vieux camarade qui tombait, ensanglanté... Il vous appelait, demandant du secours, mais on n'avait pas le temps de le ramasser, il fallait se garder soi-même. Alors il vous maudissait et mourait en vous montrant le poing. On en pleurait de rage. On devenait furieux et l'on se vengeait sur l'ennemi. Je vous parle de ces choses parce que je les ai vues et qu'elles m'ont frappé. Ah! quelle triste chose que la guerre!

« Je vois encore, dit Paulzac, — et ici, la voix de l'invalide s'altéra, son visage martial se rembrunit, — je vois encore mon ami Thierry, un brave garçon, un cœur d'or, un vieux frère d'armes, avec qui j'étais à Laghouat et qui m'avait sauvé la vie à Sétif, dans un café maure, en arrêtant le bras d'un Ouled-Mzab qui allait me poignarder; je le vois dans le ravin, à trente mètres au-dessous de moi, cerné par trois Cosaques, acculé contre un arbre, désarmé et m'appelant à son secours... J'y serais bien allé, mais entre nous s'étendaient des broussailles où des tirailleurs russes étaient embusqués, tandis que sur ma droite tout un bataillon de Moscoves arrivait sur nous au pas de gymnastique. Pleurant de rage,

j'entendais ses appels : « Paulzac ! Paulzac ! A moi ! »
Je voyais les Cosaques le larder de leurs baïonnettes,
puis, lorsqu'il fut à terre, lui donner des coups de
botte dans la tête, le piétiner avec rage alors que,
d'une voix éteinte, il criait encore parmi ses râles :
« Paulzac !... Paulzac !... Ils me tuent !... A moi ! Mon
ami, à moi ! » Et, vers le ciel, ses deux poings fermés
se tendaient, son corps soubresautait sous les coups
des Cosaques, son sang jaillissait en gerbe de ses
blessures. »

Paulzac, ici, s'arrêta, très pâle ; deux grosses larmes roulaient sous ses paupières. Puis, d'une voix
que faisait trembler une émotion mal contenue, il
ajouta :

« Je vous dis ces choses parce que je les ai vues
et qu'elles m'ont frappé. »

Après un instant de silence ému, il reprit :

« Pendant ce temps, les Russes, assaillis en flanc
par les tirailleurs algériens, le 6ᵉ de ligne et le 50ᵉ de
ligne, en face par les highlanders et par nous, opé-
rèrent leur mouvement de retraite ; le désordre commençait à se mettre dans leurs rangs, et l'on voyait
des bataillons entiers se débander pour s'enfuir du
côté des ravins de la Tchernaïa... Nous, nous avancions toujours, la baïonnette en avant. A vingt-cinq
pas devant moi, le colonel Filhol de Camas entraînait son régiment, le 6ᵉ de ligne. L'officier qui portait le drapeau était à ses côtés, lorsqu'une balle le
renversa. Les Russes se précipitèrent dessus pour

ramasser le drapeau, on courut pour les repousser, mais ils arrivèrent avant nous, s'en emparèrent et, vivement, le firent passer de mains en mains jusqu'à leur dernier rang. Furieux, le colonel de Camas se précipita au milieu des Russes pour le reprendre, mais, sous les coups de baïonnettes, il tomba percé de part en part. Comme il tombait, nous arrivions; une mêlée furieuse se livra sur son corps; j'aperçus un jeune commandant reprendre le drapeau, puis tomber raide mort. Dans le même moment, un blessé russe qui était à terre me prit par les jambes pour me renverser. Comme je lui donnais un coup de baïonnette pour le faire lâcher, je reçus un formidable coup de crosse sur la tête; alors je vis tout danser autour de moi, un bourdonnement sourd emplit mes oreilles, je chancelai comme un homme ivre et, lourdement, je m'abattis sur un tas de blessés dont l'un, le visage haché par une volée de mitraille, poussait des cris affreux.

. . . .

« Quand je repris connaissance, il faisait nuit, la bataille était terminée; au-dessus de ma tête, dans le ciel bleu, roulaient de gros nuages. Non loin de moi, une femme, une de ces Anglaises qui avaient suivi leur mari en Crimée, gémissait près d'un cadavre dont elle soulevait par instants la tête livide. De toutes parts s'élevaient, dans le silence de la nuit, les plaintes des blessés et les râles de ceux qui achevaient de mourir. Me retournant sur le côté, je vis tout le champ de bataille bossué çà et là par des monceaux de cadavres. Des petites lumières s'agitaient dans le lointain, se rapprochaient, s'éteignaient, disparaissaient dans un pli de terrain, pour reparaître aussitôt... C'étaient les lanternes de ceux qui venaient relever les blessés. Soudain, un cri affreux, un cri de bête, me fit tressaillir... et comme je me demandais d'où ce cri provenait, j'aperçus, derrière un buisson, le cou décharné d'un cheval. La pauvre bête, sans doute blessée, dressait par instants la tête, semblait aspirer l'air frais, poussait un long hennissement, puis tentait, mais en vain, de se relever. A quelques pas de là, le soldat dont j'avais entendu les cris affreux, quand j'étais tombé, ne bougeait plus, et son visage, où s'était figé le sang de ses blessures, était horrible à voir.

« Par instants, des bouffées de vent venues du bout du plateau apportaient jusqu'à moi des rumeurs lointaines, que dominait une sorte de gémissement prolongé comme le miaulement plaintif du chat dans la nuit. Et c'était sinistre, cette plainte au milieu du silence nocturne.

« La lune, quand les nuages ne la voilaient pas, promenait çà et là des traînées de clarté; alors on voyait reluire une baïonnette, un sabre, ou bien un bidon de fer, puis, soudain, tout retombait dans l'obscurité... Et je pensais à mon pauvre Thierry resté là-bas dans le ravin et que je ne reverrais plus. Comme je me faisais ces tristes réflexions, une des petites lumières que j'avais vues dans le lointain approcha... Je distinguai bientôt un groupe de personnes qui la suivaient. Parfois, la lumière s'abaissait; alors les personnes du groupe se courbaient vers la terre, mais bientôt elles se relevaient avec la lumière, faisaient quelques pas, se baissaient, se relevaient, marchaient encore pour recommencer plus loin les mêmes gestes. Je pensai alors que c'étaient des officiers qui cherchaient le corps d'un des leurs, tué ou blessé. Je ne me trompais pas, car, lorsqu'ils passèrent près de moi, je reconnus le frère du colonel de Camas, précédé d'un soldat du 6ᵉ qui tenait la lanterne et suivi de plusieurs officiers du même régiment. Arrivés à la hauteur du buisson, l'un d'eux dit: — C'est en cet endroit que le porte-drapeau est tombé; le colonel doit être à vingt ou trente pas d'ici. — Ils avancèrent lentement en promenant la lumière de leur lanterne sur les visages livides des morts. Devant un monceau de cadavres ils s'arrêtèrent. C'était là qu'avait eu lieu l'horrible mêlée... La lumière s'abaissa, et les hommes se courbèrent vers la terre. Soudain, je vis le frère du colonel se jeter à genoux, saisir les mains d'un de ces cadavres, et d'une voix où tremblaient les sanglots :

« — Edmond!... Mon pauvre Edmond!... Ah! c'est fini!... il est mort!...

« Et je le voyais passer son bras sous la tête du colonel que la lumière frappait en plein, et qui ballottait à chaque mouvement du corps; je le voyais à genoux, pleurant à chaudes larmes, tandis qu'autour de lui les officiers et le soldat, émus par cette grande douleur, pleuraient aussi...

« Devant ce spectacle, moi-même, très ému, je ne pouvais retenir mes larmes... Et je me disais :

« Quelle chose cruelle que la guerre, qui fait pleurer tant de braves gens!... Quand je pense que tous ces hommes qui sont couchés là, percés par les coups de baïonnettes, hachés par la mitraille ou qu'un boulet de canon a jetés en l'air, vidés comme un sac, ont une mère qui les a soignés, dorlotés pendant des années entières, et à laquelle demain ou dans quelques jours on dira : Votre fils a été tué, le 5 décembre, à Inkermann! — Dieu de Dieu! c'est-y pas des choses à vous tourner les sangs et à vous faire maudire les empereurs, les rois et tous ceux qui poussent les gens à s'entre-tuer, alors qu'il serait si facile de s'entendre! Car enfin ces Russes, contre lesquels nous nous battions, que nous avaient-ils fait? Rien, n'est-ce pas? C'étaient, pour la plupart, des paysans comme nous, ça se voyait à leurs grosses mains calleuses; il y avait aussi des jeunes freluquets avec des petites moustaches blondes, des étudiants sans doute, ou de la noblesse, mais la plupart de ces soldats étaient des paysans du Caucase. Eh bien! est-ce que leur empereur n'aurait pas mieux fait de lès laisser piocher leur terre, au lieu de les enrégimenter pour faire la guerre et tuer des paysans comme eux? Est-ce que notre empereur n'aurait pas mieux fait de nous laisser cultiver nos vignes, au lieu de nous envoyer tuer des paysans comme nous? Mais non, ce qu'il faut à ces monarques, ce sont des guerres, pour agrandir leur territoire aux dépens du voisin... Si seulement, quand la guerre est terminée et qu'on est vainqueur, le monarque nous donnait à chacun un petit bout du territoire qu'on a conquis, cela vous consolerait des mauvais jours passés et des souffrances endurées...

« Mais non, on vous renvoie dans vos foyers, ou bien, quand on est blessé, on vous expédie aux Invalides, où l'on vous donne deux sous par jour. Vous conviendrez que c'est tout de même un peu fort! Mais, que voulez-vous, c'est comme ça, ç'a toujours été comme ça et ça sera toujours comme ça. Le mieux, voyez-vous, c'est de tout endurer et de ne rien dire. C'est-y pas la vérité? »

Et le vieil invalide ajouta avec un triste sourire :

« J'ai bien vu d'autres horreurs durant mes vingt-six années de service. J'ai vu, en Afrique, massacrer sans raison des malheureux Kabyles coupables tout au plus de défendre leurs montagnes, leurs pâturages, leurs troupeaux; et j'ai vu aussi, en 1870, les Prussiens massacrer les Français, qui défendaient leur pays. C'étaient toujours les plus forts qui avaient raison et les plus faibles qui avaient tort. J'ai vu aussi bien des injustices. J'en ai eu à subir, moi-même, beaucoup : je les ai toutes supportées sans me plaindre, j'ai toujours fait mon devoir...

Aujourd'hui, je suis vieux et malade. L'ancien sergent de zouaves n'est plus qu'un vieil invalide qui ne demande qu'une chose, c'est de pouvoir mourir tranquille. Voilà, Monsieur, tout ce que j'avais à vous dire. »

Et, laissant retomber sa tête sur son oreiller, le sergent Paulzac se tut, tandis que ses yeux s'emplissaient de larmes.

L'EX-GRENADIER PACQUIN

PACQUIN

L'ex-sergent de grenadiers Pacquin et l'ex-voltigeur Retord, deux vétérans de Crimée et d'Italie, affalés en d'immenses fauteuils, les pieds appuyés au poêle, le torse renversé en arrière, lisaient leur journal (ou plutôt chacun leur journal d'opinion opposée), ne levant les yeux que pour se lancer des regards irrités et provocateurs, car, bien que frères d'armes par les hasards de la vie militaire, et camarades de lit par les hasards de la vie d'infirmerie, les deux vieux brisquards éprouvaient l'un pour l'autre une haine féroce, qui aurait pu se traduire par des horions, si la sœur Thérèse n'eût éteint leur ardeur guerrière sous des flots de tisane de camomille.

Parlant de son camarade Pacquin, l'ex-voltigeur disait :

« Pacquin!... je ne peux pas le voir, même en peinture. »

Désignant Retord, l'ex-sergent des grenadiers de la garde disait :

« Retord!... je ne peux pas le voir... même en aquarelle. »

Pacquin n'aimait pas non plus son autre voisin de lit, Malroux, ex-caporal sapeur des grenadiers de la garde, auquel il reprochait d'être né en Auvergne, ce qui, à ses yeux, constituait une tare originelle, et mettait l'ancien sapeur en état d'infériorité sur lui, Pacquin, né près de la frontière, à deux pas de l'ennemi.

. . . .

Tout d'abord, je m'adressai à l'ex-caporal sapeur Malroux.

Assis sur son lit, celui-ci, tout en sirotant une tasse de lait, répondit à mes questions avec la dignité froide et hautaine d'un homme qui, pendant quinze ans, porta le bonnet à poil, le tablier de peau blanche et la hache redoutable des sapeurs des grenadiers de la garde impériale.

« Je chuis été en Afrique, dit-il, mais che n'est pas tout. Je chuis été en Crimée, mais che n'est pas tout. Je chuis été en Italie. Mais che n'est pas tout. Je chuis été en Allemagne.

— En Allemagne? fis-je étonné.

— Oui... en Allemagne; j'y chuis été comme prichonnier, car pendant la guere de 1870, je chuis été à Gravelotte, où les Prussiens nous écrachèrent, puis à Metz, où Bazaine nous trahit, où je chuis été fait prichonnier. Que tout cha, je m'en chouviens comme chi cha datait d'hier et que ch'est tel que che vous le raconte.

— C'est pas vrai, fit Pacquin, caché derrière son journal largement déployé devant lui.

« Qui a dit que che n'était pas vrai? » fit le sapeur, qui se leva d'un bond, l'air menaçant.

Puis, comme personne ne répondait, Malroux se rassit sur son lit en disant :

« Che vous le jure, cha ch'est passé tel que che vous le raconte... J'étais à chette époque caporal chapeur des grenadiers de la garde impériale.

— Fous l'afez gombris? » dit une voix derrière moi.

Je me retournai, et je vis un autre invalide dont la figure placide était éclairée par un large sourire.

De suite, il se présenta :

« Je suis Gonrad... afec un C..., Gonrad, l'ancien gendarme de la garde impériale, fétéran de Griméc et d'Italie, né en Alsace. »

Puis, désignant Malroux, il me dit :

« Si fous l'afez gombris, fous afez de la feine, gare moi, je ne le gombrends pas tu tout... tu tout. »

Et, pivotant sur ses talons, Conrad s'éloigna.

Je me rendis près de Retord, et je le priai de me raconter ses campagnes. Celui-ci me toisa d'un œil hautain (le seul qui lui reste, l'autre ayant été crevé par une balle russe à Sébastopol), puis, il déclara d'une voix brève et avec un léger accent du Midi :

« Je ne veux pas voir mon nom dans les journaux; il n'y a jamais été et il n'y sera jamais. »

J'insistai, promettant d'être discret.

Alors, il dit :

« J'ai fait la campagne de Crimée... et la campagne d'Italie. J'étais à l'Alma, à Inkermann, à la prise du Mamelon-Vert. J'ai été décoré sur le champ de bataille par le général Pélissier. J'étais aussi à Sébastopol. C'est là que j'ai encloué dix canons russes.

— Dix canons? fis-je, étonné.

— Oui, dix canons, pas un de plus, pas un de moins. »

Un ricanement ironique se fit entendre, et je vis l'ex-grenadier Pacquin hausser les épaules et jeter par-dessus ses lunettes un regard moqueur à l'ex-voltigeur.

« Oui, répéta Retord d'une voix forte, j'ai encloué dix canons.

— A la cantine... murmura Pacquin.

— J'ai toujours fait mon devoir, moi, continua l'ex-voltigeur; j'ai les médailles de Crimée et d'Italie... j'ai la médaille militaire; j'ai la croix, moi; j'ai encloué dix canons, moi.

— De quel pays êtes-vous?

— Du Midi, répondit Retord; je suis né à Béziers.

— Tout s'explique, » dit Pacquin, qui ricanait toujours sans lever les yeux de sur son journal.

Alors, m'adressant à l'ex-sergent des grenadiers de la garde :

« Et vous, sergent Pacquin, quels sont vos exploits?

— Oh! moi, fit-il d'une voix amère, je n'ai rien fait... je n'ai jamais été soldat, moi, ce sont les autres qui sont partis pour moi. Je ne me suis jamais battu. C'est Malroux, le vieux que vous voyez là-bas, sirotant du lait, c'est lui qui s'est battu pour moi... Je suis une mazette, moi. Je n'ai rien fait, moi... Je suis un conscrit, moi, »

Et il se mit à rire nerveusement : ha! ha ha!...

Puis soudain, changeant de ton et froissant furieusement son journal, qu'il jeta à terre, il rugit d'une voix terrible :

« Trente-six mille tonnerres de Brest!!! ça me tourne les sangs d'entendre des clampins et des conscrits, qui ont fait cinq ans dans les zouzous ou dans les tourlourous, raconter des calembredaines et des balivernes pour faire la pige aux anciens...

— Pourtant, » fis-je...

Il m'interrompit :

« Je vous dis que ce sont des calembredaines.

— Il me semble, cependant, que Retórd, votre camarade de lit...

— D'abord... Retord n'est pas mon camarade de lit; dites : mon adversaire de lit.

— Eh bien, soit... Il me semble que Retord, votre adversaire de lit, ne ment pas lorsqu'il dit avoir encloué dix canons.

— A la cantine, répéta Pacquin. Ça c'est vrai. — C'est comme Malroux : en voilà encore un lascar :

— Vous ne l'aimez pas?

— Je l'exècre.

— Que vous a-t-il fait?

— C'est un Auvergnat...

— Mais vous, sergent Pacquin, vous qui êtes un vieux brave, quelles sont vos campagnes?

— Crimée et Italie, répondit le grenadier. A dix-sept ans j'étais soldat, moi. A cette époque, dans mon pays, en Alsace, tout le monde était soldat. Je me suis engagé en 1849, à Metz, dans le génie, une arme savante. En 1853, j'étais à Lyon. Le 7 mars 1854, je m'embarquai à Marseille pour la Turquie. Le 30 du même mois, on débarquait à Gallipoli, une ville sale comme un peigne, avec des maisons bleues, rouges, vertes, et une mosquée toute blanche. Puis en route pour Constantinople, une jolie ville, avec des palais de marbre, des dômes, des minarets et des campaniles dorés... entassés les uns sur les autres. Puis en route pour Varna, une ville turque, m'a-t-on dit, située au bord de la mer Noire, qui n'est pas noire comme vous pourriez le croire, mais bleue, très bleue même, d'un bleu, comment dirai-je?

— Bleu... turquoise?

— Naturellement, puisque c'est en Turquie; ce n'est pas malin, ce que vous dites là.

— A Varna, on nous embarqua sur un paquebot, et en route pour Kamiesch, où nous débarquâmes quelques jours après, sans faire de pétard. On bivouaqua sur la plage, puis en route pour Sébastopol. Mais comme nous arrivions sur les rives de l'Alma, une petite rivière russe, l'armée de Mentschikoff, retranchée sur des hauteurs, voulut nous barrer la route. Alors nous avons infligé aux Cosaques une formidable raclée, qui les fit descendre de là-haut plus vite qu'ils n'y étaient montés. Puis en route pour Sébasto, où nous sommes restés onze mois. Quand on s'ennuyait, on tirait sur les Russes; on ne les atteignait pas toujours, mais au moins on tuait le temps.

« Il y eut, cependant, des affaires sérieuses, notamment à Inkermann, où nous avons sauvé les Anglais sur le point d'être écrasés par les Russes. Ces bougres-là ne nous en ont pas été reconnaissants.

« J'étais aussi à Balaklava et à l'assaut de Malakoff, à la prise de Sébastopol, le 8 septembre; mais moi, je n'ai pas encloué dix canons... car il n'en restait plus. Retord les avait tous pris pour les envoyer au musée de Béziers.

« Le 14 août, on était de retour à Paris, où l'on fit une entrée triomphale.

« En 1859, j'ai rengagé dans les grenadiers de la garde. J'ai fait la campagne d'Italie avec Wimpfen et Regnault de Saint-Jean-d'Angély. J'étais caporal à Magenta, où les grenadiers défendirent, pendant quatre heures, l'accès du pont contre plusieurs régiments autrichiens. J'étais aussi à Solférino.

« En 1860, je passai sergent. En 1870, j'étais directeur des enfants de troupe, et en 1875 je prenais ma retraite. Voilà ce que j'ai fait, moi...

— Vous n'avez jamais été blessé au cours de vos campagnes ?

— Jamais... Je n'ai même pas été malade, ni en Italie, ni en Crimée où il y avait, pourtant, le choléra, le typhus, le scorbut et un tas d'autres sales maladies, qui vous fauchaient un homme en un rien de temps. Faut vous dire, aussi, que je me soignais bien. Dès que je me sentais la moindre indisposition, je courais à la cantine et je criais :

« — Servez vivement une absinthe pure... bien fadée ; c'est pour un malade. »

On me la servait aussitôt, je l'avalais d'un trait et j'étais guéri... Ah ! c'était le bon temps ! !

— Vous regrettez ce temps-là ?

— Pour sûr... alors.

— Vous êtes pourtant bien ici ? »

Pacquin me jeta un coup d'œil furibond :

« Bien ici? »

Puis il se mit à rire :

« Ha! ha! ha! Bien ici! Bien ici!!

— De quoi vous plaignez-vous?

— De quoi je me plains?

— Oui, de quoi vous plaignez-vous? Vous êtes couché, nourri, blanchi, chauffé, éclairé. Vous touchez quatre sous tous les jours pour faire le garçon... et... les grands boulevards sont à deux pas... Que vous manque-t-il donc?

— Le principal.

— Le principal?

— Voyez, fit Pacquin, il y a une cantine ici. Eh bien! allez-y un peu pour voir, allez-y, et je vous défie d'y trouver une absinthe. Il n'y en a pas. C'est pire qu'en Crimée... si bien qu'il faut que je m'en passe... à soixante et onze ans!!! Pas étonnant si je suis malade... Que voulez-vous que je boive?

— Du lait.

— Du lait! fit Pacquin avec une moue de mépris. Je ne l'aime pas... J'en ai trop bu étant en nourrice... C'est bon pour Malroux ou pour Retord, mais pas pour moi... Non, voyez-vous, je ne peux plus rester ici... j'en ai assez, il faut que je m'en aille;... Tonnerre de Brest!! il faut que je m'en aille, car si je ne m'en allais pas... je mourrais ici; je ne le veux pas... non, je ne le veux pas!!! »

Et Pacquin, en disant ces mots, s'était levé furieux;

les sourcils froncés, mordant sa moustache blanche, la mâchoire inférieure avancée, menaçante, il frappait de violents coups de poing sur le poêle... répétant :

« J'en ai assez!... trente-six mille tonnerres de Brest!... j'en ai assez! »

STRASWECK

STRASWECK

Comme je pénétrais dans le jardinet fleuri où il émondait ses rosiers, l'invalide Strasweck me cria :

« Attention à mes plates-bandes, vous allez écraser mes fraisiers! »

En effet, j'allais, comme un étourdi, mettre le pied dans les plates-bandes et détruire l'œuvre du parfait jardinier qu'était devenu l'ancien conquérant.

Je marchai donc avec attention dans les allées, quand l'invalide Strasweck me cria :

« Attention à mes rosiers, il y a des épines, et votre redingote pourrait en souffrir. »

J'arrivai enfin, sans aucune anicroche, sous la tonnelle tapissée de lierre et de chèvrefeuille où se tenait le dernier combattant de Zaatcha, l'invalide Strasweck, vétéran des guerres d'Algérie, de Crimée, d'Italie, de Mentana et de 1870-1871.

Comme je priais le vieux brisquard de me raconter ses souvenirs, il me regarda stupéfait :

« Quels souvenirs?...

— Les souvenirs de vos campagnes.

— Quelles campagnes?... »

Sa modestie me déconcertait.

« Vous êtes bien, lui dis-je, l'invalide Strasweck ?

— Parfaitement.

— Vétéran des guerres d'Algérie?

— En effet.

— De Crimée?

— C'est exact.

— D'Italie?

— Il n'y a pas de doute.

— De Mentana?

— Soyez-en persuadé.

— De 1870-71?

— On ne peut pas dire le contraire.

— Vous avez dix-sept campagnes?

— Pas une de plus, pas une de moins.

— Et sept médailles?

— Les voilà... avec la croix.

— Eh bien, racontez-moi vos souvenirs!

— C'est que, fit-il en hochant la tête, c'est que...
il y en a bien long à dire.

— Tant mieux!

— Et que c'est bientôt l'heure de la soupe.

— Tant pis!

— Ah! diable!

— Racontez-moi ce que vous pourrez aujourd'hui,
vous me raconterez le reste un autre jour. »

Le vieux brisquard sourit et dit :

« Eh bien, asseyez-vous là et buvons d'abord un
coup. »

Il prit derrière lui, dans un panier, une bouteille
de vin blanc et deux verres qu'il remplit. Puis, ayant
vidé le sien d'un trait, il commença :

« Faut d'abord vous dire que si j'ai fait vingt-cinq
années de service militaire et dix-sept campagnes,
ce n'est pas pour mon plaisir.

— Cependant, fis-je, puisque vous avez rengagé
plusieurs fois, c'est sans doute que la vie militaire
vous plaisait.

— Moi, pas du tout.

— Comment?

— Je n'ai jamais eu de goût pour le métier des
armes : d'abord, parce que ce n'est pas un métier,
mais une carrière; ensuite, parce que dans cette car-
rière-là, il faut, pour avancer et monter en grades,

avoir de l'instruction, de la fortune et des relations...
trois choses qui me manquaient.

— Alors, fis-je...

— Oui, je vois, fit l'invalide, l'air finaud, en se
grattant le nez, vous voulez savoir pourquoi, n'ayant
aucun goût pour la carrière militaire, je l'ai embrassée?... Eh bien, je vais vous le dire... Ça sera long,
je vous en préviens, car je vous dirai tout... depuis
mon départ pour l'armée jusqu'à mon retour; mais
buvons un coup. »

Et l'invalide vida dans nos verres une seconde
rasade.

Puis, ayant tiré des poches intérieures de sa houppelande une pipe, ou plutôt un culot de plâtre bourré
de tabac, il dit en l'allumant :

. . . .

« Quand je partis pour le régiment, j'étais sur le
point de me marier.

« J'en avais bien le droit, d'autant plus que ma
fiancée était jolie comme un ange. De longs yeux
bleus, un teint de rose, une bouche comme une fraise
et des cheveux dorés comme le soleil!... Cré nom de
mâtin, qu'elle était jolie!... Je l'avais rencontrée
un matin de printemps, rue des Petits-Champs. Elle
était fleuriste de son état. De suite, au premier coup
d'œil, elle m'avait plu. Vous savez ce que c'est, quand
on est jeune, on s'enflamme vite : j'eus le bonheur
de ne pas lui déplaire. On parla de choses et d'autres
et l'on se quitta avec promesse de se revoir. Depuis

ce matin-là, on se voyait tous les jours, entre midi
et une heure, on déjeunait à la même crèmerie, rue
des Moulins. Je lui achetais parfois des fleurs ou bien
des cerises; quand j'étais en fonds, je lui payais un
café au kirsch, chez un petit troquet du passage
Choiseul. Il fallait voir alors comme elle était con-
tente. Ah! monsieur, elle riait, babillait, sautillait.
croquait le sucre en découvrant ses blanches quenot-
tes! C'était délicieux!... Ah! jeunesse! jeunesse!...

« Le dimanche, quand il faisait beau, je l'emmenais
promener dans le bois de Clamart, ou bien à Romainville, au cabaret de la mère Bécu, qui vendait du vin
sans eau. On ne rentrait que le soir au crépuscule,
les bras chargés de fleurs. Je la reconduisais jusqu'à
sa porte, où l'on se quittait en s'embrassant... et en
se promettant le mariage..

« Mais, hélas! la conscription vint, j'eus un mauvais numéro. Je fus incorporé dans un régiment d'Algérie et je dus bientôt partir.

. . . .

« Mais, le matin de mon départ, je me rendis chez
mon amie, qui habitait, rue Saint-Sulpice, une de
ces vieilles maisons comme on n'en voit plus, avec
pignon de briques rouges, sillonné de lambourdes
noires, fenêtres à guillotine, bordées de résédas et
voilées de glycines, porte bâtarde donnant sur une
allée qui aboutissait à un jardin ou à une cour envahie
d'herbes folles, avec un puits au milieu, abrité sous
un acacia ou un lilas. Antoinette — que j'appelais

Mimi Pinson, car alors ce nom était fort en vogue
— habitait tout en haut, sous les toits, une chambre-
mansarde qu'éclairait une fenêtre avec auvent surmonté d'une poulie. Le logis était petit, mais, le toit
de tuiles étant plat, mon amie y avait installé sa
salle à manger, sous une bâche étendue entre deux
cheminées de briques. De là-haut, on avait une vue
superbe : d'un côté, on apercevait, entre les tours
inégales de Saint-Sulpice, un coin du jardin du
Luxembourg ; de l'autre, la butte de Montmartre et
ses moulins ; à l'est, un fouillis de cheminées et de
toits, dominés par le clocher de Saint-Séverin ; enfin,
à l'ouest, les coteaux boisés de Bellevue et de Meu-
don. C'était magnifique !

« Je trouvai mon amie occupée à donner du chè-
nevis à ses oiseaux, trois canaris des îles, qui, par
leurs chants, emplissaient de gaieté la petite chambre. Ainsi surprise, au saut du lit, avec sa chevelure
blonde ébouriffée, ses yeux gonflés et rougis comme
si elle avait pleuré, elle demeura un instant gênée ;
puis, voyant ma petite valise, ma musette et mon air
triste, elle devina que c'était fini. Alors, elle se
jeta sur son lit, et, la tête dans son oreiller, sanglota
comme un enfant. Moi-même, je vous l'avoue, j'avais
le cœur gros, des larmes me montèrent aux yeux, et
je vis danser devant moi, sur la commode, les deux
vases de porcelaine où se desséchaient des roses. Ils
dansaient, positivement, tandis que les serins chantaient, et qu'au-dessus de moi le roi Louis-Philippe,

dans son cadre de menus coquillages, hochait tristement la tête en me fixant de ses bons gros yeux bleus.
Bref, j'avais des étourdissements.

« Quand son gros chagrin fut passé, mon amie se
leva, vint vers moi, posa ses deux mains sur mes
épaules et me dit d'un air triste :

« — Je ne peux pas croire que c'est fini et que je
ne te reverrai plus...

« Moi, pour la consoler, je lui dis :

« — Nous nous reverrons à mon retour, et nous
nous marierons.

« — Oui, mais, observa-t-elle, si tu es tué, comme
Chauvin!...

« Faut vous dire que Chauvin, dont elle connaissait la famille, était un des trois cents prisonniers
massacrés en 1846 par les Arabes, sur les rives de
la Malouïa, après Sidi-Brahim.

« — Tous les soldats ne sont pas tués à la guerre,
répliquai-je.

« — Ça ne fait rien, je ne suis pas tranquille.

« On parla ainsi pendant dix minutes, puis, comme
neuf heures sonnaient aux églises voisines, elle me
dit :

« — Je n'irai pas au magasin ce matin, ni cet
après-midi. Si tu veux, nous passerons la journée
ensemble à la campagne.

« Et moi de répondre :

« — Je ne demande pas mieux! Allons déjeuner
chez la mère Bécu.

« La mère Bécu, je dois vous dire, était une brave femme qui tenait une guinguette entre les Lilas et Romainville, une guinguette connue de toute la jeunesse ouvrière de Paris. On y dansait au son de la vielle et de la clarinette ; on s'y balançait, on y jouait au tonneau, on y déjeunait, on y dînait sous les bosquets, en buvant un petit vin clairet et pétillant qui vous ravigotait. Quelle partie ! Non, mais quelle partie on faisait là dedans ! »

Et le vieil invalide soupira :

« Ah ! c'était le bon temps ! C'était l'heureuse époque de ma jeunesse… de ma belle jeunesse !… Comme c'est loin, tout ça !

— Vous regrettez ce temps-là ?

— On regrette toujours sa jeunesse, répondit le vieux brisquard en vidant son verre.

« Où en étais-je donc déjà ?

— Vous en étiez au cabaret des Lilas…

— Ah ! oui. Nous voilà donc partis, bras dessus bras dessous, déjeuner chez la mère Bécu. Antoinette avait, je m'en souviens encore, une robe de tulle crème, à fleurs bleues, un chapeau bergère avec deux rubans mauves, noués sous le menton. Elle tenait à la main une ombrelle de soie violette dont elle m'abritait contre les ardeurs du soleil. Que de fois ! que de fois, je l'ai regrettée, cette ombrelle, lorsque j'étais, par 38 degrés de chaleur, sur la route de Mascara à Teniet-el-Had !

« Bref, mon amie était si joliment attifée que,

pendant le trajet de la rue Saint-Sulpice aux Lilas, plus d'un passant se retourna sur notre passage, en disant :

« — Cré mâtin, la jolie fille !

« Et, ma foi, j'étais très fier, autant pour elle que pour moi.

« Enfin nous arrivâmes à la guinguette.

« Elle était déserte ; les balançoires au repos, le jeu de tonneau sans joueur ; les tonnelles, aux feuilles humides de la pluie du matin, n'attendaient plus que le client.

« Comme nous entrions, le chien de la maison, Finaud, se mit à aboyer, et aussitôt la mère Bécu parut sur le seuil de sa porte.

« Je la vois encore, cette brave mère Bécu ! Je la vois avec sa camisole rouge, ses bras comme des potiches, retroussés jusqu'au coude, sa bonne figure toujours souriante.

« — Comment ! fit-elle, étonnée et joyeuse de nous voir, vous ?... en semaine ?... On ne travaille donc plus ?

« — C'est la dernière fois que nous venons, gémit Antoinette.

« — Comment ! la dernière fois ?

« Alors je lui annonçai mon départ pour l'Afrique.

« — Pour l'Afrique ! s'écria-t-elle, les poings sur les hanches... pour l'Afrique ! Vous voulez donc vous faire tuer ?

« — Croyez-vous ? dit Antoinette, croyez-vous ? S'en

aller si loin... quitter tout!... parents, amis, et... moi, pour aller à la guerre! oh! non, c'est insensé!

« Et, pendant cinq minutes, j'eus à supporter les plaintes et les regrets d'Antoinette et de la mère Bécu, l'une voulant conserver un ami, et l'autre un client.

« Pour y couper court, je commandai une omelette au lard et une bouteille de vin de Beaugency.

« Le déjeuner fut servi sous une tonnelle d'où nous apercevions Paris à nos pieds, au milieu du brouillard traversé çà et là par des rayons de soleil qui faisaient étinceler les vitres des maisons.

« Mais nous étions tristes; l'approche du départ éteignait en nous toute gaieté.

« Après le café, je fis mes adieux à la mère Bécu, qui se mit à pleurer dans son tablier. Puis, Antoinette et moi, nous redescendîmes vers Paris pour gagner l'auberge du *Plat d'Étain*, rue Saint-Martin, où je devais prendre la diligence de la Compagnie *Laffitte et Caillard*, qui partait à deux heures.

« Comme nous arrivions près de l'auberge, un grand remous se fit dans la foule qui était sur le boulevard. Des clameurs s'élevèrent, d'abord lointaines, puis plus rapprochées. Je demandai à une bouquetière la cause de tout ce bruit. Elle me répondit que le prince président allait passer. Dans le même moment, j'aperçus des lanciers qui arrivaient au trot, leur longue lance garnie d'un petit drapeau en queue d'hirondelle; puis, au milieu des vivats de la foule, le prince Napoléon passa rapidement, vautré dans

son landau, saluant et souriant à droite et à gauche.
C'était un freluquet. Il avait le visage tout pâle, avec
de grosses moustaches noires qui retombaient sur sa
barbiche. Il me produisit une mauvaise impression,
et je ne compris pas l'enthousiasme de mon amie,
qui lui trouvait l'air... *très distingué*. Elle disait même
qu'il l'avait saluée, ce dont elle était tout émue.

« Ceci me jeta un froid, car j'étais très jaloux. Et
comme tout le monde criait : *Vive le président!*
moi, je criai : *A bas Badinguet!* Alors un vieux
monsieur, en chapeau haut de forme, la redingote
ornée du ruban rouge, leva sa canne sur moi, en me
traitant de polisson; mais je lui arrachai la canne et
la cassai sur mon genou... »

L'invalide but un coup et ajouta :

« Vous me direz que c'est bête d'être jaloux. Parfait. Nous sommes d'accord. Mais est-ce que c'est un
sentiment qui se commande? Non, n'est-ce pas? Eh
bien, alors?... »

Et le poing du vieux brisquard s'abattit sur la table, ébranlant verres et bouteilles.

. . . .

« Quand nous arrivâmes à l'hôtel du *Plat d'Étain,*
continua Strasweck, la diligence était prête à partir.
Le conducteur achevait de placer les malles et les
bagages sous une bâche de cuir, consolidée sur l'impériale par de fortes courroies. Les cinq chevaux
attelés en flèche s'impatientaient et piétinaient en
agitant les grelots de leur collier. Juché sur l'impé-

riale, un maréchal de logis de lanciers fumait une longue pipe. A ses côtés, un capucin chauve et barbu lisait son bréviaire.

« Dans l'intérieur de la diligence, au caisson jaune, se pressaient huit voyageurs, deux maquignons, une religieuse et cinq petites pensionnaires tout de bleu vêtues.

« Avant de monter sur l'impériale, j'embrassai une dernière fois mon amie, qui ne pouvait retenir ses larmes. Je lui demandai quel souvenir elle voulait que je lui rapportasse à mon retour d'Afrique. Elle me répondit que, depuis longtemps, elle désirait avoir un perroquet vert avec une queue rouge. Je promis de lui rapporter ce qu'elle désirait, m'imaginant alors que les bois d'Afrique étaient remplis de perroquets verts à queue rouge. Enfin, je grimpai sur l'impériale, où je m'assis entre le lancier qui fumait sa pipe et le capucin qui lisait son bréviaire.

« Soudain, le postillon fit claquer son fouet, les chevaux allongèrent le cou, sabotèrent le pavé d'où jaillirent des étincelles, puis, donnant un coup de collier, ébranlèrent la lourde guimbarde, qui après avoir tangué à droite et à gauche, en grinçant sur ses essieux, roula au milieu des clameurs et salutations des parents et amis de ceux qui s'en allaient.

« Antoinette était restée sur le trottoir et, le visage inondé de larmes, regardait la diligence s'éloigner. Au coin de la rue et du boulevard Saint-Martin, je me retournai une dernière fois pour la saluer. Elle était — je la vois encore — assise sur un banc et, les coudes sur les genoux, la tête dans son mouchoir, sanglotait comme un enfant. Alors, devant cette grande douleur de ma pauvre petite amie, le seul être au monde qui m'ait sincèrement aimé, et que je n'allais peut-être plus jamais revoir, je me sentis le cœur tout chaviré; un gros soupir souleva ma poitrine, des larmes jaillirent de mes yeux, et je pleurai comme une bête.

« Vous me direz que c'est stupide de se faire de la bile et de pleurer pour une femme.

— Pardon, fis-je en l'interrompant, je ne vous ai jamais dit ça. »

Mais, imperturbable, le vieux brisquard continuait sa phrase favorite :

« Parfait, nous sommes d'accord. Mais ça prouve au moins qu'on a du cœur. C'est-y pas vrai? Eh bien, alors! »

Et, prenant la bouteille, il remplit de vin blanc son verre, qu'il vida d'un trait.

Après un instant de silence, il ralluma sa pipe de plâtre, dont il semblait teter le culot, puis il continua :

« Je pleurai ainsi jusqu'au faubourg Saint-Antoine. Là, comme la voiture (qui, depuis le départ, roulait rapidement sur le pavé avec un bruit épouvantable de ferraille et de grelots secoués) ralentissait pour monter la côte, j'entendis une voix qui disait :

« — Regardez donc là-haut ce grand bêta qui pleurniche!...

« Je me penchai, et je vis sur le trottoir un garçon boucher qui me désignait du doigt à un homme portant sur son dos une fontaine garnie de clochettes et dont les robinets lui venaient sous le coude. Alors je séchai mes larmes, honteux moi-même de ma *sensiblerie* (*sic*).

« Nous arrivions dans les quartiers ouvriers; les maisons étaient moins belles, les boutiques plus basses et bariolées de couleurs voyantes. Çà et là s'étendaient des terrains vagues, des jardins vierges, des usines dont les cheminées montaient jusqu'au ciel. Aux fenêtres, des têtes se montraient pour voir passer la diligence, que des gamins en guenilles suivaient à la course.

« Bientôt nous fûmes à la barrière, près de laquelle une foule de curieux entouraient deux lutteurs en maillots roses, que je vois encore. L'un, le visage congestionné, enlevait entre ses dents un baril sur lequel une femme acrobate était à califourchon, tandis que l'autre battait du tambour en regardant d'un air ravi les sous qui pleuvaient sur le tapis.

« Et, après la barrière, ce fut les champs, la campagne verte, ses bouquets d'arbres, ses carrés de luzerne, d'avoine, de trèfle incarnat, la campagne coupée en losanges de toutes nuances comme un manteau d'arlequin et au milieu de laquelle serpentait le ruban d'argent de la Seine... Dieu de Dieu, que c'était joli! Moi qui n'étais jamais allé plus loin que Romainville, les Lilas ou Clamart, je me sentais pris de vertige devant ces immenses étendues n'ayant pour limite que l'horizon, et j'avais une envie folle de crier ma joie, de faire des galipettes dans les sainfoins.

« Mais, quand le crépuscule tomba, et que je vis s'effacer à l'horizon les dernières lueurs du couchant, toute cette joie s'envola, et je sentis une immense tristesse m'envahir de plus en plus, à mesure que nous nous enfoncions dans l'ombre, une ombre épaisse que trouait seule notre lanterne, dont la clarté dansait sur l'énorme croupe des chevaux.

« Je pensais alors à mon amie Antoinette restée seule, et je la voyais, à cette heure, dans sa chambrette, accoudée sur sa table, devant sa lampe à abat-jour vert, pleurant silencieusement, tout en façonnant à coups de ciseaux des pétales de roses artificielles... Je la voyais comme si j'avais été devant elle, et je me répétai plus de dix fois :

« — Pourvu qu'elle ne m'oublie pas !...

« Mais mes idées étaient confuses, ma tête s'alourdissait, le sommeil me gagnait.

. . . .

« Je dormais depuis plusieurs heures, lorsqu'un grand bruit m'éveilla ; la diligence roulait avec de formidables cahots sur les pavés d'une grande rue qu'éclairaient de loin en loin des lanternes suspendues à des potences. De chaque côté, des maisons découpaient sur le bleu sombre du ciel la dentelle noire de leurs pignons. Près d'une grille, on fit halte.

Je lus alors sur la vitre d'une lanterne ces mots : *Octroi de Melun*. Un gabelou vint regarder dans la voiture, un autre monta sur l'impériale et nous demanda si nous n'avions rien à déclarer. Sur notre réponse négative, il descendit. Le conducteur fouetta ses chevaux, et ceux-ci partirent au grand galop, à travers la rue déserte et silencieuse qui s'allongeait toute droite devant nous. Bientôt on arriva sur une grande place, devant une auberge dont toutes les fenêtres étaient violemment éclairées. Dans la cour, des chevaux piaffaient, des garçons d'écurie couraient de tous côtés avec des lanternes.

« — Nous voici au relai, dit le conducteur en arrêtant sa voiture devant la porte.

« Et il ajouta :

« — C'est ici l'auberge du *Grand Monarque*.

« Devant la porte se tenait un énorme cuisinier tout de blanc vêtu. Quand il nous vit descendre, il s'approcha de nous, son bonnet à la main, et nous demanda si nous désirions prendre quelque chose. Sur notre réponse affirmative, il nous fit entrer dans une grande salle ; au fond, devant un grand feu, des poulets rôtissaient, embaumant la pièce.

« Pendant que l'on nous servait du vin chaud dans des bols, le lancier m'apprit qu'il était en garnison à Versailles, et qu'il s'en allait en permission dans sa famille qui habitait Marseille. Il avait fait sept ans dans les chasseurs d'Afrique avant d'être aux lanciers. Moi, je lui dis que je partais pour l'Algérie.

« Il me raconta, alors, ses souvenirs, qui étaient très intéressants. Tandis qu'il me parlait, je regardais, au fond de la salle, le père capucin assis devant une table luxueusement garnie, dévorant avec un appétit admirable, désossant avec un air ravi et des pourléchements de lèvres, un beau poulet dont l'odeur alléchante arrivait jusqu'à nous. Et je me disais : Il y a des gens qui sont bien heureux tout de même !

. . . .

« Voilà près de cinquante ans que j'ai vu ces choses ; eh bien ! je les revois encore. Je revois toujours le père capucin devant la table, sous la lampe, sa grosse tête chauve reluisante comme une lune, sa barbe rousse pleine de sauce, son gros nez rouge, ses yeux ronds et brillants, son cou à la peau huileuse et ses énormes mains grasses et roses dont, par instants, il suçait les doigts gros et courts comme des cervelas de quatre sous.

« Quand le conducteur fit sonner sa trompe pour le départ, le capucin, qui n'avait pas terminé son souper, tira de sa poche le journal *le Moniteur*, le déploya devant lui, prit le poulet, le mit dedans, l'enroula et le déposa avec une bouteille de vin dans une petite sacoche en cuir qu'il portait en bandoulière. Je vis alors que c'était un homme plein de prévoyance.

« Deux secondes après, il remontait avec nous sur l'impériale, où il ne tarda pas à s'endormir et à ronfler comme un bienheureux. Le lancier, bientôt, l'imita. Un voltigeur qui était monté à Melun en fit autant.

« La diligence repartit au grand galop de ses chevaux. Après avoir quitté Melun, elle pénétra dans une forêt dont la masse sombre, qui barrait l'horizon depuis un instant, semblait accourir au-devant de nous. Je me souviens que nous mîmes plusieurs heures à traverser cette forêt et que nous débouchâmes au petit jour dans une vaste plaine parsemée de bouquets de bois, de maisons blanches aux toits de tuiles rouges. Une buée rose d'abord, dorée ensuite, planait dans les champs, dont chaque brin d'herbe portait une goutte scintillante de rosée. On entendait le chant des coqs qui se répondaient de ferme en ferme. Une brise fraîche nous caressait le visage et nous ravigotait. Sous la capote de la guimbarde, les dormeurs s'éveillèrent : le lancier d'abord, qui étira ses longs bras et ses longues jambes en bâillant à s'en décrocher la mâchoire ; le voltigeur ensuite, puis le capucin, qui, après s'être frotté les yeux de ses gros poings, esquissa des signes de croix, se mit à genoux sur la banquette et fit sa prière, les yeux fixés vers le ciel, les bras croisés sur la poitrine.

« Devant nous, le conducteur, son éternel culot à la bouche, fredonnait malicieusement un vieux refrain de Béranger où revenait sans cesse cette phrase dont je me souviens :

     « Ah! si jamais Jésus-Christ savait ça!

« La diligence s'arrêta à l'entrée d'un petit village. On passa à Laroche et le surlendemain à Dijon, où le capucin nous quitta. Deux jours après, on arrivait sur les bords de la Saône.

« Un matin, le conducteur nous dit, en nous désignant au lointain une église perchée au faîte d'une colline :

« — Voici Fourvières, nous arrivons à Lyon...

« Enfin, après avoir traversé pendant plusieurs jours et plusieurs nuits de vastes plaines, des montagnes énormes, des forêts sombres et profondes, des villes immenses et magnifiques, de petits et coquets villages, nous arrivâmes à Marseille.

« C'était, je m'en souviens, un dimanche matin. un beau dimanche d'été. Les cloches des églises sonnaient à toute volée, une foule bruyante et joyeuse emplissait les rues, un grand soleil vous frappait sur la tête et vous mettait de la gaieté au cœur. A vrai dire, je me réjouissais de lâcher la diligence pour le bateau, car j'étais brisé de fatigue.

« Mon ami le lancier, qui connaissait Marseille. voulut m'en faire visiter les beautés. Il me conduisit d'abord sur la Canebière, qui est une rue magnifique, puis sur la Corniche, un joli chemin qui serpente tout au bord de la mer bleue. Il me fit voir également des théâtres et une foule d'autres belles choses.

« Nous passâmes ainsi toute une journée en promenade à travers cette superbe ville. Le lendemain,

je dis adieu à mon ami le lancier et je m'embarquai
sur le paquebot *Saint-Augustin,* en partance pour
Alger.

« Je me trouvai sur le pont avec des zouaves qui
revenaient de permission et rejoignaient leur corps.
L'un d'eux, qu'à son accent faubourien et gouailleur
je reconnus pour un Parisien, devint vite mon meilleur ami. Il s'appelait Léger et était natif de Belleville. Il connaissait parfaitement la guinguette de la
mère Bécu, où il était allé maintes fois faire danser
les grisettes du faubourg. Il comptait déjà cinq ans
d'Afrique et avait fait la première campagne de Kabylie avec Bugeaud, dont il me parla avec attendris-
sement, et la première campagne du Maroc sous les
ordres de Lamoricière, — Bou-Arara, le père La Tri-
que, comme l'appelaient les Bédouins. Il me conta
une foule de récits et d'anecdotes sur les Arabes, et
en particulier sur Abd-el-Kader, auquel il avait, pendant quatre ans, fait une chasse acharnée. Puis,
comme il était légèrement bambocheur, il me proposa de tirer une bordée, aussitôt après notre débarquement.

« — Vous verrez, me disait-il, vous verrez qu'on
ne s'embête pas en Algérie. Certes, on a parfois de
fichus moments; mais on a aussi de bons quarts
d'heure. Tenez, je vous emmènerai rue Kataroud-
jil... Vous verrez là des Mauresques épatantes, de
toute beauté, et puis, vous savez, pas bégueules pour
un sou!

« Mais moi, accoudé au bastingage, regardant le sillage argenté du navire qui fendait les flots bleus, je pensais à Antoinette, et je me disais :

« — Que fait-elle maintenant?... Pense-t-elle toujours à moi?... Mon Dieu, pourvu qu'elle ne m'oublie pas!...

« — Vous verrez, répétait Léger, vous verrez comme les Mauresques sont jolies!...

« Je me moquais bien des Mauresques, à cette heure. Toute ma pensée volait vers ma petite Antoinette, dont j'étais si loin et que je craignais de ne plus revoir...

. . . .

« Un matin, au soleil levant, j'étais encore couché entre les trois planches qui me servaient de lit, lorsque Léger me réveilla d'un fort coup de poing sur les pieds.

« — Tiens, dit-il, regarde devant toi, voici Alger!

« Je regardai alors par la vitre du hublot, et j'aperçus à l'horizon de vertes collines, boisées d'orangers. Sur l'une d'elles, s'étageaient des maisons sans toits, toutes blanches, et dont les fenêtres scintillaient sous le soleil du matin. Ces cubes de pierre, ou plutôt ces maisons semblaient entassées les unes sur les autres et escaladaient ainsi la colline jusqu'à son sommet, couronné d'un bois d'eucalyptus. Çà et là émergeait le minaret d'une mosquée ou la silhouette grêle d'un palmier. Dans le bas de la ville, les maisons du port se miraient dans l'eau calme de la mer, où les barques et les paquebots se pressaient immobiles.

« Ah! ceux qui n'ont jamais quitté Paris ne se figureront jamais ce que c'est qu'Alger. Non, on ne peut se le figurer! Mais, je fus bien autrement surpris lorsque nous fûmes débarqués dans cette ville étrange, aux rues étroites et pittoresques, avec ses maisons blanches à portes ogivales constellées de gros clous et sur le seuil desquelles se tenaient accroupis, graves et immobiles, des Arabes, ou bien de belles Mauresques voilées du haïk de toile qui ne laissait voir que leurs yeux, de beaux yeux noirs.

« Malheureusement, elles n'aimaient pas les Français. Elles nous traitaient de Roumis... Je crois qu'elles nous gardaient rancune depuis la prise d'Alger.

« Vous me direz qu'elles n'avaient peut-être pas tort! Parfait! nous sommes d'accord! Mais, nom de nom! est-ce nous qui avions pris Alger? Non, n'est-ce pas? Eh bien, alors? »

Et toujours le poing de Strasweck s'abattait sur la table, ébranlant verres et bouteilles.

« Alors, fis-je, vous auriez voulu entamer une idylle?

— Que non pas! s'exclama l'invalide; je m'en serais bien gardé! J'avais d'ailleurs, en quittant Antoinette, promis de lui être fidèle... Et j'ai tenu parole!... Vous souriez?... Vous ne me croyez pas?...

— Je vous crois.

— C'est que, voyez-vous, n'ayant jamais menti de
ma vie, je ne voudrais pas être pris pour un men-
teur. Quand j'ai dit que j'ai tenu mon serment, c'est
que c'est vrai! Et cependant, ajouta-t-il, les tentations ne me manquaient pas!

« Ah! non! elles ne manquaient pas, les tentations!
Je me souviens que, le lendemain de notre arrivée à
Alger, le zouave Léger et deux de ses camarades me
conduisirent dans un café maure où dansaient des
Ouled Nails au son de la derbouka et d'une flûte en
roseau. Nous nous assîmes autour d'elles, sur des
nattes, et l'on nous servit le café, mêlé avec le marc,
dans des tasses microscopiques. Les danseuses étaient,
ma foi, fort jolies. Sur leur tête, un foulard doré re-
tenait un voile de mousseline blanche qui les drapait
ensuite comme un châle. De dessous ce foulard, sortaient d'énormes tresses de laine noire simulant des
cheveux. De grands anneaux d'argent ornaient leurs
oreilles. Les unes avaient des robes d'étoffe bleue, les
autres d'étoffe rouge, attachées avec des broches et
des chaînettes d'argent. Une ceinture d'acier entourait leur taille. Elles avaient des colliers d'ambre et
de corail. Elles portaient aux poignets et à la cheville du pied des cercles en argent. Leurs sourcils
étaient peints, et autour des paupières était étendu
du keulh qui allongeait leurs yeux déjà très longs...
Dieu de Dieu, qu'elles étaient jolies! Quand elles
eurent terminé leurs danses, elles vinrent s'asseoir
près de nous, avec des gestes caressants, et l'une

d'elles me proposa même d'être mon amie jusqu'au lendemain matin. Mais moi, me souvenant de ma petite Antoinette qui me pleurait là-bas, à Paris, je me dis :

« Non, Strasweck, tu ne seras pas son ami, même jusqu'au lendemain... matin.

« Et, me levant aussitôt, je sortis vivement.

.   .   .   .

« Quelques semaines après mon arrivée à Alger, je partis avec un détachement pour la province de Constantine. On passa à Birkadem, joli petit village à quelques kilomètres d'Alger, puis on traversa les plaines de la Mitidja. Après avoir fait halte à Douerah, poste militaire, l'on se rendit à Boufarik.

« Je profitai de mon passage dans cette ville pour aller voir le fameux cabaret de la mère Gaspard, vieille cantinière, alors bien connue de tous les soldats d'Algérie. Quand j'entrai, une dizaine de chasseurs d'Afrique, attablés au fond de la salle, frappaient avec leurs verres sur la table en chantant à tue-tête ce refrain :

> Allons, la mère Gaspard,
> Encore un verre, encore un verre ;
> Allons, la mère Gaspard,
> Encore un verre, il n'est pas tard !

« Dans une autre salle on voyait des gravures offertes par Horace Vernet, pour remercier la mère Gaspard de l'hospitalité qu'elle lui avait donnée lors de son passage à Boufarik. Ce n'était, bien entendu, que des reproductions des principaux tableaux du peintre militaire.

« Le lendemain, on partit pour Blidah, où l'on arriva le soir vers les deux heures, après une courte halte à Beni-Mehred.

« Ah! monsieur, soupira Strasweck, ce que c'est joli, Blidah! Non, il n'y a rien de plus joli que Blidah au milieu de ses frais orangers. Partout des jardins, des sources qui traversent des bosquets de citronniers, de petits ravins plantés de lauriers-roses, et des bois d'arbousiers qui produisent en même temps des grappes de fleurs et des fruits rouges ressemblant presque à des fraises. Dieu de Dieu, que c'était joli!

« Mais, hélas! le lendemain il fallut quitter ce petit paradis pour gagner la province de Constantine, où nous rejoignîmes la colonne du général Herbillon en route vers Zaatcha révoltée... et qui devait résister, pendant deux mois, à nos furieux assauts.

« Faut vous dire que Zaatcha se trouve située dans une oasis, sur une hauteur, au milieu d'un fouillis d'arbres de toutes sortes qui en empêchent l'approche et en favorisent la défense. »

Et, me désignant avec sa canne une corbeille de myosotis, au centre de laquelle émergeaient quelques géraniums :

« Cette corbeille, dit Strasweck, vous représente l'oasis; au milieu et sur le faîte, le bouquet de géraniums, c'est Zaatcha... Tout autour, les myosotis, ce sont les arbres qui entourent la ville. Les arceaux de la corbeille forment les retranchements. Nous étions donc obligés, pour prendre la ville d'assaut, de franchir ces retranchements, puis ces myosotis, sous une grêle de balles, pour arriver devant les bouquets de géraniums solidement défendus par des murs derrière lesquels se tenaient des Arabes fanatisés par leur chef, un sieur Bou-Zian, qui se faisait passer pour prophète.

« Le jour même de notre arrivée, le général Herbillon fit tirer le canon contre les murailles et les maisons de Zaatcha, qui s'écroulèrent bientôt sous nos boulets et nos obus.

« Quand les trouées furent faites, une colonne d'assaut composée des sapeurs du génie, du 5e bataillon d'infanterie légère d'Afrique et du 1er régiment de la légion étrangère, colonel Carbuccia, s'élança sur les ruines encore fumantes pour occuper le village.

« Mais les Arabes n'avaient pas abandonné leurs postes. Embusqués derrière les murailles écroulées, ils nous accueillirent par une grêle de balles, qui renversa nos premiers rangs et nous empêcha d'aller plus avant ce jour-là. Nous étions furieux. Ce qui nous mettait en rage, c'est qu'il nous était impossible de débusquer nos ennemis cachés derrière leurs murs et de répondre à leurs coups. Il fallut, bon gré, mal gré, battre en retraite.

« Devant cet insuccès, le général Herbillon résolut d'entreprendre le siège en règle. Il nous fit ouvrir des tranchées et prépara l'investissement de Zaatcha. Pendant ces préparatifs, ces bougres d'Arabes, enhardis par notre défaite, poussèrent l'audace jusqu'à venir nous attaquer la nuit dans nos retranchements. Parmi eux, se trouvait un grand nègre d'environ six pieds, et redoutable autant par sa force que par son audace. Je me souviens qu'une nuit il se faufila dans la tranchée, attaqua un sous-officier du 44e de ligne, l'enleva dans ses bras et, d'un formidable coup de dents, lui trancha la carotide. Puis, poussant une clameur de défi, il s'enfuit. Ce fut en vain qu'on tira sur lui : les balles, en l'atteignant, rendaient un son mat, s'aplatissaient et retombaient sur le sol.

« Pendant les deux mois que dura le siège, nos nuits se passèrent, ainsi, en alertes continuelles.

« Le 20 octobre, le général Herbillon ordonna un second assaut. Deux colonnes, commandées l'une par le colonel Dumontet, du 44e régiment d'infanterie de ligne, l'autre par le colonel Carbuccia, du 1er régiment de la légion étrangère, s'élancèrent au pas de charge par les brèches; mais à peine furent-elles hors des tranchées, qu'elles tombèrent foudroyées sous les décharges meurtrières des défenseurs de la place. Je vois encore ces braves soldats du 44e de ligne revenir vers nous en désordre et se jeter dans les tranchées pour échapper au feu meurtrier de la place. Sans les zouaves du 1er bataillon qui vinrent à la rescousse et repoussèrent les Arabes, aucun ne se serait retiré vivant.

« Deux échecs en quinze jours, c'était trop! Le lendemain, on fut obligé d'envoyer de toutes parts des cavaliers pour maintenir les Arabes des pays environnants qui s'insurgeaient.

« Vers les premiers jours de novembre, le colonel Canrobert vint avec ses zouaves, les 8ᵉ et 51ᵉ d'infanterie de ligne, renforcer nos effectifs.

« En attendant l'assaut définitif, notre canon pointé sur Zaatcha tonna jour et nuit. Le 25 novembre, les Arabes tentèrent une sortie pour renverser nos ouvrages.

« Ils furent repoussés. Les zouaves parvinrent même à cerner le grand nègre qui marchait à la tête des assaillants et contre le corps duquel nos balles s'aplatissaient. D'un coup de baïonnette en pleine gorge, il fut renversé ; alors on constata que, sous son burnous, ce bougre d'animal cachait une cuirasse.

« Le lendemain, un troisième assaut fut livré à Zaatcha. Je vois encore Canrobert s'élancer en avant avec cinq officiers suivis d'une dizaine de sergents, puis de tous ses zouaves, baïonnette au canon. En courant, ils franchirent les bois de palmiers, et, malgré les rafales de plomb qui abattaient des rangs entiers, ils arrivèrent devant les remparts, où des échelles furent appliquées.

« En un clin d'œil, plusieurs zouaves escaladèrent

les murailles. Mais, comme ils arrivaient sur le toit d'une maison dont les poutres avaient été sciées, ce toit s'effondra, entraînant dans sa chute les malheureux soldats, que des Arabes massacrèrent aussitôt. Pendant ce temps, des soldats de la légion étrangère pénétraient dans la ville par un autre point, et forçaient les défenseurs à se replier vers le centre, où se trouvait la maison de Bou-Zian, l'agitateur. Il fallut prendre rue par rue, maison par maison; la résistance fut acharnée. Quand on arriva dans les ruelles, une grêle de balles partie des terrasses, des fenêtres des maisons, décima nos premiers rangs. On n'avançait que lentement, en rasant les murs, pliés en deux, tandis que devant nous les Arabes se repliaient en tiraillant toujours. Ils ne s'arrêtèrent que devant la maison de Bou-Zian, où ils pénétrèrent et nous tinrent tête pendant trois heures, repoussant nos attaques par de violentes fusillades. Il fallut faire sauter la cambuse pour venir à bout de ces enragés. Alors ce fut parmi eux la débandade. Ceux qui avaient pu échapper aux effets de l'explosion s'enfuirent dans toutes les directions, mais ils furent vite rattrapés et massacrés à coups de baïonnette. Il n'y eut point de quartier; les femmes, les enfants, les vieillards, tombèrent sous les coups des légionnaires, des zouaves et des chasseurs, exaspérés par les deux mois de résistance. Je me souviens même qu'une heure après la bataille, on tuait encore tout indigène rencontré dans la rue. Le sang ruisselait comme la pluie dans les

rigoles après un jour d'orage. Les têtes de Bou-Zian
et de son fils, retrouvées sous les décombres de la maison, furent plantées au bout d'une baïonnette et pro-
menées triomphalement autour de l'oasis : on voulait
montrer aux Arabes que l'agitateur était bien mort.
Pendant deux jours, la ville fut livrée au pillage.
Moi, je me bornai à couper les deux oreilles d'un
Arabe mort, afin d'avoir un souvenir du siège de
Zaatcha. Pour les conserver, je les salai et je les fis
sécher dans le sable. Je les portai, longtemps, attachées à ma ceinture. J'aurais voulu les garder pour
les offrir à ma fiancée ; mais, pendant mon séjour à
Tiaret, un zéphyr me les emprunta afin de les montrer
au général Yusuf, qui donnait toujours cinq francs
par paire d'oreilles prises à l'ennemi. Le zéphyr em-
pocha l'argent, mais garda mes oreilles, malgré mes
vives réclamations.

. . . .

« En décembre, nous étions sur les bords de la
Mina, lorsque, ayant eu l'imprudence de boire de l'eau
d'une source où trempaient les racines d'un laurier-
rose, je fus atteint des fièvres. Alors on me mit sur
un cacolet, pour me conduire à Tiaret, où se trouvait
l'hôpital militaire. Pendant le trajet, j'essayai de me
tenir éveillé, mais, vaincu par la fièvre et la fatigue,
je ne tardai pas à m'endormir. Le lendemain, je m'é-
veillai au milieu d'un bon lit d'hôpital, dans une vaste
salle éclairée par de hautes fenêtres d'où l'on apercevait les jardins potagers, les bosquets du poste et

quelques grêles palmiers, tandis que plus loin se dé-
roulaient jusqu'à l'horizon les vastes plaines vertes
où paissaient les troupeaux de bœufs, gardés par
des Arabes en longs burnous blancs.

« Je restai environ huit jours dans cet hôpital,
heureux comme un coq en pâte et ne demandant
pas à en sortir, passant mes journées dans le jardin
de l'hôpital à converser avec mon voisin de lit, un
Breton, soldat au 33e léger, que l'on soignait pour
une grave blessure au cou. Ce pauvre bougre faisait
partie d'un détachement qui se rendait à Teniet-el-
Had, quand, à quelques kilomètres d'Aïn-Oussrah,
il s'était égaré de la colonne pour aller boire à une
source. Lorsqu'il voulut rejoindre, il ne put retrouver ses camarades; alors, la nuit étant venue, il se
coucha derrière une haie de cactus. Il dormait depuis
plusieurs heures, lorsqu'une violente douleur au cou
l'éveilla. Un Arabe, accroupi sur lui, un large cou-
telas à la main, tentait de lui scier le cou. Comme
bien vous pensez, il se débattit, appela, repoussa son
agresseur, lui arracha son couteau et parvint à le
mettre en fuite. Deux marchands espagnols qui passaient accoururent, le relevèrent sanglant et le trans-
portèrent à Aïn-Oussrah, d'où, après un premier
pansement, il fut conduit plus mort que vif à l'hôpital
de Tiaret.

« Vous voyez qu'en 1849 il ne faisait pas bon s'endormir dans les champs d'Algérie.

« Quand j'entrai en convalescence, on me permit

de sortir. Alors j'allai passer mes après-midi dans
un cabaret-guinguette tenu par Mlles Theresa et Carolina, deux Espagnoles, deux beaux brins de filles
qui faisaient les délices des officiers de la garnison.
Je restais là, des heures entières, à fumer des pipes,
assis devant la fenêtre, regardant défiler sur la route
de Teniet-el-Had de longues caravanes de chameaux portant sur le dos l'*atatiche,* sorte de vaste
corbeille en forme de nacelle et recouverte sur ses
arceaux de tentures multicolores, d'où s'élève un
mât terminé par des plumes d'autruche formant
panache. Bref, j'étais très heureux. Cependant une
chose m'inquiétait. Bien que je lui eusse écrit par
trois fois, avant et après le siège de Zaatcha, et depuis mon arrivée à l'hôpital de Tiaret, Antoinette
ne répondait pas à mes lettres. Cela me chiffonnait,
j'allais jusqu'à croire qu'elle m'avait oublié, et cela
me tenait au cœur (*sic*), quand, un matin, comme je
m'apprêtais à sortir, le concierge de l'hôpital me
remit une lettre dont je reconnus de suite l'écriture,
ce qui me rendit tout pâle. J'étais tellement ému que
je tremblais sur mes jambes encore faibles et que je
dus m'asseoir un instant sur un talus de la route, à
l'ombre d'un figuier. Quand cette émotion fut passée,
je me levai et me rendis jusqu'au cabaret de Theresa
et de Carolina, à cette heure presque désert. Seul,
dans un coin, un grand diable de spahi, haut d'environ six pieds, dormait sur la table devant un verre
d'eau-de-vie. Or, comme je lisais la lettre d'Antoi-

nette devant la fenêtre, et que les larmes me coulaient des yeux, je vis un bras passer par-dessus mes
épaules et me la saisir brusquement, tandis que derrière moi retentissait un gros rire moqueur. Je me
retournai, et je vis le grand spahi debout derrière
moi, levant en l'air la main qui tenait ma lettre.

« — Attrape-la si tu peux, disait-il en riant.

« — Allons, fis-je, en riant aussi et avec douceur, rendez-moi cette lettre et que la plaisanterie
finisse.

« Mais lui, toujours moqueur :

« — Attrape-la, l'artiflot, attrape-la, si tu veux
l'avoir !

« — Voyons, fis-je agacé, voulez-vous me rendre
ma lettre?

« — Attrape-la, l'artiflot.

« Je sentis la colère me gagner. Certes, je n'étais
pas de taille pour lutter avec un pareil adversaire.
Il le savait bien, l'animal; aussi me narguait-il. Je
le vois encore debout devant moi, ses larges épaules couvertes du burnous rouge, sa chéchia sur le
crâne, un rire bestial élargissant sa bouche jusqu'aux
oreilles, sa longue barbe rousse lui descendant jusque sur la poitrine, et ses deux grands yeux clairs
enfoncés sous d'épais sourcils roux.

« Et il ne cessait de répéter :

« — Attrape-la, l'artiflot.

« L'animal m'agaçait. Soudain, la rage m'empoigna. Avisant, près de la cuisine, une sorte d'amphore en cuivre, je l'empoignai à deux mains et lui en assenai un formidable coup sur le crâne. Le spahi chancela, son grand corps tomba en arrière sur une table. Je bondis alors pour reprendre ma lettre, mais le spahi me saisit à la gorge. Je me débattis, nous roulâmes à terre, sous la table. En entendant le bruit, les sœurs Theresa et Carolina, qui faisaient la sieste dans la chambre en haut, descendirent en chemise et tentèrent de nous séparer, mais, prises elles-mêmes dans la bagarre, elles roulèrent à terre avec nous en poussant de grands cris. Le spahi m'avait empoigné à la gorge, et m'étranglait malgré les efforts de Theresa qui le tirait par sa longue barbe rousse pour lui faire lâcher prise. Allongé sur le carreau et dans l'impossibilité de bouger, écrasé par le poids de mon adversaire, dont les doigts énormes m'enserraient la gorge comme dans un étau, je sentais ma dernière heure venue, lorsque la porte s'ouvrit : trois zéphyrs, attirés par les cris des deux Espagnoles, entrèrent et se jetèrent sur le spahi, qu'ils parvinrent à maîtriser. Je me retirai, les vêtements en lambeaux, mais m'estimant assez heureux d'en être quitte à si bon compte et d'avoir pu reprendre ma lettre. Mon adversaire avait le front fendu par le coup d'amphore que je lui avais assené.

« Je croyais tout terminé, lorsque, le lendemain même, deux spahis vinrent au cabaret, me demander, au nom de leur camarade, une réparation par les armes. J'acceptai la rencontre au sabre.

« Le lendemain matin, nous allâmes nous aligner, dans un petit bois d'orangers, à cinq cents mètres de Tiaret, et je fus assez heureux pour ne pas être touché par le sabre de mon adversaire, alors que je lui assenai sur le bras un terrible coup de bandorole. Quelques jours après, je rejoignis mon détachement sur les rives de l'Oued-Tarbeia, où nous campâmes.

.   .   .   .

« Le 20, on bivouaqua sur l'Oued-Tarbeia. Là, les convois n'arrivant pas, nous n'eûmes, pendant trois jours, à manger que de petits oignons blancs, très sucrés, de l'orge grillée et du pain de dattes, ainsi que des piments rouges qui vous donnaient une soif inextinguible; et nous n'avions pour nous désaltérer que l'eau saumâtre de la rivière!

« Le lendemain, par une chaleur accablante, nous fîmes trente-cinq kilomètres et nous ne nous arrêtâmes qu'à Aïn-el-Arak, où chacun put se désaltérer à une source abondante et fraîche qui jaillissait du rocher. Le 6, nous passions à Sidi-el-Had-ben-Cuneux, et le 7 nous arrivions sur l'Oued-Rassoul. Nous y restâmes cinq jours. Le lendemain, on traversa Kaddour-ben-Morphi, où l'on nous distribua du riz. Un goum nous apporta trois cents moutons qu'il avait razziés dans une tribu voisine. Deux jours après, nous repartions vers le Nord; nous traversâmes d'immenses plaines de sable, puis des pays de montagnes où la marche était très pénible. En avril, nous

rentrâmes à Alger, où je restai jusqu'à ma libéra-
tion.

. . . .

« Enfin, un matin de février 1854, je reprenais le
bateau pour la France ; et, quelques jours après,
je tombais comme un boulet dans le petit logement
d'Antoinette, qui ne m'attendait pas.

« Vous dire sa surprise en me voyant! Vous dire
ma joie en l'embrassant! Non, c'est impossible! Nous
étions semblables à deux fous. Moi, je chantais un
vieux refrain d'Afrique. Elle riait, babillait, sautillait
comme l'oiseau sur la branche. Ce fut, je puis le dire,
un des plus beaux moments de mon existence. Ah!
jeunesse! jeunesse! Ce qui faisait ma joie, c'était la
perspective de notre prochain mariage, auquel nul
obstacle ne pouvait s'opposer. J'étais libéré du service, j'étais indépendant, j'aimais Antoinette, elle
m'aimait, nous étions fiancés!... Il ne me restait
plus qu'à faire une respectueuse démarche auprès
du père d'Antoinette, pour solliciter la main de sa
fille. Et j'osais espérer qu'il n'aurait aucune raison
pour me la refuser. Il fut convenu avec Antoinette
que je ferais cette démarche le soir même.

« Donc, après le déjeuner, un déjeuner intime et
frugal : crevettes, pâté à la viande, chopine de pi-
colo avec des cure-dents en guise de dessert, je me
rendis chez le père d'Émilie.

— Émilie? fis-je, étonné.

— Oui, Émilie.

— Vous m'avez dit qu'elle s'appelait Antoinette.

— Tiens! oui, c'est vrai; je confonds avec une autre petite demoiselle que j'ai connue dans une guinguette de Romainville en 1847; je voulais dire que je me rendis chez le père d'Antoinette.

« Celui-ci, qui tenait une oisellerie, quai du Châtelet, me reçut dans sa boutique, au milieu de tous ses oiseaux : serins, bouvreuils, rossignols, cardinaux, perroquets, capucins, perruches, qui faisaient un sabbat d'enfer. Je lui fis aussitôt ma demande, qu'il écouta avec attention, puis, quand j'eus terminé, il me demanda :

« — Êtes-vous musicien?

« — Non, lui dis-je, interloqué. Pourquoi cette question?

« — Parce que, répondit-il, j'ai juré de ne donner ma fille qu'à un musicien.

« — Qu'à cela ne tienne, répliquai-je, j'apprendrai la musique.

« — Il est bien tard pour commencer, fit-il.

« Et, se ravisant, il ajouta :

« — Si, seulement, vous aviez eu quatre ou cinq mille francs, on aurait pu s'arranger; je vous aurais donné ma fille, et vous auriez repris ma boutique.

« Comme je n'avais pas les quatre mille francs, je me retirai désolé, mais bien décidé à me les procurer par tous les moyens possibles. J'allai, dans cette intention, chez un usurier de la rue des Mathurins-Saint-Jacques pour tenter un emprunt; mais comme il demandait des garanties, et que je n'en avais pas à fournir, je fis chou blanc.

« Le soir, pour tromper mon ennui, j'allai à la Chaumière, un bal alors fort à la mode.

« J'y rencontrai mon ami Melchior Vauquelin, un rapin, un grand diable de bohème, toujours coiffé d'un immense chapeau, avec des cravates longues d'une aune, un gilet à la Robespierre, et un large pantalon à carreaux qui tirebouchonnait sur ses bottes. Bref, un type, un de ces types comme on n'en voit plus.

« Comme je lui confiais mes ennuis, il me dit :

« — Tu es encore plus heureux que moi.

« Puis, d'une voix funèbre, il ajouta :

« — Je me suiciderai demain.

« — Pourquoi? fis-je, étonné.

« — Je te raconterai ça après la polka.

« Et il me quitta pour aller danser.

« Cinq minutes après, il revint vers moi, me prit par le bras, et, m'entraînant à travers les jardins, il me dit :

« — Viens plus loin, car avec les flonflons de l'orchestre on ne s'entend pas parler.

« Nous allâmes nous asseoir dans un bosquet; il fit apporter deux bocks, puis, poussant un profond soupir, Melchior s'écria :

« — Je suis désespéré !

« — Pourquoi? demandai-je.

« — Parce que je suis amoureux.

« — Comme moi, fis-je.

« — Et que je voudrais me marier.

« — Comme moi.

« — Seulement, il y a un obstacle.

« — Tu n'as pas de dot?

« — Moi! fit-il en relevant la tête avec orgueil, mon père me donne dix mille francs.

« — Alors, qui s'oppose à ton mariage?

« — La conscription! Je pars au régiment cette année.

« — Fais-toi remplacer.

« — Par qui?

« Je le regardai. Il me regarda. Nous nous regardâmes ainsi pendant un instant.

« En moi-même, je me disais :

« — S'il voulait me donner les quatre ou cinq mille francs qui me manquent, je partirais bien à sa place, et, à mon retour, je me marierais avec Antoinette. Mieux vaut tard que jamais.

« Mais comme Melchior ne cessait de répéter :

« — Par qui? par qui?

« Je lui dis en riant : — Cherche!

« — Chercher un remplaçant, répliqua-t-il, c'est bien facile; mais le trouver, c'est autre chose. Les remplaçants deviennent de plus en plus rares, d'autant plus que les affaires de Turquie marchent mal, et que l'on pourrait avoir la guerre avec la Russie.

« — Toutefois, lui dis-je, en y mettant le prix on trouve toujours.

« — Ah ! fit-il, mon père donnerait bien trois billets de mille francs pour que je ne sois pas soldat.

« — Trois billets de mille francs, m'écriai-je, c'est peu ; surtout à la veille d'une guerre. Mais si ton père voulait en mettre deux de plus, je connais quelqu'un qui marcherait.

« Vauquelin leva la tête, et me saisissant le bras :

« — Tu connais quelqu'un qui voudrait bien me remplacer ?

« — Oui, je connais quelqu'un.

« — Veux-tu me le présenter ?

« — Volontiers.

« — Où est-il ?

« — Devant toi.

« Si vous aviez vu la tête qu'il faisait à ce moment-là, vous auriez bien rigolé. Voilà pourtant quarante-cinq ans que ces choses sont passées ; eh bien, je vois encore la tête effarée de mon ami Melchior ; oui, je vois ses yeux arrondis par la surprise et ses deux grands bras croisés sur son gilet rouge.

« Enfin il dit en riant :

« — C'est toi, mon vieux ?

« — C'est moi.

« — Vrai, tu consentirais à partir à ma place ?

« — Puisque je te le dis.

« — Eh bien, nous déjeunerons demain chez l'auteur de mes jours. Vous vous entendrez à ce sujet, c'est lui qui finance.

« A cet instant, la jeune fille avec laquelle il avait

dansé la polka étant venue lui demander s'il voulait danser la valse, Vauquelin me quitta en disant :

« — A demain, mon vieux.

« Le lendemain donc, vers dix heures et demie, je me rendis chez le père de mon ami.

« Celui-ci tenait un hôtel meublé, rue de l'Estrapade, derrière le Panthéon, une rue de couvents et de monastères avec quelques rares boutiques de loin en loin.

« Je traversai donc les ponts et je pris la rue Saint-Jacques, pleine à cette heure matinale de marchandes de poissons et de quatre saisons qui criaient leur marchandise, et dont les petites voitures s'alignaient le long du ruisseau. Il y en avait ainsi toute une ribambelle depuis l'École de droit jusqu'à Saint-Jacques du Haut-Pas, dont on apercevait, tout au bout de la rue ensoleillée, la vieille tour carrée avec son horloge qui marquait onze heures.

« Au coin de la rue Saint-Jacques, je rencontrai Melchior qui débouchait de la rue des Fossés. Il était en bras de chemise et les pieds nus dans ses savates : il courait aux provisions.

« — Viens avec moi, dit-il; je vais chez le rôtisseur et je remonte à la maison.

« Je le suivis. Au-dessus d'une porte, des poulets frais déplumés, la chair violette, étaient pendus à des crochets, un linge sanglant autour du cou.

« — C'est là, dit-il.

« Nous entrâmes dans une grande salle, au fond

de laquelle on voyait, devant un grand feu qui éclai
rait toute la pièce, six poulets dorés, tournant lentement, enfilés à une broche. Melchior choisit le plus
gros, et nous sortîmes. Par la rue des Fossés-Saint-
Jacques, on gagna la rue de l'Estrapade, une vieille
rue déserte, humide, où l'herbe poussait entre les
pavés, sur lesquels le soleil ne descendait jamais.

« Enfin nous arrivâmes devant la porte de l'hôtel.
flanquée de chaque côté d'une caisse de laurier-rose.
Après avoir traversé la cour, plantée au milieu d'un
boulingrin, un perron de quatre marches, orné de
deux statuettes de plâtre écaillé, me conduisit au
bureau de M. Vauquelin.

« Celui-ci, une calotte de velours sur le crâne, l'air
fin, les yeux malins, me reçut avec affabilité dans
son bureau.

« — Je vous attendais, fit-il; mon fils m'a pré-
venu.

« Il me fit entrer dans la salle à manger, où la
table était dressée, l'argenterie étincelant près de la
porcelaine sur la nappe blanche. Bientôt Mme Vauquelin entra, en me faisant une grande révérence.
Et tous les quatre, M. Vauquelin, son épouse, Melchior et moi, nous nous mîmes à table. Je me souviens que la fenêtre, par où le soleil venait à flots
dans la pièce, donnait sur le jardin du couvent des
ursulines; un immense jardin aux allées rectilignes
bordées de buis, limité au fond par le couvent, une
grande bâtisse aux toits de tuiles moussues, aux murs

lépreux percés de fenêtres grillagées où, par instants,
se collait le visage pâle d'une sœur en cornette
blanche.

« Cependant comme j'étais venu non seulement
pour déjeuner, mais pour affaires, et que M. Vauquelin ne soufflait mot, je lui dis :

« — Alors, c'est entendu, je pars à la place de
Melchior?

« — C'est entendu, fit-il.

« — Maintenant, pour le prix?

« — Je vous donnerai quatre mille francs.

« — Non, repris-je, cinq mille.

« — Non, quatre mille.

« — Non, cinq mille. Songez que nous sommes à
la veille d'une guerre avec la Russie et que je risque
ma peau en m'engageant. Or, moi, j'estime ma peau
à cinq mille francs.

« — Alors, fit ce blagueur de Melchior, je me la
réserve pour faire une descente de lit.

« Ceci fit rire Mme Vauquelin. Enfin, après avoir
longtemps disserté sur le prix de ma peau, M. Vauquelin consentit à me donner cinq mille francs.

« On alla prendre le café dans le salon, où, je m'en
souviens encore, on voyait accroché au mur un
immense tableau représentant le père de Melchior
en garde national. Comme j'admirais ce portrait,
M. Vauquelin, que les vins fins du dîner avaient
rendu expansif, me raconta ses souvenirs de 1848,
où, bien que simple garde national, il s'était, disait-

il, mêlé aux insurgés pour faire le coup de feu. Il me dit aussi qu'il avait combattu le coup d'État en aidant à faire la barricade du Cherche-Midi. Mais tout cela ne m'intéressait guère : j'attendais les cinq mille francs. Enfin, il se leva, alla vers son secrétaire, l'ouvrit et en sortit cinq jolis billets bleus dont il exigea un reçu, que je lui fis d'ailleurs avec empressement. Puis, mettant les billets dans la poche intérieure de mon veston, j'allai rejoindre Antoinette, que j'emmenai faire un dîner épatant dans un bouillon populaire. Le soir, je la conduisis au théâtre, où nous nous amusâmes comme des fous.

« Comme j'étais un garçon sérieux, et que je songeais à mon avenir, j'allai, le lendemain, déposer quatre de ces cinq billets bleus à la caisse d'épargne, et comme Antoinette s'en étonnait, je lui dis :

« — A mon retour, je les retirerai, et nous nous marierons : ce sera ma dot.

. . . .

« Mais, fit soudain l'invalide Strasweck en se levant, voilà que dix heures sonnent à l'horloge. Je vous quitte, car c'est l'heure de la soupe. Si vous voulez venir demain, je vous raconterai la suite. »

Et le vieux brisquard sortit du jardinet, après avoir cueilli une rose qu'il épingla à sa boutonnière, au-dessus de sa croix d'honneur.

.*.

Le lendemain, comme j'arrivais aux Invalides
pour continuer avec Strasweck l'intéressante conver-
sation de la veille, interrompue par l'heure de la
soupe, l'invalide Roux, de garde à la grande grille,
me dit :

« Si vous voulez parler à Strasweck, vous le trou-
verez à la salle de l'Héroïsme.

— Où est-ce, la salle de l'Héroïsme?

— Vous n'avez, me répondit-il, qu'à suivre tout
droit cette allée, — et Roux m'indiquait l'allée trans-
versale qui va de la grille d'entrée à la porte de
l'aile droite du bâtiment; — vous traverserez la cour
d'Austerlitz et la cour de la Valeur, vous tournerez
à gauche, vous prendrez le corridor en face... Vous
verrez à votre droite un escalier de pierre à rampe
de fer, vous monterez au premier, vous tournerez
à droite, vous traverserez trois anciens dortoirs, aujourd'hui déserts. Lorsque vous serez à la rotonde
qui surplombe la petite chapelle, vous verrez à votre
gauche : *Salle de la Victoire*; ce n'est pas celle-là.
Vous verrez à votre droite : *Salle de l'Héroïsme*; c'est
celle-là.

— Merci, mon brave. »

Et, comme il me l'avait indiqué, je suivis l'allée, je
traversai la cour d'Austerlitz et celle de la Valeur,
puis je pris le corridor. Je montai l'escalier à rampe

de fer, je traversai deux salles désertes, j'arrivai enfin sain et sauf à la rotonde; alors je vis à ma gauche une porte, au-dessus de laquelle on lisait :

Salle de la Victoire.

Ce n'était pas celle-là.

Je vis, à ma droite, une autre porte sur laquelle on lisait :

Salle de l'Héroïsme.

C'était celle-là.

J'en tournai le bouton et j'entrai dans une vaste salle où sont alignés de chaque côté des murs une vingtaine de lits, tandis qu'au milieu se dresse l'énorme poêle qui chauffe toute la pièce.

Au-dessus de chaque lit, les invalides ont accroché, comme des *ex-voto,* des débris d'obus ou de balles, des images guerrières, des portraits de leurs ex-chefs (Bugeaud, Lamoricière, Pélissier, Canrobert, Mac-Mahon, le prince impérial et aussi le général André). On y voit également, surmonté d'un rameau de buis ou d'une fleur desséchée, un cadre sous le verre duquel un gracieux visage de jeune fille sourit mélancoliquement, reliques d'amour à côté des reliques de gloire, et rappelant qu'à leurs aventures héroïques nos vieux brisquards mêlaient jadis des aventures sentimentales dont il ne leur reste plus, aujourd'hui, que le lointain mais toujours cher souvenir.

Dans cette salle, se tenaient une quinzaine d'invalides; les uns, assis sur leur lit, pansaient les plaies béantes de leurs chaussures endolories, les autres nettoyaient leurs vieux habits, dont les revers étaient les seuls qu'ils eurent à essuyer au cours de leurs campagnes. Quelques-uns, formant le cercle autour du poêle, fumaient leurs pipes, lisaient des brochures ou des journaux du jour.

Il y avait là l'invalide Sylvain, vétéran de Crimée, d'Algérie, d'Italie, ancien chasseur d'Afrique, ancien cuirassier, un véritable géant dont une superbe barbe blanche allongeait le visage grave et énergique;

Le grand Schmidt, dit Pied-Gelé, soldat au bataillon des Enfants-Perdus pendant la campagne de Crimée, décoré de la médaille de Crimée, de la médaille militaire et du ruban rouge de la Légion d'honneur;

Delaigne, un colosse à mine rébarbative, soldat d'élite, blessé d'un coup de feu à la cuisse lors de l'assaut de Malakoff;

L'ancien chasseur à pied Thil, un bon vieillard dont la physionomie placide est encadrée d'une longue barbe rousse. Thil est également un vétéran de Crimée, d'Italie et de 1870-71. Il faisait partie de ces vaillants bataillons de chasseurs qui défendirent, si héroïquement, Saint-Privat contre les assauts furieux de la garde prussienne. Blessé à Metz et fait prisonnier, Thil ne revint en France qu'à l'amnistie. Il compte quatre campagnes et vingt-cinq années de service. Il est décoré de la Légion d'honneur.

Citons encore :

Gerhard, ex-soldat au 1er léger, puis ex-gendarme de la garde, vétéran de Crimée et d'Italie, vingt-six ans six mois de service ;

Schnelbach, vétéran d'Algérie, de Crimée et d'Italie ;

L'ex-chasseur à pied Leblanc, blessé d'une balle au poignet à l'assaut de Malakoff ;

Le zouave Lefebvre, qui, à Traktir, eut la jambe enlevée par un projectile russe ;

L'artilleur Lemaire ;

Le biffin Gilbert, quinze jours de service et une jambe de bois, — souvenir de Crimée ;

L'ex-zouave Grison, qui avec l'ex-zouave Baudot, qu'il ne faut pas confondre avec son homonyme l'invalide Bodaud, vétéran du Maroc, se disputent l'honneur d'être le clairon de Malakoff, l'unique, le seul clairon de Malakoff ;

Et enfin notre vieil ami Strasweck, qui, assis dans un fauteuil, les pieds appuyés au poêle, les mains sur le ventre, somnolait béatement.

Grison l'ayant éveillé d'une petite tape sur l'épaule, Strasweck se frotta les yeux, puis, m'apercevant :

« Ah ! c'est vous, fit-il avec un bon sourire ; vous voulez que je vous raconte la suite de mes souvenirs ?

— Oui, si toutefois je n'abuse...

— Du tout ! asseyez-vous. Je vais vous parler de la campagne de Crimée. Si quelquefois la mémoire me faisait défaut, les camarades qui sont ici vou-

dront bien m'aider. Nous allons, comme on dit au
régiment, mettre nos souvenirs en faisceau... C'est-y
convenu? dit-il en s'adressant à ses collègues.

— Va, mon vieux, lui dit Grison, raconte ce que
tu sais... Tiens le crachoir!... Quand tu seras fatigué, tu me le repasseras. »

Alors Strasweck commença, au milieu d'un profond silence :

« Quelques semaines après mon arrivée en Algérie, je m'embarquai sur le *Pluton*, qui me conduisit
à Gallipoli, une ville turque aux rues étroites, bordées de maisons rouges, vertes, oranges. La chaussée était une véritable fondrière. De chaque côté se
tenaient, dans des échoppes basses et puantes, des
marchands d'épices, de poissons séchés et de lard
salé. Le seul monument joli était la mosquée. Le
surlendemain, on partit pour Andrinople, en traver-
sant toute la Turquie à pied. D'Andrinople. — une
jolie ville avec de nombreuses mosquées, — on se
rendit à Varna. Tout le long de la route, les paysans
turcs nous regardaient défiler avec stupéfaction.
Mais ce qui les intriguait le plus, c'étaient les zouaves, à cause de leur turban vert. Je dois vous dire
ici que, chez les musulmans, il faut être parent du
prophète pour porter le turban vert. Aussi, jugez de
leur surprise en voyant que le prophète avait tant de
parents ! Et je me souviens qu'en arrivant à Varna,
un de ces paysans turcs s'approcha d'un zouave, et
désignant du doigt son turban vert :

« — Serais-tu parent du prophète? lui dit-il.

« Et l'autre, blagueur :

« — Je le crois, mon vieux, je suis son beau-frère!

« Si vous aviez vu la fureur du musulman, vous auriez bien ri. Mais si nous avions parfois de bons moments, nous avions aussi parfois de fichus quarts d'heure. Ainsi, à Varna, on fut logé dans des baraques en planches. L'on ne pouvait fermer l'œil de la nuit à cause de la vermine qui venait se livrer sur nous à des repas de corps. Pendant le jour, on se promenait dans la ville, qui n'avait rien de bien attrayant, mais les environs étaient épatants.

« Au bas des coteaux où campaient nos alliés les Anglais, on voyait un beau lac entouré de prairies vertes et fleuries. Plus loin, le terrain s'élevait, formant un amphithéâtre couvert de magnifiques bouquets de bois. C'était très joli, on ne peut pas dire le contraire, et je me serais bien plu dans ce pays-là. Malheureusement, il y avait le choléra. Les hommes tombaient comme des mouches... et mouraient dans les vingt-quatre heures. Aussi est-ce avec joie que j'embarquai pour la Crimée.

« Le 14 septembre, nous débarquâmes sur une plage située entre le vieux port et Eupatoria, sans que les Russes cherchassent à s'opposer à notre débarquement. Aussitôt à terre, on dressa les tentes, on alluma du feu, on s'installa le plus commodément possible. Puis, on chercha des provisions. Comme toujours, ce fut l'habitant qui dut les fournir de gré ou de force. On allait chez ces braves Tartares, on leur prenait leurs bœufs, leurs moutons, leurs poules, pour des prix dérisoires. On payait un dindon cinquante centimes, un mouton ne coûtait jamais plus d'un franc soixante, et à ce prix une poule ne montait jamais à plus de trente centimes. Quand je songe qu'aujourd'hui on paye la douzaine d'œufs un franc quatre-vingts !

« Le 19, nous quittions le camp du Vieux-Port, pour nous diriger vers Sébastopol. Je me souviens que la chaleur était accablante et que nous eûmes beaucoup à souffrir de la soif... Le pays que nous traversions était plat et sans arbres, on n'y rencontrait que des chardons, du thym, du serpolet et des herbes sauvages. Ce n'était pas gai.

« Vers deux heures, comme nous arrivions au bivouac, nous entendîmes dans le lointain un coup de canon, puis deux, puis trois, et bientôt, sur toute la ligne, ce fut une canonnade générale. Aussitôt on nous fit prendre les armes, on aligna nos canons et on envoya quelques boulets aux Russes qui avaient voulu nous voir de trop près. Devant cette réception, ils n'insistèrent pas. Le même jour, le général Saint-Arnaud, notre commandant en chef, accompagné des généraux Bosquet, Forey et de lord Raglan, nous passa en revue.

« Le soir, on nous dit au bivouac que le lendemain nous aurions une grande bataille avec les Russes.

« Cela nous fit plaisir, car nous étions las de nous

croiser les bras, depuis notre arrivée en Crimée. Nous avions besoin de nous dégourdir un peu.

« Le lendemain, dès six heures, nous étions tous debout, prêts au combat. Devant nous, jusqu'à la rivière de l'Alma, s'étendait une plaine aride; mais au delà de ce cours d'eau le sol montait toujours, et c'était sur ces hauteurs, qui en couronnent la rive gauche, que le prince Mentschikoff nous attendait, avec environ quarante-cinq mille hommes. Il avait même amené des dames, comme à un spectacle, voulant, disait-il, leur montrer comment on flanquait les Français à la mer. Les Anglais, à notre gauche, devaient attaquer l'aile droite des Russes : la 2ᵉ division, général Bosquet, attaquait l'aile gauche avec une partie de la 1ʳᵉ division. Au centre se trouvait la division Forcy. Enfin, à droite des Anglais, la division du prince Jérôme, avec le 2ᵉ zouaves et l'infanterie de marine ; l'artillerie était à sa place de bataille dans les intervalles qui séparaient les divisions.

. . . .

— Si tu veux bien, dit alors Grison, interrompant Strasweck, je vais raconter la bataille ; ça me sera d'autant plus facile que j'étais aux premières loges.

— Marche, raconte, répondit Strasweck.

— Ce fut vers midi, commença Grison, que toute la ligne s'ébranla en colonnes serrées en masse ; à cette heure on nous avertit que la bataille allait commencer. On nous recommande, comme toujours, du sang-froid, du calme, de ne pas s'écarter des rangs, de ne pas tirer sans ordre, etc., etc.

« Les hauteurs de l'Alma étaient couronnées par l'armée russe, l'artillerie sur les crêtes les plus élevées, l'infanterie échelonnée sur les élévations, les mamelons, dans les ravins, derrière les bouquets d'arbres ou les murailles, les vergers qui dominent la rivière de l'Alma, dont les rives sont très escarpées. En nous voyant ainsi à découvert sous le feu de l'ennemi, je me disais :

« — C'est une folie de nous avoir amenés là. Jamais nous ne pourrons déloger tous ces milliers et milliers de Russes des hauteurs où ils sont. Nous allons nous faire écraser comme des tomates.

« Comme je me faisais ces réflexions, un coup de canon partit du côté des Russes. J'en eus un grand battement de cœur. Mais, voyant mes camarades rire et plaisanter, je repris courage. A ce moment, le coup d'œil était curieux : les deux ailes de l'armée russe étaient attaquées avec vigueur par les Anglais et les Français; les Cosaques, pris en flanc par la division Bosquet, recevaient le feu de l'artillerie de la flotte et paraissaient fort gênés. Mais, comme nous allions franchir les obstacles qui se trouvaient de l'autre côté de l'Alma, les obus, les bombes et les boulets se mirent à pleuvoir sur nous en grande quantité, broyant, hachant, anéantissant les malheureux qui ne se garaient pas assez vite.

« Enfin, la rivière est franchie, et nous voilà engagés dans un ravin dont la hauteur se trouvait occupée par une batterie et un bataillon russes. Nous montons au pas de charge sous une grêle de balles et de boulets; le canon, ça renverse, mais ça n'arrête pas; bref, nous courons sur l'ennemi. De toutes parts, des compagnies font comme nous, sans s'occuper de la mitraille qui fauchait des rangs entiers de soldats. On déloge les tirailleurs russes embusqués dans les broussailles, et on arrive, tout en courant, sur le plateau. Là, ça chauffait. Les premiers arrivés avant nous, et qui s'étaient déployés en tirailleurs, commençaient à faiblir devant les colonnes russes. Mais, en nous voyant, ils reprennent aussitôt courage, se rassemblent, et, soutenus par notre artillerie, se précipitent, baïonnette au canon, sur les Russes, qui, à leur tour, reculent. Devant nous se trouvait un belvédère gardé par un bataillon de Cosaques. La pensée de tous, en le voyant, fut d'y planter le drapeau du 39ᵉ. Alors on s'élance sur les Russes, qui lâchent pied; mais, au moment où le drapeau allait être planté sur ce belvédère, un éclat d'obus frappe en plein cœur le porte-drapeau. Un sergent-major de zouaves prend un fanion et veut le poser à son tour sur le belvédère : un boulet le frappe en pleine poitrine. Dans le même moment, nous voyons arriver sur nous, au grand galop, plusieurs escadrons de dragons. Nous formons le carré pour les recevoir. Mais, avant qu'ils soient à cinquante mètres des carrés, nos canonniers les dispersent à coups de boulets. L'artillerie russe, embusquée

derrière un talus, riposte par une effroyable décharge
de boulets et d'obus. La mitraille pleuvait si dru que
nous fûmes obligés de nous jeter tous à plat ventre
pour ne pas être écharpés. Cependant, après avoir
lancé plusieurs fusées à la Congrève, les Russes battirent en retraite. Mentschikoff et ses dames qui venaient pour nous voir lancer à la mer s'enfuirent avec
une telle précipitation qu'ils en oublièrent leurs voitures. Dans une de ces voitures était le général russe
Korganoff. Quand il nous vit approcher pour le prendre, il tira un coup de pistolet qui tua un des nôtres.
Les autres répondirent par une décharge, et il eut les
deux joues traversées par une balle. L'équipage fut
pris et transporté à Constantinople.

. . . .

« Le soir, après la soupe, j'allai faire un tour sur
le champ de bataille. Ce n'était qu'une plaine de sang,
les cadavres s'y entassaient par monceaux. Les Russes s'y trouvaient en plus grand nombre que les Français et les Anglais. On en compta jusqu'à trois mille.
Ils étaient presque tous couchés sur leurs fusils. Autour de leur cou, on voyait des chaînettes avec une
croix. Quelques-uns avaient dans leurs sacs un exem-
plaire du Coran : c'étaient des Tartares musulmans.

« Les Anglais avaient aussi laissé beaucoup des
leurs sur le terrain. Cela provenait de leur façon de
monter à l'assaut au pas simple, et non au pas de
charge comme nous, si bien qu'ils étaient décimés
avant d'arriver sur les hauteurs. Cependant, ils mon-

trèrent un grand courage en restant immobiles lorsque la mitraille pleuvait sur eux. Oui, ils montrèrent beaucoup de courage, on ne peut pas dire le contraire. »

. . . .

L'invalide alluma une cigarette, en aspira deux bouffées, puis continua :

. . . .

« Quand on eut enterré les morts et expédié les blessés à Constantinople, où se trouvait notre hôpital militaire, l'armée se mit en marche vers Sébastopol. Partis dès l'aube, nous arrivâmes le soir sur les rives de la Katcha, petite rivière encaissée entre des coteaux plantés de vignes en pleine maturité et chargées de belles grappes de raisin. Pas besoin de vous dire qu'après notre passage il n'en restait plus une seule. Que voulez-vous! à la guerre comme à la guerre!

« Comme nous arrivions sur le haut du plateau, après la traversée de la Katcha, nous aperçûmes dans le lointain une ville immense, entourée de remparts, et d'où s'élevaient un tas de clochers dont les silhouettes pointues se détachaient en violet sur l'horizon rouge du crépuscule, tandis que plus loin apparaissait la mer Noire... qui est bleue, comme dit Pacquin.

« C'était Sébastopol.

« Cette vue nous fut agréable, car, en nous voyant si près de la ville que l'on nous disait être le but de nos étapes, nous nous crûmes au bout de nos fatigues.

La soirée fut gaie, et au bivouac on chanta les rengaines habituelles :

En avant,
Fanfan la Tulipe.

« Le lendemain, les Russes ayant fermé le port de Sébastopol en coulant à fond, à son entrée, plusieurs navires, nos chefs décidèrent qu'au lieu d'attaquer la place par le nord, on l'attaquerait par le sud, et ceci fit changer la marche de l'armée.

« Alors on passa la rivière de Belbeck à quelques milles au-dessus de son embouchure, et l'on pénétra dans une magnifique vallée boisée, plantée de sapins et de chênes, parsemée de fleurs, et où s'élevaient, au milieu des jardins, de coquettes villas.

« On se serait cru aux environs de Paris, dans le bois de Bellevue ou dans le parc de Saint-Cloud.

« Le soir, en débandade, on se mit à envahir ces villas abandonnées, où chacun put s'offrir ce qui lui plaisait.

« Je me souviens que, dans un château, le château de Mentschikoff, où nous avions pénétré, des zouaves trouvèrent une cave garnie des vins les plus exquis, et s'empressèrent de la vider pour régaler les camarades. Ce soir-là, on fit une noce à tout casser. Installés dans le salon du château, assis ou couchés sur les divans, nous vidions les bouteilles de champagne de Mentschikoff tout en buvant à sa santé. Le piano était tenu par un tambour. Un autre avait décroché une guitare et en jouait à la satisfaction de tous. La cantinière dansait la bourrée. Un zouave, un Méridional qui avait une superbe voix, chantait des refrains bachiques. Mais un officier survint au milieu de ce chambard et nous ordonna de sortir du château et d'y mettre le feu. Nous sortîmes comme nous pûmes, car beaucoup d'entre nous étaient brindezingues. Bientôt un jet de flammes s'éleva, jetant dans la nuit une clarté sinistre. C'était le château de Mentschikoff qui brûlait!

« Le lendemain on repartit, on s'enfonça avec les voitures, canons, caissons et bagages dans un tas de petits chemins qui serpentaient à travers des futaies, des buissons, des broussailles inextricables.

« On eut un mal du diable à s'en tirer; on arriva cependant au complet à l'étape. Les Cosaques avaient incendié le petit village près duquel nous campions et jeté du fumier dans les puits, comme ils faisaient d'ailleurs partout où nous devions camper. Mais ils avaient laissé du raisin dans les vignes, ce qui nous permit de calmer notre soif et notre faim. Enfin, à force de marcher et d'aller toujours de l'avant, on arriva devant les murs de Sébastopol, qui était, je puis vous l'assurer, solidement fortifiée. On campa si près de la ville que nous apercevions dans les rues, sur les places, les Russes se mettre à genoux, tous les soirs à cinq heures, pour la prière, et que nous entendions leurs cloches et leurs tambours quand le vent était tourné au nord.

« Quelques jours après notre arrivée devant Sébastopol, eut lieu l'affaire de Balaklava.

— Vous y étiez?

— Non, c'était une bataille de cavalerie.

— J'y étais, moi, dit alors l'invalide Sylvain, et
j'y pris une part active.

« C'était le 25 ou le 26 octobre, — peu importe la
date. — Le général russe Liprandi, à la tête de deux mille deux cents hommes et suivi de quarante pièces de canon, avait attaqué quatre de nos redoutes, gardées seulement par des soldats tunisiens. Saisis de peur, les Tunisiens avaient tiré seulement quelques coups de fusil et s'étaient enfuis. Alors, la cavalerie anglaise accourut sous

SYLVAIN

les ordres du général Campbell. Mais la cavalerie
russe était trois fois plus nombreuse. N'importe, le
brigadier général Scarlett lança en avant les Écos-
sais gris et les dragons d'Enniskillen.

« Alors, tournant un peu à gauche pour défoncer
la droite des Russes, les gris se précipitèrent en
poussant leur cri de guerre, et au même instant y

répondit le cri des Enniskillen. Ils passèrent à travers les masses noires des Russes. Le choc ne dura qu'un instant. Je me souviens du bruit d'acier et du miroitement des lames dans l'air; puis les gris et les rouges disparurent au milieu des colonnes défoncées. Aussitôt nous les voyons sortir de l'autre côté, un peu diminués et rompus, et s'élançant sur la seconde ligne qui s'avance vers eux. Ce fut un moment terrible! On cria : — Ils sont perdus ! — Mais ils fondirent sur l'ennemi. La première ligne des Russes, qui s'était ralliée, revenait sur eux pour les envelopper. Déjà, les chevaux gris et les habits rouges apparaissaient de l'autre côté, après avoir encore traversé la seconde ligne, lorsque les dragons, à leur tour, fondent sur la première ligne, la traversent comme du carton, tombent sur la seconde et la mettent en pleine déroute. Nous poussâmes une acclamation d'enthousiasme; officiers et soldats ôtèrent leurs képis et les agitèrent en l'air, et sur tout l'amphithéâtre de collines où nous étions éclatèrent des salves répétées d'applaudissements.

« Les highlanders ne furent pas moins heureux. A six cents mètres, ils firent une décharge de leurs carabines Minié sur le détachement qui les menaçait; mais la distance était trop grande, l'élan des Russes ne fut pas arrêté. A cent cinquante mètres, le colonel commanda le feu, et les Russes tournèrent bride.

« Lord Raglan, voyant fuir l'ennemi, fait donner à la cavalerie légère, soutenue par la division du général Cathcart, l'ordre d'avancer. C'était un spectacle terrible : une poignée d'hommes contre une armée.

« Quand la brigade de cavalerie de la garde rentra dans les lignes anglaises, après avoir traversé deux fois les bataillons ennemis, de six cents hommes il n'en restait plus que cent quatre-vingt-cinq !

« C'est alors que nous chargeâmes. Après avoir tourné le flanc gauche d'une batterie, nous sabrâmes jusque sur leurs carrés les fantassins ennemis.

. . . .

— Après Balaklava, dit alors Strasweck, reprenant le fil de son récit, commença la mauvaise saison. L'hiver, un hiver terrible, s'abattit sur nous.

« Savez-vous que sur le plateau de Chersonèse le thermomètre a atteint parfois dix degrés au-dessous de zéro, avec accompagnement d'un vent sec, violent, qui roulait des amas de neige énormes ?

« J'ai eu, tout autour de ma tente, quatre-vingt-dix-sept centimètres de neige. Dieu de Dieu, qu'il faisait froid ! Ainsi nous avions établi une batterie de vingt-six pièces, dont une dizaine de pièces de marine, et les terrassements marchaient assez rapidement ; mais nos épaulements nous coûtèrent beaucoup de peine, à cause des gels et des dégels, les dégels détruisant nos ouvrages. Chaque matin, on se mettait bravement à la besogne, malgré la neige qu'il fallait d'abord enlever avant de commencer à travailler efficacement.

« Je n'ai, de ma vie, jamais éprouvé un froid aussi vif que celui auquel j'ai été exposé sur ces hauteurs.

Il semblait que le vent me coupait en deux ; ma barbe et mes moustaches se transformaient en glaçons, et je sentais le froid me pénétrer jusque dans l'estomac. Je n'ai jamais eu autant de plaisir à entrer dans une maison qu'à me blottir dans l'espèce de cave creusée à l'intérieur de ma tente, où j'essayais de me réchauffer à un feu de racines que j'avais de la peine à alimenter, car la terre gelée et couverte de neige était difficile à fouiller.

« Nous restâmes trois jours ensevelis sous la neige avec dix degrés et demi de froid. Cette rude température agissait principalement sur les jeunes soldats récemment arrivés. »

Alors Schmidt, dit Pied-Gelé, prenant la parole :

« Le temps était si froid que je n'osais faire un seul mouvement dans mon manteau de peau de mouton, ni remuer mes jambes dans leurs épais fourreaux. Vous ne sauriez vous imaginer ce qu'on eut à souffrir. Figurez-vous des tempêtes de neige durant parfois quarante-huit heures et amoncelant sur nos tentes et nos huttes une couche glacée de plusieurs pieds. Puis, sans transition, arrivait une pluie battante qui entraînait et fondait la neige, nous laissant dans nos abris une boue liquide. Parfois, la neige restait, et dans les tranchées nous en avions jusqu'aux genoux. C'est ainsi que j'ai eu les pieds gelés et qu'on dut me faire l'amputation de plusieurs doigts. Jamais je n'ai autant souffert que ce jour-là.

— Étiez-vous bien nourris ?

— Les vivres ne manquaient pas, répond Strasweck. Un jour sur cinq nous recevions une ration
de viande fraîche, qui nous empêchait de nous dégoû-
ter du lard salé que l'on nous distribuait fréquem-
ment; chaque jour nous avions une ration de riz, de
sucre et de café, et enfin du biscuit, car le pain
devenait quelque chose d'extrèmement rare. Quelques
marchands avaient suivi le corps expéditionnaire;
mais on ne peut se faire une idée des prix fabuleux
auxquels ils nous vendaient leurs denrées : un pain
de deux livres (et on n'en trouvait pas comme on
voulait) valait trois francs cinquante et quatre francs;
le fromage, de six à sept francs la livre; une paire
de chaussettes de coton, sept ou huit francs; une
bougie, deux francs cinquante; le papier, vingt centimes la feuille.

« Notre régiment avait sa position dans le voisi-
nage du Clocheton, où commençaient, sur la gauche,
les travaux du siège. Nous étions bien campés,
les tentes turques qui nous abritaient étaient de
bonnes habitations militaires faisant la nique au
vent.

« Nous avions composé notre coucher avec des
lavandes et des fougères. C'est surtout dans l'installation des cuisines que l'on s'était surpassé. A l'aide
de pierres, nous avions construit des fourneaux avec
des séparations pour chaque escouade.

« C'est là que se faisaient la soupe et le café.
C'est là qu'on fumait sa pipe, qu'on devisait sur la

campagne, qu'on parlait de la France... et que je pensais à Antoinette.

« Dès l'aube, quelque temps qu'il fît, la diane nous éveillait au son de la musique militaire. Les musiciens transis massacraient lestement les plus joyeux airs d'opéra, et, en attendant l'appel, nous allions prendre le café, du vrai jus de chique. Après l'appel, commençaient les corvées du matin, aussi nombreuses que variées; puis les bataillons de garde de tranchées mangeaient la soupe et partaient pour leurs postes. Vers dix heures, tout le monde était de nouveau réuni au camp; c'était l'heure de la soupe, une pâtée de riz graissée avec un morceau de lard. Parfois on y ajoutait d'autres légumes ou des oignons. Puis venait le second appel en armes, où les officiers passaient un semblant de revue à des effets qui avaient subi un semblant de nettoyage. Sauf les armes, qui étaient soignées religieusement et avec amour, la tenue, vous le pensez bien, n'était pas brillante. Ensuite recommençaient les corvées comme le matin. A quatre heures, nouvel appel et nouvelle soupe identique à la première. Enfin, après cette soupe nous étions libres, si nous n'étions ni de garde ni de travail, c'est-à-dire à peu près un jour sur deux. On prenait alors un second café et on se couchait en attendant l'appel de sept heures, après lequel on s'endormait comme des bienheureux.

« Parfois on était réveillé par la canonnade; les boulets tombaient comme la grêle; mais ce qui

était le plus terrible quand nous étions de service,
c'étaient les bombes et les obus lancés en bombes.
On ne les évitait qu'en se jetant par terre, et alors
on ne pouvait craindre l'explosion et la gerbe des
éclats, et l'on avait des chances pour se trouver
hors d'atteinte. Il était donc utile de signaler l'arrivée
de ces projectiles creux. Des guetteurs désignés veil-
laient à cela et avertissaient par ce cri : Gare la
bombe!... Tout le monde alors levait la tête, et on se
préservait en se jetant à droite ou à gauche et en se
couchant par terre. A un de ces cris, malheureusement répété trop tard, je lève la tête : la bombe,
ou plutôt un obus lancé en bombe, tombait presque
sur notre parapet au-dessus de moi. Le danger était
imminent... Sans beaucoup réfléchir, je n'en avais
guère le loisir, je me précipite avec deux camarades
dans un trou qui se trouvait de l'autre côté de la
tranchée. A peine y étions-nous, que retentit le cri
de : Gare la bombe!... et la bombe roula dans notre
trou. A ce moment, un soldat qui était près de moi
me serra dans ses bras en me disant : — Mon vieux,
nous sommes fumés! — Ce fut son dernier mot. Je
passai un moment suprême et bien terrible. La
bombe éclate, et au même instant se fait entendre
un long gémissement : l'un de mes camarades avait
une jambe brisée par un éclat de pierre... Quant au
pauvre soldat qui me tenait presque dans ses bras,
j'avais senti sa dernière étreinte : un énorme éclat
d'obus s'était logé dans son dos, lui brisant la co-

lonne vertébrale et les épaules. Quant à moi, je l'avais échappé belle. J'avais néanmoins ressenti une très forte secousse sous la semelle de ma chaussure. »

Thil, qui jusqu'alors s'était tu, déclara :

« Pareille aventure faillit m'arriver, non pas une fois, mais dix, douze, quinze fois, car il faut vous dire qu'étant de service soit dans les tranchées, soit dans les embuscades, je devais, tous les quatre ou cinq jours, aller avec quelques camarades, le soir, dans un ravin qui paraissait le seul point par lequel les Russes pouvaient tenter une surprise. On passait la nuit là, et je vous prie de croire qu'on avait peu de temps pour dormir. Le tiers des hommes devait rester debout pendant que les autres se reposaient, mais nous étions trop intéressés à veiller ou, tout au moins, à écouter, pour nous endormir, d'autant plus que nous n'avions qu'un mince capuchon pour nous garantir du froid ou de la pluie. Cette corvée-là nous arrivait une nuit sur cinq. C'était très désagréable.

THIL

« Des embuscades où nous étions, nous visions

particulièrement les artilleurs russes, sur lesquels
nous lâchions notre coup de fusil dès qu'ils apparaissaient dans l'embrasure des remparts pour charger
leurs canons. Alors ces roublards-là établirent des
portières intérieures qui fermaient l'embrasure après
chaque coup de canon tiré. Cela permettait aux tirailleurs de charger les pièces sans craindre notre tir.
Oui, mais ce truc-là avait pour nous un grand avan-
tage et nous permettait de calculer le temps que mettaient les Russes pour charger. Nous attendions
donc, l'arme au bras. Puis, le délai expiré, on criait :

« — Cordon, s'il vous plaît!

« La portière s'ouvrait, et vlan! une balle allait
démolir l'artilleur.

« Mais le plus beau coup de fusil que je connaisse,
c'est celui dont fut victime l'homme au paletot
blanc.

— L'homme au paletot blanc?

— L'homme au paletot blanc, expliqua Thil, était
un officier russe, invariablement vêtu d'un paletot
gris et blanc avec bande d'or au collet. Tous les matins, vers onze heures et demie, nous le voyions sortir de sa maison, sise sur une petite place de Sébastopol. Il fumait tranquillement sa pipe sur le pas de
sa porte, ensuite deux domestiques lui apportaient péniblement un petit mortier. Alors il le chargeait, le
braquait sur nous avec habileté, nous envoyait quelques obus, puis rentrait tranquillement chez lui, en
fumant toujours sa pipe. Depuis plusieurs mois on le

visait pour le démolir, mais on ne l'atteignait jamais. Alors un zouave se construisit pendant la nuit un abri en terre, pour l'atteindre sans être vu. Le premier jour, il le manqua ; mais le second jour, lorsqu'il eut tiré, on vit le bonhomme au paletot blanc tournoyer sur lui-même, étendre les bras, puis tomber près de sa pièce on gigotant comme un diable! Ce que j'ai ri! Mon Dieu! que j'ai ri! Non, jamais je n'ai tant ri de ma vie!

« Faut vous dire que la guerre semblait être devenue pour nous un jeu. On s'amusait à se démolir, on se tirait dessus sans la moindre haine, simplement pour le plaisir. Vous pourez en juger par le fait suivant :

« On voyait, de l'autre côté de la baie, une petite villa, dite de l'Amirauté, près de Sébastopol. Des belles madames russes se promenaient dans les jardins en compagnie d'officiers. Un jour (il faisait très chaud), ces belles madames, avec leurs ombrelles blanches, folâtraient dans le jardin, comme si elles eussent été en pleine paix. Le général Bosquet, qui faisait sa tournée dans les tranchées du Carénage, où je me trouvais de garde, vit tout cela avec sa lorgnette. Il appelle aussitôt le capitaine et lui dit :

« — Capitaine, vos mortiers peuvent-ils porter là-bas, dans les jardins de la villa?

« — Mon général, répond le capitaine, je crois qu'en doublant un peu la dose de poudre on peut y arriver !

« — Eh bien, essayez, dit Bosquet.

« Le mortier est chargé. Bon, très bien! Le capitaine vise lui-même. Le coup part, et la bombe vient
tomber juste dans le jardin, où elle éclate. Il fallait
voir les belles madames jouer des jambes et se sauver
dans toutes les directions. Ce que j'ai ri! Mon Dieu,
ce que j'ai ri! Non! jamais je n'ai tant ri de ma vie!

« Le soir, cependant, elles y revinrent. Il y avait
bal à la villa. On entendait jouer de la musique. Tantôt c'étaient des polkas, et tantôt des valses. Le pavillon resplendissait de lumières :

« — Attendez, dit le capitaine, nous allons leur jouer
un morceau qui les fera danser d'une autre façon.

« Bon, très bien! Le mortier est chargé à nouveau, le coup part ; la bombe avec sa mèche allumée
parcourt les nues comme une étoile filante. Puis,
soudain, toutes les lumières de la villa s'éteignent,
la musique s'arrête, et dans le silence et l'ombre la
bombe éclate... toute rouge. Alors des cris affreux,
des plaintes, des gémissements s'élevèrent. Le nombre des victimes dut être considérable. La réponse à
cette invitation à la valse ne se fit pas longtemps
attendre, car cinq minutes après notre bombe, un
bruit formidable éclatait dans la nuit. Une volée d'obus et de bombes tombait sur notre batterie. C'étaient
les Russes qui nous rendaient la monnaie de notre
pièce. Bien entendu, on leur riposta ; la musique infernale des canons et des mortiers continua ainsi
toute la nuit pour accompagner la danse macabre des
boulets et des obus.

« Après la bataille d'Inkermann, les Russes renouvelèrent leurs attaques de nuit, essayant par des ruses d'Apaches de nous chasser des avant-postes.

« Un soir, un détachement d'environ deux cents hommes s'approcha des tranchées et tiraillasur nous. Comme on avançait pour les repousser, ils nous lancèrent des *lazos* et firent ainsi des prisonniers.

« C'étaient des procédés de sauvage. Le général Canrobert, ayant été mis au courant de ces faits, écrivit au général Gortschakoff une lettre de protestation. Alors les Russes abandonnèrent leurs lazos. — Mais, fit Thil avec un geste las, je n'en finirais pas de vous raconter toutes nos aventures journalières. Il faudrait un livre.

— Vous étiez à la prise du Mamelon-Vert?

— Je vous crois, j'ai même failli y laisser ma peau, puisque j'y ai reçu un éclat d'obus au bras. C'était dans la nuit du 6 au 7 mai; le clairon ayant sonné la charge, on se rassembla et, baïonnette en avant, on s'élança vers le Mamelon-Vert, où les Russes avaient établi une batterie. Nous franchîmes les premières tranchées au milieu d'une grêle de balles et de mitraille, et nous tombâmes à la fourchette sur les Russes. Alors, ils rétrogadèrent derrière leurs ouvrages. On franchit tout de même ce deuxième obstacle et l'on monta la côte au pas de course, malgré les cosaques qui faisaient rouler sur nous d'énormes blocs de pierre. Comme nous arrivions au sommet du mamelon, un de mes camarades vit un officier

russe blessé, assis, le dos appuyé à un tonneau, allumer une allumette et se relever vivement pour la
jeter dans le tonneau. Il n'y avait pas de temps à
perdre, nous allions tous sauter. Il bondit sur l'officier, et d'un coup de baïonnette dans le ventre le fit
rasseoir. Nous l'avions échappé belle. Ah! on peut
dire que ça chauffait, n'est-ce pas, Lefebvre? »

Le petit père Lefeb-
vre, qui, depuis un
instant, paraissait très
occupé à casser des
noisettes avec le pilon
de sa jambe de bois,
leva la tête et répondit :

« Pas tant qu'à Trak-
tir !

— Vous étiez à Trak-
tir ?

LEFEBVRE

— Un peu, mon ne-
veu, fit-il d'un air goguenard. C'est là que j'ai eu la
jambe droite enlevée par un projectile russe.

— Un boulet ou un obus?

— Ah! je ne sais pas, attendu que je ne l'ai pas
vu venir, sans quoi je me serais effacé. Tout ce que je
puis vous dire, c'est que ça m'a fait bigrement mal
et que je me suis évanoui.

« Quand je revins à moi, j'étais à l'ambulance, qui

se composait de trois ou quatre masures où les blessés étaient couchés, les uns à côté des autres, dans
tous les locaux abrités. Des renforts de médecins
avaient été convoqués de toutes les divisions ; on s'em-
pressait d'appliquer un pansement provisoire aux
hommes atteints légèrement ; on faisait porter sous
les tentes ceux dont les blessures paraissaient néces-
sairement mortelles ; on envoyait dans une des baraques tous ceux dont l'état réclamait des opérations
immédiates. Malgré le zèle des médecins et des
officiers d'administration, il y avait de l'encombre-
ment. Ah oui ! pour sûr qu'il y en avait de l'encom-
brement ! J'ai vu, sur la terre nue, cinq cents pauvres
diables comme moi, souillés de poussière et de sang.
Dans une baraque on faisait les opérations. Il y avait
deux tables où les opérations s'exécutaient sans inter-
ruption. Nous appelions ça l'*abattoir*. Le chirurgien
en chef était le *grand couteau*. Il y avait une odeur
de sang humain qui donnait des nausées. On ne voyait
que des soldats mutilés par la mitraille ou déchirés
par les boulets. On entendait, seulement, les ordres
des officiers d'administration et les appels des médecins.

« Les blessés qui pouvaient se traîner se rapprochaient en rampant de la porte de l'abattoir pour
avoir leur tour plus tôt. J'ai vu ce singulier spectacle
d'une salle d'opérations assiégée par les malheureux
réclamant l'amputation de leurs membres.

« C'était, vous dis-je, ex...tra...or...di...naire.

« Je restai à l'ambulance plusieurs semaines, puis je fus conduis à l'hôpital militaire de Constantinople, un grand et magnifique édifice construit dans le quartier de Péra et d'où nous avions une vue magnifique sur le Bosphore et la mer de Marmara.

« Quand je fus en état de marcher, je revins en France, pendant que les camarades allaient faire la guerre en Kabylie. Car moi, ajouta en souriant le père Lefebvre, je n'étais plus bon qu'à faire un invalide !

— Comme moi, dit Grison en riant.

— Vous aussi, vous avez été blessé à Traktir?

— Non; moi, c'est à Malakoff que j'ai écopé. Tenez, en voici la preuve ! »

Et, retroussant sa manche, Grison me montra son avant-bras creusé du poignet jusqu'au coude par un large sillon rouge.

Et Grison raconte l'assaut de Malakoff.

« C'était, dit-il, le 8 septembre 1855.

« Il était environ midi lorsque les généraux, le chapeau à la main, s'élancèrent des tranchées en criant :

« — En avant !

« Alors, aussitôt, les clairons, les tambours, sonnent et battent la charge, les régiments sortent des tranchées dans un nuage de poussière où scintillent les baïonnettes. Au pas de gymnastique, on se rue vers Malakoff. Les Russes, un instant surpris par cette attaque imprévue, accourent en foule sur les remparts, et, abrités derrière les bastions, nous foudroient de leur fusillade. Bientôt la mitraille, les boulets, les obus, se mettent de la partie et fauchent les premiers rangs de nos régiments, qui montent à l'assaut.

« C'était un tohu-bohu infernal.

« On n'entendait plus que des cris, des appels, des commandements, des gémissements, des jurons. La mitraille en tombant fait un bruit assez semblable à celui d'un escadron de cavalerie au trot : les bombes, avant d'éclater, font *fl! fl!* Les boulets imitent un sifflement prolongé, sans compter le coup de grosse caisse du départ. Joignez à ce bruit celui des tambours qui battent et des clairons qui sonnent la charge, et vous vous ferez une idée du chambard. A peine si je m'entendais sonner la charge, et pourtant je soufflais à m'en décrocher les poumons.

« Les autres clairons, Baudot et le camarade Martines, qui, en arrivant sur la butte, eut le nez enlevé d'un coup de sabre, faisaient comme moi : ils sonnaient la charge tout en courant, tout en escaladant, à travers les balles et la mitraille, l'éboulis de rempart qui comblait à demi les fossés. Mais on ne s'entendait plus. Enfin nous arrivons au bastion.

« Là, ce fut terrible. Une mêlée épouvantable, de véritables corps à corps s'engagèrent avec les *Moscoves :* on se battait à coups de crosse, d'écouvillons, de moellons, de briques ; on ramassait tout ce qui nous tombait sous la main. Les Russes se défendaient comme des loups. Je les vois encore avec leur casquette plate, leurs longues moustaches et leurs favoris roux. Ils étaient blêmes, et leurs yeux étincelaient de colère en voyant que nous étions les plus forts. Ce fut en vain que les réserves débouchèrent en masses profondes du ravin de Karabelnaïa pour les appuyer : ils furent forcés de reculer.

« Un certain nombre d'entre eux, réfugiés dans la tour, nous fusillaient par les embrasures. Impossible de les approcher, le passage pour aller les déloger étant trop étroit. Les hommes et les officiers tombaient comme des mouches. Alors on entoura la gourgane de fascines enflammées, afin d'aveugler les Russes par la fumée. Puis on les somma de se rendre, ce qu'ils firent. A trois heures, nous étions maîtres de Malakoff. Les Russes se retiraient en mettant le feu partout.

« Vers quatre heures, une explosion formidable se fit entendre, et un nuage de feu s'éleva au-dessus de nous. C'était toute la partie gauche de la courtine qui venait de sauter, broyant, anéantissant un grand nombre de soldats et d'officiers de la division du général de la Motte-Rouge établie sur cet emplacement. L'affolement fut immense. De toutes parts se traînaient, horriblement mutilées, les victimes de l'explosion, des cris affreux s'échappaient de dessous les terres et les murailles éboulées. Des soldats, affolés par la commotion, s'enfuyaient vers les tranchées ; il fallut toute l'énergie du général pour les empêcher d'abandonner leur poste, dont le sol tremblait toujours.

« Pendant la nuit, les Russes, en se retirant, achevèrent leur œuvre de destruction. De continuelles explosions se firent entendre. Les incendies allumés sur plusieurs points de la ville nous éclairaient comme en plein jour. Le lendemain, au petit jour, on s'aperçut que les Russes s'étaient retirés. Enfin Sébastopol était à nous !

« Après onze mois de siège, après avoir enduré mille souffrances sur ce plateau de Chersonèse où l'hiver avait été terrible ; après avoir vu s'abattre sur nous tous les maux de la terre, le choléra, le typhus, le scorbut, etc. ; après avoir passé des nuits entières dans les tranchées, couché dans la neige ou dans la boue ; après avoir bravé mille morts, nous étions vainqueurs, mais au prix de quels sacrifices !

« Nous avions eu cinq généraux tués, quatre blessés, quarante-quatre officiers supérieurs tués ou blessés, environ quinze cents sous-officiers et soldats tués, autant de disparus et près de cinq cents blessés. Sébastopol, en partie détruite, n'offrait à la vue qu'un monceau de ruines ; les vaisseaux russes coulés dans le port ne laissaient plus voir que leurs mâtures au-dessus de l'eau. Et partout, tout autour de nous, des monceaux de cadavres, partout du sang, partout la ruine... la désolation... la mort. Et le résultat de tout ceci, le résultat pour nous, les Français, comme pour nos alliés les Anglais ?

« *Macache!...* Nous avions travaillé pour le Grand Turc.

— De quoi te plains-tu? dit Gilbert avec ironie; on t'a donné une belle médaille en argent au bout d'un joli ruban bleu et blanc.

— Oui, c'est vrai, dit Grison, en regardant la brochette de médailles épinglée à sa capote de drap bleu. Il est évident que si je n'avais pas promené ma carcasse sur tous les champs de bataille, et que si je ne l'eusse pas fait mijoter dans son jus, sous le soleil d'Afrique et d'Italie, après l'avoir roulée dans les neiges de Crimée afin qu'elle soit boucanée à point, je n'aurais pas ces jolies médailles en argent. »

Le vieux brisquard aspira une bouffée de fumée, puis, après l'avoir laissée s'envoler en spirales bleues vers le plafond, il ajouta avec finesse :

« Mais j'aurais peut-être la croix d'honneur! »

Un grand silence se fit.

Au bout d'un instant, Strasweck suggéra :

« Si nous descendions à la cantine? Nous y serions mieux qu'ici pour parler de la campagne d'Italie; car mes souvenirs sont un peu confus, et j'aurais besoin qu'on me rafraîchisse... la mémoire. »

L'idée fut trouvée excellente par Gilbert, Grison et Schmidt.

Comme nous descendions l'escalier qui conduit à la cantine, je demandai à Gilbert :

« Est-ce Grison ou Baudot, le véritable clairon de Malakoff? »

*
* *

« Ils sont ridicules avec leur clairon de Malakoff,
me dit Gilbert; oui, ils sont ridicules, attendu qu'il
n'y avait pas qu'un seul clairon à Malakoff, mais
une cinquantaine. Aussi, je me roulais quand j'entendais Martines, Bau-
dot et Grison se dispu-
ter à ce sujet. Martines
disait :

« — C'est moi le
clairon de Malakoff;
Baudot n'était que mon
élève; je suis arrivé le
premier; en voici une
preuve !

« Et il montrait le
formidable coup de
sabre qui lui avait
coupé le nez en deux.

« Et il ajoutait :

A. BAUDOT
Clairon de Malakoff.

« — C'est en arrivant sur la butte que j'ai reçu ce
coup-là !

« — Non, répondait Baudot, ce n'est pas lui, c'est
moi le clairon de Malakoff! La preuve en est au musée de Versailles! Je suis représenté dans le tableau
d'Yvon, debout sur la butte de Malakoff, et sonnant
la charge. En bas, sur le cadre, mon nom est ins-

crit. C'est donc bien moi le véritable clairon de Malakoff.

« — Voyons, Alexandre, disait alors Grison, ce n'est pas sérieux, ce que tu dis là ; car enfin tu sais bien que j'étais avec toi à Malakoff.

« — Oui, mais, répliquait Baudot, tu n'es pas dans le tableau ; on ne te voit pas comme moi sur la butte.

« — On ne peut pas me voir, puisque je suis derrière, répondait Grison.

« Et tous les jours, à table, c'étaient entre Martines, Grison et Baudot d'interminables discussions à propos de ce sacré n. d. D. de clairon !

« Quand Martines mourut, Baudot et Grison poussèrent un soupir de soulagement.

« — Enfin seuls ! dirent-ils.

« Mais les discussions recommencèrent, Grison persistant à contester à Baudot l'honneur d'être le clairon légendaire.

« Alors, Baudot eut une idée géniale.

« Un dimanche matin, il s'en fut chez un marchand de bric-à-brac de la rue Bonaparte, acheta un clairon, le bossela légèrement à coups de talon de botte, puis s'en fut triomphalement le porter chez le gouverneur, auquel il dit :

« — Mon général, voici le clairon que j'avais à Malakoff ; permettez-moi d'en faire don au musée de l'armée.

« Le gouverneur, ému jusqu'aux larmes, remercia chaleureusement le vieux brave, prit le clairon et le fit exposer dans une vitrine du musée avec ces mots :

CLAIRON DE MALAKOFF

AYANT APPARTENU AU ZOUAVE BAUDOT

« Un homme qui n'était pas content, quand il apprit la chose, ce fut Grison. Ah! non, il n'était pas content, Grison.

« Il s'en fut trouver Baudot et lui fit d'amers reproches.

« — Voyons, Alexandre, ce n'est pas sérieux, ce que tu as fait là. Tout le monde sait bien qu'en quittant le régiment, les soldats rendent tout leur fourniment : fusils, sabres, sacs, baïonnettes, etc. J'ai rendu mon clairon, Martines a rendu le sien, et toi tu as rendu le tien. Le public va s'apercevoir que ton clairon de Malakoff a été acheté chez le brocanteur, et l'on va se moquer de toi... Enlève-le donc, et que ce soit fini! Si je te le dis, c'est dans ton intérêt.

« Mais Baudot ne l'entendait pas de cette oreille-là. Ah non! qu'il ne l'entendait pas de cette oreille-là, Baudot.

« — Le clairon est au musée, il y restera!

« — Eh bien! puisque c'est ainsi, dit Grison, je vais en acheter un, de clairon... et je vais, moi aussi, l'offrir au musée.

« Mais les jours, les semaines, les mois se passèrent, et Grison n'acheta pas de clairon. Il avait réfléchi et pensé, non sans raison, que, pour le public, un clairon de Malakoff, c'est très bien, mais que deux, ce serait excessif.

« — Ils sont trop! aurait-on dit.

« Enfin Grison se console à sa façon du mauvais tour qui lui fut joué par Baudot.

« Lorsqu'il est de garde au musée, il dit aux visiteurs, en montrant le corps du délit légèrement fracturé :

« — Voici une reproduction du clairon de Malakoff, garanti sur fracture.

« Et le public étonné se demande si c'est le vrai clairon qui a sonné la *charge,* ou si c'est Grison qui leur en pousse *une...* »

. . . .

A ce moment, Grison s'étant approché, je lui demandai :

« Et-ce vrai ce que me dit Gilbert, le clairon de Malakoff exposé au musée aurait été acheté chez un brocanteur de la rue Bonaparte?

— Non, dit Grison, c'est inexact. Alexandre Baudot l'a acheté au Temple.

— Il serait donc inauthentique.

— Parbleu! »

. . . .

Qui n'entend qu'un clairon, n'entend qu'un son, dit un proverbe. Je n'avais, jusqu'alors, entendu que Grison; il importait de savoir ce que disait Baudot. J'écrivis donc à celui-ci, casernier à Cuffies, dans l'Aisne, pour porter à sa connaissance les alléga-

tions de Gilbert et Grison touchant l'authenticité de
son clairon, et lui demander de vouloir bien m'é-
clairer sur ce point d'histoire assez obscur.

Baudot me répondit aussitôt par les lettres et certificats ci-dessous :

« Monsieur,

« En réponse à votre aimable lettre du 25 courant,
pour donner satisfaction au désir que vous m'ex-
primez, je vais rappeler mes souvenirs; si toutefois
quelque fait m'échappait, veuillez m'en excuser. Je
vous signale les faits les plus saillants.

« Le 1er régiment de zouaves était campé au camp
du Moulin, plateau d'Inkermann. Le 5, les distributions de vin et d'eau-de-vie nous étaient faites avec
accompagnement de tabac et beaucoup de friandises,
des sucreries, telles que saucisson, jambon, etc., et
que l'on nous a dit plus tard envoyées comme dons
nationaux.

« Le 7, j'étais de garde à la police comme clairon.
Les distributions avaient été augmentées de deux ra-
tions de viande, vin et eau-de-vie, et on avait poussé
la générosité jusqu'à donner un cigare par homme.
Dans la journée, les officiers se réunissaient et chuchotaient entre eux. Je me faufilai pour tâcher de
saisir les conversations, et je ne tardai pas à être
convaincu que les petites douceurs qu'on nous accor-
dait depuis quelques jours devaient être payées d'une

façon ou d'une autre, car nous étions traités comme
des enfants gâtés, ce qui nous paraissait drôle, surtout dans un régiment de zouaves.

« Je fus assez heureux pour saisir au passage les
paroles du capitaine adjudant-major Février aux
officiers : — Messieurs, nous sommes colonne d'assaut, nous attaquons demain Malakoff! — Je m'em-
pressai de faire connaître à mes camarades que les
générosités dont nous étions comblés depuis deux
jours allaient coûter cher à quelques-uns d'entre nous.

« Je leur disais : — Conservons notre cigare pour
le fumer dans Sébastopol. — C'est à ce moment que
chacun de nous fit son petit testament en passant
l'inventaire de son sac.

« — Toi, disait l'un, si je suis tué, je te donne ma
calotte neuve !

« L'autre répondait :

« — Toi, si je suis tué, tu prendras ma veste.

« Un autre donnait sa ceinture, un autre une paire
de guêtres de fantaisie confectionnées pour partir
en congé, et enfin on offrait d'autres menus objets,
mais toujours et surtout avec recommandation d'é-
crire à la famille du zouave tué ou blessé.

« Le 8, au matin, nous prenions position devant
Malakoff. J'appartenais alors à la 6ᵉ compagnie du
2ᵉ bataillon, commandée par le capitaine Krans, le
lieutenant Masséna et le sous-lieutenant Chrétien.
Le capitaine Say, de la 7ᵉ compagnie, faisant fonc-
tion de chef de bataillon, était auprès du colonel

Colineau et du général de Mac-Mahon. Chaque commandant en pied avait ses deux clairons : un clairon en pied et un clairon auxiliaire. Les élèves clairons étaient restés, avec les deux sergents clairons Bernard et Delport, auprès du colonel.

« Quelques minutes avant midi, le général de Mac-Mahon dit au colonel Colineau : — Colonel, dites bien à vos hommes qu'ils regardent bien le chemin qu'ils ont à parcourir, le fossé n'est pas très profond. — A ce moment, le sergent clairon Bernard reçoit un éclat de pierre à la main droite. Le colonel lui dit : — Allons, Bernard, allez-vous-en, vous avez ce qu'il vous faut; laissez Delport. (Le sergent Bernard était chevalier de la Légion d'honneur depuis le mois de juin. C'est pourquoi le colonel laissait à Delport la place qui lui était due.

« Le général, regardant sa montre, dit : — Nous avons encore une minute; faites sonner le *Garde à vous* pour prévenir la deuxième ligne. — A ce moment Delport jette les yeux sur les quatre clairons qui étaient auprès du général, du colonel et du capitaine Fay, me désigne et me dit : — Baudot, montez sur la tranchée et sonnez le *Garde à vous* pour prévenir la deuxième ligne. — A ce moment, un soldat du train apporta un grand drapeau tricolore qui devait montrer au général en chef quand nous serions dans Malakoff. Sachant qu'il n'y avait qu'une minute, je partis croyant aller à une mort certaine, car notre artillerie ne cessait depuis huit jours et huit nuits de bombarder la place. Enfin, je fus assez heureux pour accomplir sain et sauf l'ordre qui m'avait été donné.

« A midi nous nous élancions sur Malakoff, sautant le fossé et grimpant après la gabionnade, tandis que les soldats du 11e léger jetaient les ponts. Aussitôt dans Malakoff nous montions (les élèves clairons dont les noms suivent : Baudot, né à Bercy; Grison, né à Paris; Leclerc, né à Puteaux; Auzolles, de l'Ardèche), sonnant la charge pendant le passage de la 1re division. Après que notre présence ne fut plus utile, chacun de nous regagna le gros du régiment aux prises avec l'ennemi.

« Pendant l'action, je reçus un coup de baïonnette à la joue droite. Vers quatre heures, un mouvement offensif des Russes se produisit. Les sous-officiers de planton près du général de Mac-Mahon étaient en partie tués ou blessés, et, voyant l'embarras du général pour faire parvenir ses ordres et prévoyant ce qu'il désirait, sans en avoir reçu l'ordre et malgré ma blessure qui saignait abondamment, je rappelai les zouaves de la garde nouvellement formée, que je savais dans les tranchées en réserve.

« A l'arrivée de ce régiment, je lus dans les yeux du général une lueur de satisfaction. Quelques instants après, nous étions maîtres de Malakoff, de cette forteresse qui nous avait coûté tant de monde.

« Je suis heureux d'avoir pu contribuer à la prise de cet ouvrage.

« Le soir, vers six heures, on fit passer le 1er régiment de zouaves dans Malakoff, devant le Grand Redan, que les Anglais n'avaient pu prendre le 8. Il nous était réservé pour le 9 une petite surprise. Dans la nuit du 8 au 9, les Russes avaient fait sauter les faubourgs de la ville, et montraient qu'ils occupaient toujours le Grand Redan en nous envoyant de temps en temps des projectiles pour faire croire qu'il était toujours occupé par des forces suffisantes pour nous tenir tête. Nous eûmes l'heureuse surprise, le matin, au moment de s'élancer sur l'ouvrage, de surprendre un artilleur qui avait fait toute la nuit le service de tirer de temps en temps une pièce, car le Grand Redan était armé de quarante pièces toutes chargées.

« Par ce fait, cet artilleur nous a tenus jusqu'au jour sur le qui vive.

« Voici maintenant la liste de mes états de service.

« CAMPAGNES. — Vingt-quatre campagnes : Afrique, Crimée, Mexique, Afrique, contre l'Allemagne 1870-71.

« DÉCORATIONS. — Médaille *militaire*, médaille de *Crimée*, deux médailles d'*honneur*, médaille du *Mexique*, médaille *militaire* de l'empereur Maximilien, médaille *coloniale*, et plusieurs autres médailles de diverses nations, pour actes de dévouement.

« BLESSURES. — 1° Atteint d'ophtalmie traumatique par suite d'explosion, le 21 octobre 1854, au premier bombardement de Sébastopol, a sauté avec la batterie n° 4 aux Clochetons.

« 2° Blessé au petit doigt main gauche, par éclat d'obus, le 24 octobre 1854, à Sébastopol.

« 3° Coup de feu au petit doigt, main droite.

« 4° Coup de baïonnette à la joue droite.

« *(Ces deux dernières blessures le 8 septembre 1855, — assaut de Malakoff.)*

« 5° Forte contusion de la région lombo-dorsale par suite de chute à l'incendie du fort Napoléon (Algérie), le 14 avril 1858.

« 6° Plaie contuse au pied gauche par éclat d'obus, le 18 août 1870, devant Metz.

« 7° Atteint d'éclat d'obus devant Metz, le 7 octobre 1870, occasionnant une contusion au creux poplité droit.

« 8° Atteint d'éclat d'obus devant Metz, le 7 octobre 1870, au poignet gauche. »

Deuxième lettre de Baudot, relative à l'authenticité du clairon de Malakoff déposé au musée des Invalides.

« Cuffies, le 7 mars 1904.

« Monsieur,

« En réponse à votre honorée du 5 mars 1904, je vous adresse ci-joints deux numéros du *Démocrate soissonnais* en date du 12 juin 1898, et du *Progrès de l'Aisne* du 24 avril, même année, et, de plus, les *certificats* qui justifieront de la véracité des faits qui se sont produits à Malakoff.

« Quant à la provenance de mon clairon, il n'a pas été acheté au Temple, comme le dit Grison. Il est ma propriété.

« Voici, d'ailleurs, les faits :

« Quelque temps avant l'assaut de Malakoff, l'on demanda des élèves clairons, et je me portai candidat.

« Le 1er régiment de zouaves ne possédait plus d'instruments vacants, car les clairons blessés étaient aussitôt dirigés sur les hôpitaux avec leurs armes et leurs clairons. On était obligé de se servir des instruments des clairons en pied pour l'instruction des élèves clairons. Mais les clairons en pied ne se souciaient pas de prêter leurs instruments, afin, disaient-ils, de ne pas attraper mal aux lèvres.

« Pour remédier à cet embarras, mon lieutenant, M. Masséna, me dit : — Je vais demain à Kamiesch, et je vous apporterai un clairon.

« Or, dans cette ville, on vendait beaucoup d'objets ayant appartenu aux militaires décédés dans les hôpitaux. Je me dispensai de demander des explications à mon lieutenant sur la provenance de l'instrument qu'il m'apporta. Je m'estimais fort heureux qu'il voulût bien m'en faire cadeau, et c'est de ce fait que ce clairon devint ma propriété.

« Je dois ajouter un mot concernant Grison. Il était bien élève clairon à Malakoff, et il a bien sonné

la charge à côté de moi, mais pas longtemps, je dois
vous dire, car il disparut soudain et revint, le lendemain 9 septembre, nous voir avec son bras en
écharpe. Je vous serais bien obligé de lui demander
son certificat de blessure, car, le 9 même, son bras
n'était plus en écharpe, quand il voulut aller se procurer de petits souvenirs dans la ville de Sébastopol.

« D'ailleurs, la lecture des certificats ci-joints et
légalisés vous en dira assez, puisqu'ils établissent
que je suis bien le clairon de Malakoff.

« Je vous envoie également mon portrait en casernier.

« Recevez, Monsieur, mes sincères salutations.

« *Signé :* ALEXANDRE BAUDOT. »

A l'appui des faits publiés dans ces deux lettres,
Baudot, m'a adressé les certificats suivants :

XIXᵉ CORPS D'ARMÉE   CERTIFICATS (copies conformes)

DIVISION D'ALGER

1ʳᵉ Brigade d'Infanterie
d'Algérie.

Alger, le 12 mai 1898.

*Le lieutenant-colonel Molinard, du
1ᵉʳ régiment de zouaves, à M. Baudot, casernier à Soissons.*

Monsieur,

J'ai l'honneur de vous accuser réception de votre
lettre du 25 avril dernier, et de vous informer que
mention a été faite, dans l'historique du 1ᵉʳ zouaves,

que, sur l'ordre du ministre de la guerre, votre clairon avait été déposé au musée de l'armée, à Paris, au mois de mars dernier.

Agréez, Monsieur, l'assurance de mes sentiments les plus dévoués.

Signé : MOLINARD.

Pour copie conforme à l'original.

Cuffies, le 5 juin 1903.

Le maire, signé : P. DEVIOLAINE.
[Timbre de la mairie.]

Je certifie que le nommé Baudot était clairon au 1er régiment de zouaves, à l'assaut de Malakoff, et que c'est lui que j'ai placé sonnant la charge au sommet de l'ouvrage, dans le tableau que j'ai fait pour l'État en 1856. Il m'avait été spécialement désigné par ses chefs.

Paris, le 3 juillet 1879.

Signé : YVON.

Paris, le 8 mai 1898.

Je certifie que la lettre donnée à M. Baudot, le 3 juillet 1879, est bien de mon père Adolphe Yvon, décédé à Paris le 11 septembre 1893.

Signé : MAURICE YVON,
Chevalier de la Légion d'honneur.

Vu par le maire du XVIe arrondissement de Paris pour attestation de la signature de M. Maurice Yvon, apposée ci-dessus.

Paris, le 10 mai.

Pour copie conforme à l'original :

Cuffies, le 5 juin 1903.

Le maire, signé : P. DEVIOLAINE.
[Timbre de la mairie.]

Cette fois, pensai-je, après avoir lu ces lettres et certificats, il n'y a plus de doute, c'est bien l'ex-zouave Baudot le vrai clairon de Malakoff. Certes. Grison, Martines, Auzolles et Leclerc étaient avec lui à l'assaut de Malakoff, le 8 septembre 1855, mais c'est Baudot qui arriva le premier sur la butte, et c'est Baudot qui est représenté sonnant la charge, dans le célèbre tableau d'Yvon, qui est au musée de Versailles, et de plus le clairon exposé au musée des Invalides est authentique... il a appartenu à Baudot.

Or, comme j'avais relaté ce fait dans un grand journal parisien, je reçus, le lendemain, une lettre ainsi conçue :

Monsieur,

Dans un écho paru à la première page du *Journal,* vous annoncez que le clairon de Malakoff se nomme Baudot. Vous commettez là une erreur regrettable, d'autant plus regrettable qu'il est prouvé que le vrai clairon de Malakoff se nomme, non pas Baudot, mais Aristide Meyer, et qu'il habite au 76, rue Mouton-Duvernet, Paris. On peut le voir tous les jours, à l'heure de l'apéritif, au café Oriental, avenue d'Orléans. Si vous voulez l'interviewer, il faut vous hâter, car il a quatre-vingt-huit ans, et sa santé est plutôt chancelante.

Veuillez agréer, Monsieur, mes salutations empressées.

Signé : AUGUSTE LAFLEUR,
Tambour de Magenta.

« S'il a quatre-vingt-huit ans, pensai-je, il n'y a, en effet, pas de temps à perdre ; il faut aller le voir, pendant qu'il vit encore. »

Et, le soir même, je me rendis, à l'heure de l'apéritif, au café Oriental.

Seul, un vieillard y était affalé sur une banquette. Son visage sabré de rides resplendissait comme une aurore boréale ; ses cheveux étaient blancs comme la neige ; il avait à la boutonnière le ruban violet des officiers d'Académie, mais je n'y vis point le ruban bleu et blanc des anciens combattants de Crimée.

Derrière un comptoir se tenait une caissière, l'air fort aimable.

« M. Aristide Meyer ? » demandai-je.

Elle me désigna le vieillard et répondit :

« C'est ce monsieur... là-bas. »

Alors, abordant le vieux brave :

« Monsieur Meyer, lui dis-je, veuillez me pardonner si je suis trop indiscret...

— Nullement, me dit-il, nullement.

— Je viens, continuai-je, vous demander de bien vouloir me faire le récit de vos campagnes.

— De mes campagnes ?

— Oui, voudriez-vous me parler de vos campagnes ?

— Vous voulez dire de ma campagne, car je n'en ai qu'une. Eh bien, mon Dieu ! je vous dirai qu'elle est comme toutes les campagnes de la banlieue : il y a de l'air, de l'eau, et le tramway est à deux pas... »

J'étais complètement ahuri.

« Mais, fis-je, que comprenez-vous ? Je vous parle de votre campagne de... Crimée !... »

Le vieux brave, qui allait vider son verre d'absinthe, le posa sur la table, et me regardant bien en face :

« Ma campagne de Crimée!!...

— Vous êtes bien, lui dis-je, le clairon de Malakoff? »

Le vieillard fut pris d'un tel accès de rire que je crus qu'il allait trépasser.

Quand cette hilarité fut calmée, il me dit :

« Je vois d'où vient l'erreur... »

Et il expliqua :

« Je dois, tout d'abord, vous dire que je n'ai jamais mis les pieds sur la tour de Malakoff, pas plus d'ailleurs que sur la terre de Crimée. Je vous dirai même que je n'ai jamais été soldat.

— Alors, demandai-je, pourquoi vous appelle-t-on le clairon de Malakoff?

— Voici pourquoi :

« Il y a dix ans, j'étais négociant. J'étais dans les bouchons. A la suite d'une pneumonie, je dus vendre mon fonds. J'achetai alors une petite villa avec jardins, dans la banlieue, à Malakoff, près Paris. Là, sur les conseils de mon médecin, je jouais tous les matins du clairon, afin de me dégager les voies respiratoires, restées engorgées depuis ma pneumonie.

« En m'entendant jouer, les gens du pays disaient :

« — Tiens, voilà le clairon de Malakoff qui se soigne !

« Quand je passais dans la rue pour aller au marché, les gens disaient en plaisantant :

« — Tiens, voilà le clairon de Malakoff qui passe !...

« Mais je n'en continuais pas moins à suivre mon traitement, si bien que ma maladie a fini par s'en aller !

— Mais, fis-je, le nom vous est resté?

— Oui, le nom m'est resté, on a continué à m'appeler le clairon de Malakoff, et voilà d'où vient l'erreur ! »

Sur ces mots, je quittai le vieux brave... homme, et je sortis du café, plus convaincu que jamais que l'ex-zouave Baudot était le seul clairon historique de Malakoff... près Sébastopol.

J'ajoute, pour terminer, qu'après avoir pris connaissance des lettres et certificats de Baudot, l'invalide Grison, qui était aussi à Malakoff, a reconnu loyalement l'authenticité du clairon.

**

Lorsque nous arrivâmes à la cantine, de nombreux conquérants y étaient déjà installés. Il y avait là l'ex-chasseur d'Afrique Hoffart, l'ex-grenadier Malroux, l'ex-turco Lutringer, vétérans de Kabylie, Luccioni, etc., etc.

Assis devant la fenêtre du jardin qui les encadrait de clarté, ils fumaient silencieusement leurs pipes et rêvassaient en regardant la fumée s'envoler en spirales bleuâtres vers le plafond. Au-dessus d'eux, des gravures et des images guerrières illuminaient les murs de lueurs d'héroïsme. On y voyait aussi le portrait de Marie-Angélique Duchemin, veuve Brulon, ancien soldat de l'armée d'Italie, morte lieutenant honoraire à l'hôtel des Invalides.

GRISON

L'un de ces conquérants était l'invalide Gérondeau, ex-marin, ex-zouave, vétéran de Crimée, d'Algérie, d'Italie et du Mexique, où il fut grièvement blessé d'un éclat d'obus à l'épaule, pendant le siège de Puebla :

« Tenez, dit Strasweck, voilà un vieux frère d'armes qui était avec moi en Kabylie et en Italie. »

Et, interpellant Gérondeau, il l'invita à venir s'asseoir à notre table. Quand nous fûmes assis et que le cantinier eut apporté un litre de vin blanc, Grison commença le récit de ses exploits.

« En 1857 et 1858, dit-il, je pris part à la campagne de Kabylie.

« Le corps expéditionnaire dont je faisais partie

comprenait trente-cinq mille hommes. Jamais une armée aussi forte n'avait été réunie en Algérie. Nous avions avec nous le général Renault pour la 1re division, le général Mac-Mahon pour la 2e division, et le général Yusuf pour la troisième.

« Le 23 mai, le maréchal Randon nous passa en revue et nous annonça que les opérations commenceraient le lendemain matin. Le 23, dès l'aube, tout le camp fut en mouvement. A un signal donné, les tentes furent abattues, pliées et roulées, les faisceaux rompus. On apprêta ses armes. Le pic le plus élevé que nous avions à occuper était situé à six cents mètres d'altitude. Là-haut se trouvait le village kabyle d'Ir-Guifri, qu'il fallait enlever à la baïonnette. Nous arrivâmes sans rencontrer de résistance au pied de la pente des Akerma. Il n'y avait plus qu'à monter. C'était la partie la plus difficile de notre expédition. A un signal donné, on jette les sacs à terre... et en route. L'ascension se fit dans le plus grand silence. On grimpait à demi courbé, en se cramponnant aux touffes de genêts et de romarins qu'on trouvait devant soi. Tout était silencieux, on aurait cru que là-haut il n'y avait personne, quand, soudain, un nuage de fumée lamé de lueurs s'élève, des coups de feu éclatent, les balles nous sifflent aux oreilles et font éclater les pierres du rocher.

« Alors on sonne la charge, une charge sonore, vibrante, que l'écho des montagnes répète par trois fois. On précipite le mouvement et, en s'aidant avec le pieu de nos tentes, on grimpe plus vivement. Devant nous, des chèvres, surprises par tout ce bruit, s'arrêtaient de brouter, nous regardaient monter d'un œil inquiet et rêveur, puis s'enfuyaient affolées dans toutes les directions, tandis que leurs chevreaux bêlaient plaintivement, bondissaient et ne savaient de quel côté fuir. Mais les coups de feu succédaient aux coups de feu, il fallait se hâter. Les Kabyles avaient barricadé tous les sentiers de la montagne. Abrités derrière des murs de pierres sèches, des buissons de lentisques ou des figuiers de Barbarie, ils tiraient sur nous, puis, à mesure que nous nous approchions, ils grimpaient plus haut, derrière une seconde, puis derrière une troisième ligne de retranchements, et ainsi de suite jusqu'à leur village, où nous arrivâmes presque en même temps qu'eux. Là, ils nous attendaient avec résolution, et tirèrent à trente pas. Mais, en même temps, débouchaient par un autre sentier les tirailleurs algériens. Ceux-ci se précipitèrent avec fougue sur les Kabyles et les culbutèrent dans les ravins, malgré une résistance acharnée.

« Il était environ six heures lorsque la lutte prit fin, et le soleil descendait derrière la Djurdjura, dont il incendiait de reflets rouges les pics neigeux. Avant d'établir le camp, le général fit fouiller les rives boisées de la rivière, où se cachaient les Kabyles en fuite ainsi que leurs femmes et leurs enfants. Tous les prisonniers que nous fîmes furent conduits aux avant-postes et rendus le soir même à la liberté.

« Le 26 mai, au matin, les envoyés des Beni-Raten, au nombre d'une cinquantaine, se présentèrent devant la tente du maréchal Randon pour faire leur soumission. Ils étaient couverts de loques, mais avaient l'air digne et fier.

« — C'était écrit, disaient-ils avec résignation.

« Cependant la soumission des Beni-Raten ne terminait nullement la guerre en Kabylie. Il nous restait encore à mater la tribu des Aït-Ienni, qui était très puissante. Le 24 juin, nous quittions Souk-el-Arba, au petit jour. Il faisait un temps splendide : la matinée, sur les hauteurs de la Kabylie, est toujours agréable, une brise fraîche y souffle constamment. Après les chaleurs écrasantes de la veille, nous éprouvions un véritable plaisir à respirer cet air vif et pur. On entendait le canon de Mac-Mahon qui tonnait sur notre gauche, dans la direction Icheriden. Après avoir suivi une route muletière bordée de lentisques, nous arrivâmes jusque sur la rive droite de l'Oued-el-Djemaa, où nous établîmes notre camp. Là, les ordres furent donnés pour le lendemain. L'ascension devait se faire sans sacs, les effets et bagages resteraient au pied des pentes, sous la garde d'une compagnie ; l'escorte chargée de leur convoi ne devrait se mettre en mouvement que lorsque les têtes de colonne apparaîtraient sur les sommets.

« Donc le 25, à l'aube, nous partons pour la ba-

taille. Tout d'abord, on descend au fond de la vallée où coule l'Oued-el-Djemaa, véritable crevasse
de huit cents mètres de profondeur qui s'enfonce
dans le roc. Il y faisait une fraîcheur telle qu'on y
frissonnait. Bientôt, nous aperçûmes l'avant-garde
qui gravissait le versant opposé, très broussailleux
et très rocailleux. Puis, ce fut notre tour de monter.
L'ascension se faisait à travers des fourrés de lentisques, d'oliviers et de chênes verts. Elle fut des
plus pénibles, car la chaleur était devenue accablante.
On cherchait à se consoler des ennuis et de la longueur de la route en plaisantant, en blaguant, en
faisant des jeux de mots.

« — Ah bien! disait un zouave, faut pas être bi-
lieux pour venir en Kabylie.

« — Pourquoi? demandait un autre.

« — Parce que, répondait-il, on tire sur celui *qu'a
bile*.

« Et les autres de rire. Ce n'était pas très fort, mais
il faut si peu de chose pour faire rire quand on s'embête.

« Enfin, nous arrivons devant le village d'Ach-
el-Arba, dont nous nous emparons après avoir essuyé
quelques coups de feu.

. . . .

— Pendant ce temps, dit à son tour Strasweck, nous
ouvrions le feu de notre artillerie sur le village de
Tourad-el-Hadjdjadj. A chaque coup de nos canons,
un mur s'écroulait, un toit s'effondrait au milieu d'un

nuage de poussière. Puis les colonnes Deligny et Gastu s'élancèrent vers le village, où elles pénétrèrent bientôt sans que la moindre résistance leur fût opposée.

« D'où nous étions, nous apercevions les zouaves courant sur les toits des maisons et pourchassant ceux des Kabyles qui s'étaient attardés dans la défense de leurs masures. Le colonel Collineau traversait au pas de course le village. Enfin, un zouave grimpa sur la mosquée et y planta le drapeau, tandis que les Kabyles s'enfuyaient de toutes parts. Nous étions maîtres des deux principaux villages des Aït-Ienni.

« Les colonnes donnèrent ensuite la chasse aux défenseurs du village et les jetèrent dans les ravins de l'Oued-Djémine.

« Il ne nous restait plus qu'à réduire les tribus des Aït-Illiten.

« Le 5 juillet, nous quittions le village des Aït-Ienni, et le 9, nous arrivions sur le territoire des Aït-Ithourar, près du col de Tirourdar.

« Le 11 juillet, nous attaquions les Aït-Illiten dans leurs montagnes. Quelques-uns de nos hommes, égarés à la poursuite des Kabyles, tombèrent, tout à coup, dans une gorge étroite et profonde où s'entassait une foule nombreuse d'Aït-Illiten en fuite. Cette foule se dirigeait vers un village célèbre par la présence d'un marabout et de sa sœur, espèce de prophétesse, une marabath, nommée... Comment donc déjà?

— Lalla Fathma, dit Gérondeau.

— Oui, Lalla Fathma, c'est bien ça.

« Tombant au milieu de cette foule, les malheureux zouaves égarés furent immédiatement entourés et massacrés. Lorsque le gros de la troupe arriva pour les secourir, il était trop tard.

« Quand on arriva dans le village, après avoir fusillé les Kabyles qui le défendaient, Lalla Fathma vint se constituer prisonnière avec une centaine de chevaliers d'honneur et de dames de compagnie. L'une d'elles portait encore les vêtements ensanglantés d'un zouave. Elles s'étaient toutes couronnées de feuilles vertes en signe de soumission. On les arrêta, ainsi que Lalla Fathma, une belle femme, ma foi, mais tatouée sur tout le corps et tellement grosse qu'il fallut se mettre à dix pour la hisser sur un mulet et la conduire au général. Dieu de Dieu, ce qu'elle était grosse ! Elle pesait au moins deux cents kilos.

« Bref, après cette affaire, les Illiten vaincus vinrent faire leur soumission, et ainsi se trouva terminée la pénible campagne de Kabylie. »

*
* *

Le lendemain, dans la salle de la Victoire, qui fait face à la salle de l'Héroïsme, les trois vieux brisquards Strasweck, Gérondeau et Grison, réunis autour du poêle, continuèrent le récit de leurs nombreuses campagnes. Il y avait là les invalides Veyrat, Gerhard, Hoffart, et Thiébault, vétéran de la guerre d'Italie, dont nous donnons ici le portrait. Cette fois, ce fut Strasweck qui commença le récit :

« Débarqués à Gênes en avril 1859, dit-il, nous nous dirigeâmes vers Alexandrie, point de concentration des troupes françaises. Après quelques jours de repos dans cette ville, où l'on nous fit un accueil enthousiaste, nous partîmes rejoindre le gros des troupes. Le 5 juin, nous arrivions devant Magenta à sept heures et demie.

THIÉBAULT

« Comme les carabiniers d'Offenbach, nous arrivâmes après la bataille.

— Mais j'y étais, moi, à la bataille, déclara, non sans fierté, l'ex-zouave Gérondeau.

— Et moi aussi, j'y étais, dit Grison, et j'étais aussi à Melegnano et à Solférino... Figurez-vous que... »

Mais Gérondeau, l'interrompant, commença :

« C'était le 5 juin, si mes souvenirs sont exacts; nous étions campés (je parle de mon régiment, le 2e zouaves), nous étions campés, dis-je, dans une plaine couverte de vignes, de mûriers, avec, çà et là,

des champs d'orge ou d'avoine séparés par de larges
rizières. On apercevait, au loin, les clochers de quelques villages, aux maisons blanches entourées de
vergers. C'étaient Robechetto, Buffalora, San-Ste-
fano, Robecco, Magenta et d'autres encore dont j'i-
gnore les noms. Depuis le matin, des troupes de
toutes armes défilaient dans ces plaines fertiles ; leurs
armes étincelaient aux rayons du soleil. Il y avait là
les chasseurs d'Afrique, caracolant sur leurs petits
chevaux arabes, les grenadiers avec leurs énormes
bonnets à poils, les voltigeurs de la garde, plusieurs
régiments de ligne, l'artillerie, les turcos, les cuirassiers, les dragons, bref, toutes les armes. Nous, le
2ᵉ zouaves, nous nous trouvions placés à l'aile droite
de l'armée, en face une briqueterie dont nous devions nous emparer au début de la charge.

« Vers les cinq heures, nous aperçûmes plusieurs
colonnes d'Autrichiens qui s'avançaient en masse
profonde, abrités derrière un rideau d'arbres. Ils
tentèrent de nous tourner. Alors, on s'élança sur eux
à la baïonnette. Mais, comme nous arrivions près des
arbres, une véritable grêle de balles s'abattit sur
nous. Le colonel de Chabrières, du 2ᵉ étranger, qui
se trouvait à nos côtés, fut tué. Un instant, on voulut
s'arrêter pour respirer ; mais les officiers, levant leurs
épées, nous crièrent : — En avant ! en avant ! — Alors,
on se précipita sur les Autrichiens, qui reculèrent en
désordre, mais se reformèrent plus loin. Et bientôt
ils réapparurent en masses serrées.

« Voyant cela, le colonel Tixier prévint le général Espinasse que la colonne ennemie, qui cherchait à nous envelopper, s'était reformée derrière un rideau d'arbres.

« Le général Espinasse fit demander cinq bouches à feu. Celles-ci furent aussitôt amenées et mises en batterie.

« Quand les Autrichiens furent assez près, les cinq canons crachèrent sur eux leurs boulets; puis on s'élança à nouveau sur les Tarteifles, et à coups de baïonnette on les força à reculer. De toutes parts on entendait crépiter la fusillade, que dominaient les cris de rage des combattants, les cris de douleur des blessés. La colonne autrichienne fut bientôt coupée. Une partie mit bas les armes, l'autre s'enfuit vers Magenta. Au cours de ce combat, nous nous emparâmes d'un drapeau autrichien.

« Après quelques minutes de repos bien gagné, l'ordre nous fut donné de courir sur Magenta et d'en déloger les Autrichiens.

« Alors on repart au pas de course, enjambant les morts et les blessés qui s'entassaient par monceaux dans la plaine. Pour atteindre la voie ferrée, il nous fallut traverser une route que balayaient d'incessantes rafales de mitraille. En quelques secondes, des rangs entiers de notre régiment furent fauchés. Cependant, on passa tout de même, au petit bonheur. C'était un tohu-bohu du diable. Au craquement des arbres et des branches cassés par les boulets et les obus, se mêlaient les clameurs immenses des deux armées, les plaintes des mourants, le roulement sourd des tambours, le son clair des trompettes ou des clairons qui sonnaient la charge, le bruit sourd des maisons qui s'écroulaient. Une fumée épaisse montait vers le ciel et nous cachait le soleil.

« Comme nous débouchions dans la grande rue, les Tyroliens, barricadés dans les maisons, se mirent à nous fusiller par les fenêtres. Le général Espinasse, voyant que son cheval ne pouvait avancer parmi les morts et les blessés qui s'entassaient dans la rue, mit pied à terre. Au même instant, une balle ennemie tua, sous ses yeux, son officier d'ordonnance.

« Le coup venait d'une grande maison rouge à volets verts, que je vois encore, à l'angle de la grande rue. Les Tyroliens qui se trouvaient à l'intérieur tiraient à travers les lames des persiennes.

« Alors, le général Espinasse s'avance vers cette maison et, en frappant la porte du pommeau de son épée, il nous crie :

« — Allons, les zouaves, enfoncez cette porte !

« A peine avait-il dit ces mots, qu'une balle partie de la fenêtre voisine lui cassait les reins. Il pâlit, étendit les bras, voulut parler, mais tomba raide mort.

« Fous de colère, nous arrachons les persiennes, nous brisons les fenêtres, les carreaux volent en éclats, et nous nous ruons dans cette maison. Un colonel autrichien s'y trouvait avec cinquante Tyroliens. Quand ils nous virent entrer, ils tirèrent sur nous, puis ils grimpèrent vivement à l'étage au-dessus, et du haut de l'escalier se mirent à nous fusiller. Il fallut donc monter pour les déloger. Les premiers qui s'élancèrent dans l'escalier reçurent les balles et dégringolèrent sur les reins. Mais les autres purent arriver au palier et repousser les Autrichiens à coups de baïonnette. Alors, ceux-ci se barricadèrent dans les chambres, si bien qu'on dut enfoncer les portes. Du rez-de-chaussée où j'étais, j'entendais les coups de crosse dans les panneaux, des coups de fusil, des piétinements sur le plancher, des cris affreux, des jurons de colère et des voix d'Autrichiens qui demandaient grâce. Puis soudain, plus rien, c'est-à-dire si, le clapotement du sang qui coulait à flots dans l'escalier, et ce silence avait quelque chose d'effrayant. Mais l'on n'entendait plus de cris. Étonné, j'appelai : une seule voix me répondit, et je vis descendre un camarade le visage ensanglanté, l'œil droit crevé et qui essuyait à sa veste sa baïonnette toute rouge.

« — Et les autres? demandai-je.

« — Les autres, fit-il, sont morts ou blessés.

« Je sortis alors dans la rue, où la fusillade continuait toujours, mais nous avions gagné du terrain; les Autrichiens s'étaient repliés jusqu'au bout du village, où l'on se battait encore dans les jardins, dans les ruelles, dans les maisons barricadées comme des forteresses. Mais, devant les renforts qui nous arrivaient continuellement, les Autrichiens battirent bientôt en retraite. Vers sept heures du soir, le village était en notre pouvoir, et quand le crépuscule tomba, le silence le plus complet avait succédé au tumulte infernal de la journée. La bataille était terminée.

« Ceux qui avaient eu la chance de s'en tirer sans blessures — et j'étais de ceux-là — rentrèrent dans les maisons à demi démolies pour y passer la nuit. Je me souviens que j'ai couché dans une chambre d'une maison abandonnée où se trouvaient étendus les cadavres de plusieurs soldats tyroliens tués dans la journée. Je les poussai le long du mur et m'étendis sur une botte de paille pour y passer la nuit.

.   .   .   .

« Quand je m'éveillai, un gai rayon de soleil éclairait la chambre. Dans le jardin, les oiseaux chantaient, le ciel était bleu, la nature était en fête, et j'aurais pu me croire dans ma petite chambre, si je n'avais aperçu les cadavres des soldats ennemis, étendus à quelques pas de moi. Un d'entre eux, très blond, tout jeune, presque un enfant, semblait dormir la tête appuyée sur son bras, au milieu d'une mare de sang figé. Tous ces morts avaient la veste blanche à collet vert des Tyroliens. Je me levai et j'allai regarder par la fenêtre dans le jardin. Là, au milieu des groseilliers et des framboisiers rouges de sang, je vis encore des cadavres. Il y avait pêle-mêle, entassés les uns sur les autres, des Autrichiens et des zouaves, mais les Autrichiens étaient en plus grand nombre. L'un d'eux était cloué à un tronc d'arbre par un sabre-baïonnette qui lui traversait la poitrine. C'était affreux. Je sortis dans la rue, où se pressaient des troupes de toutes armes. Des soldats relevaient vivement les morts et les plaçaient le long des murs pour laisser la route libre aux caissons d'artillerie et aux voitures d'ambulance. Je vis alors que la plupart des maisons étaient démolies; des pans de mur écroulés laissaient voir les chambres avec leur pauvre mobilier brisé. Dans l'une d'elles, une poule perchée sur une armoire caquetait et battait des ailes, l'air affolé. Dans la cour d'une ferme qui achevait de brûler, un chevreau bêlait plaintivement près de sa mère, une jolie chèvre blanche étendue les pattes en l'air, le museau en sang.

« Pour sortir du village, il fallait passer sur un monceau de cadavres de soldats hongrois, reconnaissables à leurs pantalons bleus, collants, avec un passepoil jaune et vert. Il y avait aussi, parmi ces morts, des soldats de la garde impériale autrichienne, avec la veste en drap blanc à collet et parements rouges, et aussi des Tyroliens avec des chapeaux de cuir bouilli ornés d'un petit cor de chasse en cuivre. Mais ce qu'il y avait de plus terrible à voir, c'était la campagne : les cultures ravagées, les blés foulés, les clôtures abattues, les fermes en ruine. Dans les champs, dans les prés, le sol était couvert de shakos, de képis, de gibernes, de bidons de fer, de fusils, de

débris de capotes, de vestes déchirées qui pendaient
aux buissons, et puis des cadavres, partout et toujours des cadavres au visage noir de poudre, aux
yeux tout blancs... et des flaques de sang dans les
sillons, et l'eau des fossés toute rouge! J'allai ainsi,
à travers champs, jusqu'aux bureaux de la douane,
où tout était brisé. Des blessés étaient étendus sur le
sol et grelottaient de fièvre. Des voltigeurs circulaient au milieu d'eux et leur donnaient à boire.
Dans la gare, la salle des voyageurs était convertie
en ambulance. Il y avait là une centaine de blessés
étendus sur des bottes de paille... un Croate près
d'un zouave, un grenadier près d'un Hongrois. Le
chirurgien, en tablier blanc, allait de l'un à l'autre,
pansait ici une plaie, enlevait là une balle, coupait
plus loin un bras ou une jambe, sans paraître ému.
Et c'étaient des plaintes, des cris, des gémissements,
des râles affreux.

« Mais un roulement de tambour m'arracha à ce
triste spectacle. On se rassemblait pour partir. J'allai
rejoindre mon régiment. Je vis alors combien ma
compagnie était réduite. Un grand nombre de camarades manquaient à l'appel. On me dit qu'ils étaient
morts. C'est triste d'apprendre que de vieux camarades, avec lesquels on avait bu la goutte la veille,
sont morts et qu'on ne les reverra plus. Tout d'a-
bord, on ne veut pas le croire. Mais, hélas! il faut
se rendre à l'évidence. Alors, une grande tristesse
vous envahit, puis la colère vous empoigne, on jure

de les venger, et c'est dans ces idées-là qu'on arrive à haïr férocement des gens qu'on n'a jamais vus, qui ne nous ont jamais fait de sottises et qui ne sont que des pauvres bougres comme nous, obligés de se battre et de tuer, pour la plus grande gloire des rois et des empereurs qui les gouvernent.

« Cependant, tous les régiments se rassemblaient pour partir vers Milan, où nous attendait une réception triomphale. On ne voyait dans toute la plaine que des soldats et des convois. Par tous les chemins, par toutes les routes, la cavalerie, la ligne, l'artillerie, défilaient; les fourgons, les canons, les caissons, venaient de tous les points de l'horizon. Par instants, les colonnes d'infanterie s'arrêtaient pour laisser passer les régiments de cuirassiers ou de chasseurs d'Afrique qui galopaient vers Milan. Des bataillons couchés dans l'herbe prenaient quelques minutes de repos. Puis, au roulement du tambour, tous se levaient d'un bond, prenaient leur sac et leur fusil mis en faisceau, et repartaient gaillardement au son des musiques militaires. Et sous le ciel bleu de l'Italie, par ce beau soleil de juin qui faisait étinceler les armes, c'était, ma foi, un fort beau spectacle.

« Soudain, on nous commanda : — Halte! — Tous les régiments en marche s'arrêtèrent : grenadiers, zouaves, voltigeurs, tirailleurs algériens, se rangèrent l'arme au pied au bord de la route.

« Et bientôt nous vîmes accourir du lointain et au milieu d'un nuage de poussière un brillant état-major.

« Comme il passait devant nous, mon sergent me poussa du coude et, me désignant un grand et fort gaillard moustachu, qui galopait en tête, il me dit :

« — Tu vois celui-là... C'est Victor-Emmanuel Ier, roi de Sardaigne !

. . . .

« Le soir, nous campâmes à trois lieues de la ville. Le lendemain matin on se remit en marche, et bientôt, à un détour de la route, Milan nous apparut au loin avec sa haute cathédrale aux mille clochetons qui dominaient tous les édifices. Sur l'un de ces clochetons, une statue d'or faisait planer dans l'air un drapeau tricolore. Devant la porte du Simplon, par où nous entrâmes dans la ville, se dressait un immense arc de triomphe. Dans les rues, une foule innombrable attendait notre arrivée, les yeux fixés sur la route. Quand le régiment déboucha dans le faubourg au son des fanfares, il y eut d'abord un moment de stupeur, puis un grand cri de joie s'échappa de cent mille poitrines. On nous acclamait. On criait : *Viva la Francia! Viva l'Italia!*

« Nous répondîmes par un hourra à ce salut de l'Italie ; puis nous avançâmes en silence, le cœur plein d'émotion. Mais il fallut plusieurs fois s'arrêter ; la multitude s'était élancée à notre rencontre et barrait la route. Il y eut un moment de la confusion, nos rangs furent rompus ; les Milanais nous avaient sauté au cou et nous embrassaient, les femmes nous couvraient de fleurs et de rubans.

« Enfin, la colonne parvint à se reformer. On entra dans la ville : toutes les fenêtres étaient garnies de pièces d'étoffe mi-parties de soie et d'or, que l'on exhibe aux jours de processions solennelles : nous eûmes les mêmes honneurs que le saint sacrement à la Fête-Dieu!

« Les rues regorgeaient de monde; les dames de la bourgeoisie et de l'aristocratie étaient aux croisées, souriantes, parées de leurs plus beaux atours. Elles poussaient des vivats enthousiastes et, de leurs mains gantées, nous lançaient des bouquets de fleurs.

. . . .

« Les Milanais avaient offert de nous loger dans leurs maisons, mais, par prudence, les généraux durent nous faire camper dans un faubourg que traversait la route de Marignan, où les Autrichiens avaient leur arrière-garde. De cette façon, en cas d'attaque nous couvrions Milan.

« La foule nous accompagna au bivac, qui s'établit en deux tours de main, au grand ébahissement des curieux; les faisceaux étaient formés devant les fronts de bandière; les rangs se rompirent, les tentes furent déroulées et dressées; en cinq minutes dix mille maisons de toile s'alignèrent sous les arbres du faubourg et présentèrent l'aspect d'une ville surgie de terre comme par enchantement. De tous côtés, les dames de l'aristocratie accouraient dans leurs calèches, puis elles descendaient curieuses et étonnées, visitant nos tentes, touchant nos sacs, nous questionnant avec naïveté, riant aux éclats d'une galante réponse, pressant nos mains de soldats dans leurs jolis doigts, nous remerciant d'une voix attendrie d'avoir battu le sAutrichiens.

. . . .

« Presque toutes, dit Grison, commençaient par s'informer du grade que l'on occupait au régiment.

« — Vous êtes lieutenant ou capitaine, n'est-ce pas, monsieur? nous disaient-elles.

« — Non, madame, répondait-on.

« — Sous-lieutenant, alors?

« — Pas même : je suis simple zouave !

« — Ah ! faisaient-elles toutes surprises.

« L'une d'elles m'offrit un cigare. Si je ne m'étais retenu, je l'aurais embrassée !

« Ah ! pour une chaude réception, ce fut une chaude réception !

« Cependant, les Autrichiens ne se tenaient pas pour battus. Ni Montebello ni Magenta n'avaient pu les décider à s'effacer devant nous, si bien qu'il fallut leur infliger une troisième raclée à Melegnano.

« Ces bougres-là, après avoir évacué Milan, s'étaient retirés et fortifiés dans ce patelin. On résolut de culbuter leur arrière-garde. De cette façon un retour sur Milan devenait impossible, et nous pouvions en toute sécurité occuper cette ville.

« Les débusquer de Melegnano était donc une bonne opération; malheureusement, cette opération, par différents motifs, entraîna des pertes considérables de temps. Le 1ᵉʳ et le 2ᵉ corps, placés provisoirement sous le commandement en chef du maréchal Baraguay d'Hilliers, eurent ordre de marcher sur Melegnano ; le 1ᵉʳ corps devait attaquer cette bourgade de face, le 2ᵉ corps devait la tourner pour forcer l'ennemi à évacuer la position ou le cerner. C'eût été un beau coup de filet si nous avions réussi, mais il eût fallu pour cela que le 2ᵉ corps eût le temps d'effectuer son mouvement tournant. Il n'en fut pas ainsi. Le 1ᵉʳ corps n'arriva qu'à trois heures en présence de l'ennemi, si bien qu'il fallut brusquer l'attaque.

« Après l'affaire de Magenta, on ne croyait pas les Autrichiens capables d'opposer une résistance sérieuse, et l'on pensait rentrer dans Melegnano sans coup férir. Oui, mais, macache.

« Les circonstances étaient tout autres qu'à Magenta. Incapable de soutenir un choc en plaine, l'infanterie autrichienne est très solide derrière un retranchement, et à Melegnano elle était parfaitement à couvert ; l'aspect du village était formidable.

« Un peu en avant, le cimetière formait un véritable fort détaché qui commandait la route : la batterie qu'on y avait établie enfilait cette route dans toute sa longueur.

« Derrière le cimetière, les maisons, crénelées par le génie, étaient garnies de Tyroliens dont les carabines portaient à quatorze cents mètres ; ces habiles tireurs pouvaient viser à coup sûr ; les canons de leurs armes, étant appuyés au créneau, devaient diriger des feux plongeants sur les assaillants.

« Les colonnes étaient massées au détour des rues principales, pour repousser les Français qui parviendraient à pénétrer dans la ville.

« Certes, si le temps n'avait pas manqué, on aurait pu se rendre compte de ces formidables dispositions, l'on aurait ouvert à coups de canon de larges brèches dans les murs, l'on aurait délogé les Autrichiens avec des boulets creux éclatant au milieu des chambres qu'ils occupaient, en y faisant des ravages considérables.

« Au lieu de cela, nous eûmes à parcourir un terrain sillonnée par les balles et la mitraille, pour nous heurter contre des barricades qu'il fallait escalader, et derrière lesquelles l'ennemi nous attendait en bon ordre, sans avoir eu à souffrir de notre fusillade.

« De là-haut, ils nous envoyaient une fusillade nourrie, bien mieux nourrie que nous. Et, dame, c'était plutôt gênant. Alors, on se déploie en tirailleurs, on court sur la barricade qui était à l'entrée de la Grande-Rue, on l'enlève et on pénètre dans le village.

« Mais là, cachés dans les maisons de chaque côté de la rue, les Autrichiens tiraient par les fenêtres et décimaient nos premiers rangs. On avança quand même, trébuchant, marchant sur les morts. On s'empara du cimetière après un combat sanglant, et on s'élança à la poursuite des Autrichiens, qui se sauvaient vers le vieux château, où plusieurs bataillons se barricadèrent. C'était pour eux une véritable forteresse. Par les fenêtres et les meurtrières ils faisaient pleuvoir sur nous une véritable grêle de balles.

« Mais, entraînés par notre colonel Paulze d'Ivoy et le lieutenant-colonel Brincourt, nous traversons en courant la petite place et nous nous engouffrons, à la suite des Autrichiens, sous la voûte du château, dont ils n'avaient pu fermer, assez tôt, les portes. Alors, embusqués derrière les épaulements de chaque côté de la voûte, ils nous fusillèrent à bout portant. Les camarades, pris entre deux feux, tombaient comme des mouches. On avançait quand même. On se battait avec acharnement. Au bruit de la fusillade, de la mitraille et du canon se mêla bientôt celui du tonnerre, et un violent orage s'abattit sur nous. Soudain, je vis notre colonel, dont le cheval s'était abattu, lâcher son épée, tournoyer sur lui-même et tomber raide mort. Une balle lui avait traversé le crâne. Cette mort ne fit qu'exciter notre colère; nous nous élançâmes comme des furieux vers les épaulements où s'abritaient nos ennemis, et nous en fîmes un massacre épouvantable. Le vieux château fut bientôt pris. et ses défenseurs mis en fuite. Bref, les Autrichiens étaient encore une fois battus. Croyez-vous que ça les a calmés? Non, pas du tout. Ils voulurent en tâter encore à Solférino, une bataille terrible.

— Si nous l'avons gagnée, dit Thiebaut, c'est grâce à nos nouveaux canons rayés.

— Et surtout grâce au 1er zouaves, répliqua Grison; j'en sais quelque chose, c'est là que j'ai écopé.

« Figurez-vous que ces bougres d'Autrichiens s'étaient retranchés sur une série de petites collines dominées par la tour de Solférino, et que de là-haut ils dirigeaient sur nous un feu plongeant. Il était fort difficile de les en déloger, car le terrain rétréci des attaques leur permettait de diriger sur nos régiments un feu croisé, du haut du mamelon des Cyprès et d'un cimetière qu'ils occupaient.

« Cependant, on tenta de les en chasser en gravissant le plateau au pas de course, sous leur fusillade. J'étais, avec quelques camarades, très en avant, lorsqu'un roulement sourd, une galopade furieuse, se fit entendre, et voilà que tout à coup nous voyons arriver sur nous, au galop de leurs chevaux, plusieurs escadrons de uhlans hongrois. Alors, on se rassemble avec les camarades, on forme le carré, la crosse du fusil sur la cuisse, la baïonnette en avant, pour les recevoir. Mais, à peine étions-nous réunis que les uhlans tombaient sur nous et nous sabraient furieusement. A deux secondes d'intervalle, je recevais une balle dans la bouche et un coup de sabre qui me fendait la joue depuis les lèvres jusqu'à l'oreille. Je tombai. Quand je me relevai, soutenu par deux camarades, j'avais la figure en sang, je souffrais atrocement. Je dus faire, cependant, deux kilomètres à pied pour me rendre dans une ferme où se trouvait l'ambulance. Là, après un pansement sommaire, on me mit, avec plusieurs blessés, dans une charrette pour nous conduire à Milan.

« Cette charrette — je m'en souviendrai toujours — n'avait pas de ressorts, de sorte que les cahots de la route avivaient nos souffrances. Las d'être ainsi cahoté, je préférai descendre de la voiture et faire la route à pied.

« De Milan, on nous conduisit à Gênes, puis à l'hôpital militaire de Saint-Mandrier, près de Toulon, et enfin au Val-de-Grâce de Paris. C'est là que j'achevai ma convalescence.

« Quelques mois après, j'avais mon congé. Mon service militaire était terminé. Cela ne m'empêcha pas, ajoute Grison, de prendre part, comme franctireur, aux combats qui se livrèrent autour de Paris pendant la guerre de 1870-71. »

*
* *

Ce fut à nouveau dans son jardinet, sous la tonnelle tapissée d'un friselis de verdure et devant l'inséparable bouteille de vin blanc qui lui était nécessaire pour rafraîchir sa mémoire, que Strasweck me narra la suite de ses aventures héroïques et sentimentales.

« De retour en France, dit-il, après la campagne d'Italie, nous passâmes quelques jours au camp de Saint-Maur, en attendant que Paris eût fait sa toilette pour fêter dignement le retour des vainqueurs de Montebello, de Magenta, de Palestro, de Melegnano et de Solférino.

« Ce fut le 14 août qu'eut lieu notre entrée triomphale dans la capitale. Sur tout le parcours du défilé, de la barrière du Trône à la place Vendôme, l'affluence était considérable. Les maisons étaient pavoisées, et les rues plantées de mâts enguirlandés de roses. Sur la place Vendôme s'élevait une tribune recouverte d'une draperie de velours rouge, où se trouvaient l'impératrice, le petit prince, les ministres et tous les grands dignitaires.

« Nous défilâmes tous devant cette tribune. En tête du défilé marchaient les cent-gardes, un peloton de guides, la tête couverte du colback; puis les blessés, grenadiers, voltigeurs, zouaves, turcos; la garde, commandée par le maréchal Regnault de Saint-Jean-d'Angély.

« Après la garde, venaient les quarante canons et les quatre drapeaux autrichiens enlevés à l'ennemi. Ces drapeaux étaient portés par ceux qui les avaient pris. Ensuite, défilèrent les quatre corps d'armée, le 1ᵉʳ commandé par le maréchal Baraguay-d'Hilliers, le 2ᵉ corps commandé par le maréchal Mac-Mahon, le 3ᵉ par le maréchal Canrobert, le 4ᵉ par le maréchal Niel.

« Sur tout le parcours, la foule nous acclamait et lançait des fleurs. Il faisait un temps splendide; le ciel était bleu, et, sous les rayons du soleil, les armes, les sabres, les baïonnettes, les casques et les cuirasses étincelaient. C'était magnifique, et je me sentais très fier d'être soldat d'une armée aussi acclamée, aussi fêtée. Je me redressais en caressant ma moustache d'un air vainqueur. Tandis que nous défilions au son de musiques militaires, mes regards cherchaient, dans cette foule, deux yeux bleus qui n'auraient regardé que moi seul, rien que moi, une jolie bouche qui n'aurait envoyé des baisers qu'à moi seul, rien qu'à moi, et des jolies mains blanches qui n'auraient applaudi que moi seul, rien que moi. Mais, parmi ces milliers d'êtres qui se pressaient derrière la haie des soldats, ce fut en vain que je cherchai celle que je voulais voir et dont je voulais être vu.

« Antoinette n'était pas là ou, du moins, je ne la voyais pas.

« Où était-elle?

« Son absence mêlait un peu d'inquiétude et de regret à la joie du retour triomphal.

« — Pourvu qu'elle ne m'ait pas oublié! » ne cessais-je de penser, tandis qu'au son des fanfares guerrières nous défilions devant la tribune.

« J'étais vraiment inquiet, d'autant plus que depuis six ans je n'avais pas eu de ses nouvelles. Sa dernière lettre datait de mai 1854; je l'avais reçue à Kamiesch, la veille de la prise du Mamelon-Vert. Mais, tout d'abord, je ne m'étais pas trop inquiété. En temps de guerre, les lettres peuvent s'égarer.

Antoinette m'avait sans doute écrit, mais ses lettres ne m'étaient point parvenues.

« Toutefois, depuis mon retour en France, elle aurait pu me donner de ses nouvelles. Pourquoi ce silence?... Et pourquoi, en ce jour de fête, n'était-elle pas là pour m'acclamer? Peut-être lui était-il arrivé malheur? Voilà ce que je me disais. Aussi, quand je fus libre, ma première pensée fut de me rendre chez mon amie.

. . . .

« J'arrive au 36 de la rue Saint-Sulpice, où je ne m'étais pas fait annoncer. Je grimpe vivement les cinq étages, je cogne à la porte d'Antoinette, une fois, deux fois, trois fois, quatre fois : pas de réponse. Serait-elle partie? Je redescends et je m'adresse au père Billette, le concierge, qui de son état ressemelait des bottes. Ce jour-là il était très gai et chantait :

« Non, mes amis, non, je ne veux rien être.

« — Pardon, monsieur, lui demandai-je, Mlle Antoinette habite-t-elle toujours ici?

« Il releva la tête, remonta ses lunettes sur son front, puis me répondit :

« Mlle Antoinette? Vous demandez Mlle Antoinette? Je n'ai pas de locataire de ce nom...

« — Comment! fis-je...

« Puis, soudain, se frappant le front :

« — Ah! mais, dit-il, attendez donc... attendez donc... Mlle Antoinette? je connais ce nom-là. J'ai eu jadis une petite locataire de ce nom, une petite blonde, d'un blond tirant sur le roux, avec deux grands yeux couleur de bleuets et des joues fraîches comme des pommes d'api! Ah! la bougresse! Ce qu'elle était jolie! Oui! oui! je me souviens... Elle logeait tout là-haut, au cinquième, dans une chambre mansardée, la chambre bleue, comme on l'appelait. Oui, je me souviens. Elle recevait souvent chez elle un grand gaillard avec qui elle devait se marier. Ils paraissaient bien s'entendre. Mais, un beau matin, il partit au régiment, la laissant seule. Ah! la pauvre gosse, ce qu'elle a pleuré! Non, ce qu'elle a pleuré! C'est phénoménal! Elle voulait même se suicider. J'ai été obligé de lui remonter le moral.

« — Mais, lui dis-je, très ému, où habite-t-elle maintenant?

« — Maintenant, fit-il avec indifférence, elle habite au cimetière.

« — Au cimetière? Comment, au cimetière? fis-je, interloqué.

« — Dame!... puisqu'elle est morte!

« — Morte? m'écriai-je.

« Et mes jambes chancelèrent.

« Je m'effondrai dans un fauteuil, le corps secoué de sanglots.

« Alors le père Billette se leva, effaré, et, me prenant les mains dans ses grosses mains calleuses, il me dit :

« — Vous êtes son ami!... Pardon, je ne vous

reconnaissais pas... Pardonnez-moi pour la peine que je vous cause en vous annonçant cette triste nouvelle si brutalement... mais, je ne savais pas... que... vous... Ah! mon pauvre monsieur! »

« Et plus il cherchait à me consoler, plus je pleurais, ne pouvant croire que c'était fini.

« Morte, elle était morte! Ce mot me faisait frissonner. Morte! ma chère petite amie si douce, si gentille, avec qui j'avais fait de si jolies promenades! Morte! Elle était morte! Elle était dans la terre!... Et je ne la reverrais plus!... jamais!... Ma douleur était grande. Longtemps... longtemps, je pleurai.

« Avant de m'en aller, je voulus revoir la chambre où elle habitait. Le concierge me confia la clef. Je montai en tremblant, j'ouvris la porte. Je rentrai. Rien n'y était changé. Une dernière lueur crépusculaire filtrait à travers les persiennes et l'éclairait. J'ouvris la fenêtre, je poussai les persiennes, je m'assis dans le vieux fauteuil de velours cramoisi où je m'asseyais jadis. Non, rien n'était changé. C'était toujours le même lit de fer à boule de cuivre, la vieille armoire de chêne, la vieille commode d'acajou enjolivée de cuivreries. On voyait toujours les deux vases de porcelaine où des fleurs se desséchaient. Au-dessus, Louis-Philippe souriait toujours dans son cadre de coquillages. Il y avait encore la cage. Mais les canaris qui, jadis, emplissaient de gaieté la chambrette, n'y étaient plus. Je me levai, je regardai par la fenêtre. La place Saint-Sulpice était déserte, un

dernier rayon de soleil s'accrochait au deux tours de
l'église, qui dressaient dans le ciel bleu leurs silhouettes inégales. De la cour montait jusqu'à moi le refrain
plaintif d'un orgue de Barbarie. Dieu de Dieu, que
c'était triste ! Mais ce qui me fit le plus de peine,
ce fut de lire sur la porte de l'armoire ces mots que
mon amie y avait, jadis, gravés avec son couteau :

« *A G. Strasweck, fidélité éternelle ; 3 juin 1849.
Antoinette Masson.*

« Je restai longtemps seul, anéanti par la douleur,
affalé dans le fauteuil, regardant le jour s'enfuir.
Combien de temps restai-je là ? Je ne saurais le dire ;
mais il faisait nuit depuis longtemps lorsque j'entendis des pas. Quelqu'un montait ; une main poussa
la porte entr'ouverte, et je vis devant moi le concierge
qui venait allumer la lanterne de l'escalier. Je descendis derrière lui.

« Dans la rue, les commerçants fermaient vivement leurs boutiques, pour aller voir les feux d'arti-
fice. Les maisons étaient pavoisées et illuminées. Au
carrefour de l'Odéon, il y avait un bal en plein vent.
Un orchestre monté sur une estrade et éclairé par des
lanternes vénitiennes jouait des polkas et des valses.
J'arrivai bientôt sur les quais, dont les arbres étaient
ornés de lampions. Le Louvre, Saint-Germain et
l'Hôtel de ville étaient illuminés. Les cafés regorgeaient de monde et les terrasses débordaient jusque
sur la chaussée. Dès qu'un soldat, zouave ou turco,
passait, toute cette foule criait : Vive l'armée ! Des

bandes de jeunes gens qui chantaient la *Marseillaise*
à la porte d'un limonadier m'abordèrent et me de-
mandèrent si j'avais fait la campagne d'Italie ; sur
ma réponse affirmative, ils voulurent me porter en
triomphe ; mais je les priai de me laisser tranquille,
car, vraiment, je n'avais pas le cœur à la joie.
Toute cette grosse gaieté de la foule, tous ces amuse-
ments populaires, rendaient ma tristesse encore plus
grande, et j'avais envie de me cacher pour pleurer.

« Je traversai la Seine sur le pont, et, en suivant
les quais, je gagnai le Châtelet, puis la place aux
Veaux, aujourd'hui démolie. Là, j'entrai dans un hôtel meublé, à l'enseigne du *Tambour d'Arcole,* éclairée par une lanterne rouge sur laquelle on lisait :

ICI, ON SERT A BOIRE ET A MANGER

ON LOGE A PIED ET A CHEVAL

« Après avoir dîné sans appétit dans une salle
basse et fumeuse où des grenadiers et des pierreuses
buvaient du vin chaud, en chantant l'air de la *Reine
Hortense,* je montai me coucher dans l'espèce de
soupente qui me servait de chambre.

. . . .

« Voilà près de cinquante-cinq ans que ces choses
se sont passées, me dit Strasweck, mais je m'en souviens encore comme si c'était d'hier.

. . . .

« Le lendemain, je me levai de bonne heure, j'ouvris ma fenêtre, une vieille fenêtre à guillotine avec, en bordure, des pots de réséda.

« En bas, sur la place aux Veaux, je vis une foule innombrable de marchands d'habits, de charbonniers auvergnats, de porteurs d'eau, de marchands de poissons, qui criaient leurs marchandises, et de ménagères qui, le panier sous le bras, allaient au marché. Tristement, je descendis l'escalier vermoulu. Je rentrai au bureau régler le prix de ma nuit et je sortis. J'allais devant moi, au hasard. Les rues étaient boueuses et grises, mais en haut, entre les murs sombres et les pignons des maisons, le soleil, un beau soleil qui me rappelait l'Afrique, brillait sur les cheminées et sur les toits de tuiles, descendant peu à peu le long des murailles.

« La journée promettait d'être belle. Je remontai machinalement la rue Saint-Martin. Je passai devant l'auberge du *Plat d'Étain,* d'où j'étais parti quelques années auparavant pour l'Afrique. Et en songeant à Antoinette, les larmes me venaient aux yeux. Je remontai le faubourg du Temple, puis la rue de Belleville.

« J'arrivai, bientôt, à la guinguette des Lilas, toujours gaie, avec ses bosquets, ses charmilles et ses tonnelles tapissées de verdure.

« J'entrai dans la salle, à cette heure déserte, puis dans la cuisine, d'où s'échappait une bonne odeur de soupe à l'oignon. J'allai jusqu'à l'escalier et j'appelai.

« Alors la mère Bécu descendit.

« — Ah! monsieur! s'écria-t-elle en me voyant. C'est bien aimable à vous d'être venu me voir. Voilà si longtemps que je ne vous ai vu! Et ça va bien, la santé?

« Moi, sans répondre à sa question, je lui demandai :

« — Vous connaissez la triste nouvelle?

« — Quelle nouvelle?

« La gorge serrée par les sanglots, je répondis :

« — Antoinette! ma pauvre Antoinette est morte!!!...

« Elle me regarda, les poings sur les hanches, et dit :

« — Êtes-vous fou? Que dites-vous là?

« — Antoinette est morte!

« — Qui vous a dit ça?

« — M. Billette, son concierge.

« — Ah! je sais, je sais d'où vient l'erreur, répliqua la mère Bécu.

« Puis elle resta pensive.

« Je la priai de s'expliquer. Elle me répondit ces simples mots :

« — Mon pauvre garçon, il vaudrait mieux pour vous que vous ne sachiez pas la vérité.

« J'insistai, la suppliant de tout me dire.

« — Écoutez, me dit-elle, l'air grave, je vais vous dire une chose, mais promettez-moi de ne pas faire savoir qui vous a renseigné.

« — Je vous le promets.

« — Eh bien, Antoinette n'est pas morte.

« Je restai complètement ahuri.

« — Antoinette n'est pas morte? fis-je.

« — Non, reprit la mère Bécu, elle n'est pas morte.

« — Alors où habite-t-elle?

« — Quai du Châtelet, 9.

« Et comme je m'étonnais de tout ce mystère, la mère Bécu reprit :

« — Je n'ai pas à vous en dire davantage, je vous indique son adresse.

« J'étais étonné, mais ravi de savoir que mon amie vivait toujours.

« Hélas! il eût mieux valu pour moi qu'elle fût morte!

« Je rentrai vivement dans Paris. Je descendis comme un fou la rue de Belleville, la rue du Temple, je pris le boulevard, la rue Saint-Martin, et j'arrivai essoufflé quai du Châtelet. Au numéro 9 se trouvait l'oisellerie du père d'Antoinette. Les cages étaient accrochées devant la vitrine. Les perroquets verts, les aras rouges, les perruches blanches, étaient à la porte, juchés sur leur perchoir; les capucins, les sansonnets, les merles, les cailles, les cardinaux, les bouvreuils, les canaris, les rossignols, les chardonnerets et une foule d'autres oiseaux remplissaient la boutique d'une gaieté de volière.

« J'entre donc, et qu'est-ce que je vois assis au comptoir, derrière un petit aquarium plein de poissons rouges? Qu'est-ce que je vois? Non, devinez.

— Antoinette?

— Non, Melchior!

« — Ah! mon pauvre vieux! dit celui-ci en me voyant. Tu n'es donc pas mort?

« — Mais, fis-je, de plus en plus surpris, non, je ne suis pas mort, à moins toutefois que je ne me trompe.

« — On m'avait dit, reprit-il, que tu étais mort à Constantinople.

« Et il m'invita à m'asseoir.

« Je le remerciai :

« — Je venais pour voir ma fiancée Antoinette, qui, m'avait-on dit, habite ici au n° 9.

« — Mais, fit Melchior d'une voix étranglée par l'émotion, tu ne sais donc pas la nouvelle?

« — Quelle nouvelle?

« — Nous sommes mariés.

« Ah! mille sang-Dieu! je crus que j'allais étrangler le misérable.

« — Canaille! canaille! lui criai-je à la face. Tu mérites que je t'étrangle comme un poulet. Comment! tu profites que je suis au régiment pour épouser ma fiancée! Alors que je risquais ma vie en Algérie, en Kabylie, en Crimée, pour sauver la tienne, tu m'enlevais celle qui allait être ma femme!

« Il était blême et ne cessait de répéter :

« — Voyons, Strasweck! calme-toi, il n'y a pas de ma faute. Je te croyais mort... Alors...

« — Tu mens! lui criai-je ; tu mens!

« Il balbutiait de vagues excuses.

« Comme j'allais sortir, Antoinette entra, pâle, amaigrie, mais toujours jolie avec ses grands yeux bleus, sa chevelure dorée comme le soleil.

« En me voyant, elle chancela, l'air affolé.

« — Malheureuse ! malheureuse ! lui criai-je avec plus de tristesse que de colère, voilà comme tu tiens tes serments !

« Elle voulut répondre, mais ne le put, l'émotion l'étouffait. Elle se laissa tomber sur une chaise et se mit à sangloter comme une fillette.

« Melchior me dit :

« — Elle te croyait mort ; on lui avait dit comme à moi que tu étais mort à l'hôpital de Constantinople. Alors... alors...

« Je ne voulus pas en entendre davantage : Indigné, écœuré par tant de perfidie, je sortis de l'oisellerie... et comme un fou je partis droit devant moi, sans savoir où j'allais. Où ai-je passé cette journée du 16 août ? Je ne saurais le dire ; je me souviens seulement que, le lendemain matin, je me réveillai au poste de police de la rue des Bons-Enfants. Il paraît que, pour noyer mon chagrin, je m'étais abominablement grisé avec plusieurs grenadiers rencontrés dans la rue, et que nous nous étions battus avec des pékins, ce qui avait motivé notre arrestation et notre conduite au poste.

« Je commençais à m'ennuyer fortement au violon, lorsque le commissaire me fit appeler, m'interrogea et, après une légère admonestation, me relâcha.

« Alors, j'allai retirer à la caisse d'épargne les quatre mille francs qui devaient constituer ma dot. Je les dépensai en orgies de toutes sortes, et quand il ne me resta plus un sou en poche, et que je n'eus plus la ressource de noyer mon chagrin dans l'ivresse, je retournai au 16ᵉ d'artillerie; je passai en 1863 au 3ᵉ de la même arme, puis au 10ᵉ en 1867.

« A cette époque j'embarquai à nouveau, pour aller faire une nouvelle campagne, celle de Mentana.

* *

« Ce fut, à vrai dire, plutôt une promenade militaire qu'une campagne.

« Vers le 3 novembre, un dimanche, nous partîmes à quatre heures du matin de la place des Thermes, à Rome. Il pleuvait à torrents; nous avions allumé des torches. Sortis par la porte Pie, nous suivîmes l'ancienne voie Nomentana. Nous formions deux brigades : la première, d'environ trois mille cinq cents hommes, comprenait, dans l'ordre suivant, les zouaves, les carabiniers suisses, la légion et six canons; la deuxième se composait de cinq bataillons français, le 2ᵉ chasseurs à pied et nos canons. On pouvait être cinq à six mille hommes, sous le commandement en chef du général Kanzler, de Courten et de Polhès commandant les brigades.

« Vers les dix heures et demie on fit halte, et à

midi nous repartîmes, les zouaves à l'avant-garde. Jusque-là tout allait bien et en bon ordre. Vers une heure et demie, les premiers coups de feu se firent entendre sur les devants de la colonne. D'abord, on crut n'avoir affaire qu'à des avant-postes; en réalité, c'était l'avant-garde garibaldienne, suivie de près par toute une armée, que l'on rencontrait fortuitement, en marche sur Tivoli, où elle allait chercher de nouveaux quartiers, après avoir saccagé et épuisé tout le pays de Monte-Rotondo.

« Un instant, les zouaves qui se trouvaient en tête de la colonne furent seuls engagés. Le reste de la brigade s'avançait par un chemin creux, s'arrêtant, écoutant, reprenant sa marche sans rien voir ni savoir. Une seule fois, les chasseurs firent feu sur des bandes qui s'avançaient dans les bois à notre gauche, avec l'air de vouloir nous tourner. On détacha quelques hommes en tirailleurs; mais, comme on voyait assez mal ce qui se passait dans le fourré et qu'on craignait d'atteindre les zouaves qui devaient se trouver déployés en avant de nous, les chasseurs ne tirèrent plus. Ils fouillèrent les bois à notre droite sans rien découvrir, et je les vis reprendre leur place. A une assez grande distance devant nous, la fusillade était toujours très vive. Dieu de Dieu, quelle fusillade!! Enfin nous arrivâmes à l'endroit où l'action avait commencé : c'était une petite chapelle déjà encombrée de zouaves blessés, et je vis des cadavres garibaldiens tout alentour, ce qui indiquait que la lutte avait été très meurtrière dès l'origine. Reprenant notre route, nous rencontrâmes à chaque pas des morts et des blessés des deux camps. Nous en trouvâmes un bien plus grand nombre encore dans une vigne close de murs et située sur un petit plateau découvert auquel notre chemin aboutissait. J'aperçus de loin un officier de zouaves étendu, et, en m'approchant, je vis qu'il était mort, frappé au cœur.

« Toujours marchant, dans une route encaissée, nous arrivâmes sur un dernier versant d'où l'on découvrait Mentana.

« C'était un antique château fort, moyen âge, grand à lui seul comme un village, une de ces forteresses qu'on ne voit plus qu'ici. Accrochée aux flancs d'une montagne à pic qu'elle couronne, elle défend le défilé que la route traverse à ses pieds.

« Nous en étions à six ou sept cents mètres, séparés par un ravin profond, et, vue de là, elle faisait, ma foi, un effet superbe. Nous fîmes halte, et l'on établit sur ce point deux pièces françaises, qui commencèrent à battre le château en brèche. C'était une cible épatante. Les pièces pontificales arrivèrent et se mirent à tirer, pendant longtemps, au hasard. Nous étions, du reste, bien tranquilles : les balles garibaldiennes ne parvenaient pas jusqu'à nous, et notre seul souci était de voir arriver le moment d'agir. Enfin, on nous appela. Toute la légion, après avoir gravi à grand'-peine un talus assez raide, se déploya sur un mamelon à droite et s'avança jusqu'à un champ où nous eûmes quelques hommes touchés. Il y avait là des maisons, derrière lesquelles on s'abrita ; elles étaient encombrées de zouaves blessés. Nous avions devant nous une large vallée, peu profonde, bordée de mamelons qui lui donnaient la forme d'un entonnoir. Au fond, des tirailleurs pontificaux faisaient le coup de feu avec les tirailleurs garibaldiens postés en face des hauteurs. Les balles destinées aux zouaves venaient de temps en temps se perdre au milieu de nous. Cette position aux premières galeries, quand nous aurions dû être sur le théâtre de l'action, devenait insupportable, et nous étions à bout de patience. Une circonstance décisive nous engagea dans la mêlée.

« La ligne de tirailleurs fit un mouvement de retraite et demanda du soutien. Le commandant Cirlot se décida à lâcher deux compagnies. Au pas de course, elles allèrent border la haie au fond de la vallée. A la vue de ce renfort, une bande assez nombreuse de garibaldiens, qui se portait en avant, s'arrêta net et s'embusqua à son tour. On se mit à tirailler de part et d'autre. A ce moment, le 2ᵉ bataillon de chasseurs apparut sur une crête à notre droite et se déploya en tirailleurs avec assez de rapidité. Dès lors, la fusillade cessa ; la charge sonna, et toute la ligne fondit au pas de course sur les garibaldiens, qui s'enfuirent à la hâte en nous envoyant leurs dernières balles. La vallée franchie, nous nous trouvâmes sur les mamelons que l'ennemi venait d'abandonner. Nous avions dépassé Mentana par la droite et nous apercevions, par-dessus un dernier sommet qui nous cachait encore la ville, la haute tour près d'une cambuse en ruine où nous prîmes quelques garibaldiens. On échangeait encore de rares coups de feu, mais nous ne recevions plus que des balles mortes. On voulait attendre, pour se porter en avant sur Monte-Rotondo, que Mentana fût pris, et Mentana tenait toujours.

« Une colonne garibaldienne, sortie de Monte-Rotondo pour venir au secours de Mentana, se trouva en vue d'un régiment français, qui fit sur elle l'essai des chassepots : l'effet fut si meurtrier qu'elle rebroussa chemin en toute hâte. De là cette légende des chassepots de Mentana qui partirent tout seuls.

« Nous attendîmes longtemps des ordres, mais il n'arriva qu'une chose : ce fut la nuit, qui nous obligea à nous replier vers le lieu où nous pensions qu'on se concentrerait. Le feu avait cessé, le village de Mentana était pris ; restait le château, qui n'aurait certainement pas résisté à une attaque mieux dirigée et à plus d'accord dans les opérations. La partie fut remise au lendemain. Cette journée avait dû coûter aux garibaldiens de deux à trois cents hommes tués et à peu près le même nombre de prisonniers, mais le château était encore à eux, et nous n'étions pas contents de ce résultat, que les zouaves avaient certainement payé cher.

« Je me couchai et je tentai de prendre quelque repos. La nuit était triste et glaciale ; je la passai en plein air et, pendant une partie, enfoui sous de la paille, qui heureusement me fit un lit plus chaud que je ne l'aurais espéré. Nous étions, je me souviens, autour d'une grosse ferme à demi ruinée, qui avait été, comme toutes les maisons sur notre parcours, un centre de résistance. Il y avait là dedans une dizaine de blessés, dont sept zouaves, laissés sans secours. C'était bien triste. Ils réclamaient de l'eau. J'en allai chercher aux environs. Je vois encore un de ces malheureux : blessé à la gorge, la bouche et la figure en sang, il me demandait de l'eau d'une voix déchirante. Chaque fois que j'essayais de lui en faire avaler une goutte, c'étaient des cris comme si je lui eusse plongé un fer rouge dans le gosier. Je craignais de lui faire plus de mal que de bien, et, pour obéir au docteur mandé en toute hâte, qui exigeait qu'on ne le dérangeât pas, je me retirai.

« Mais bien des fois, pendant cette nuit, j'entendis, à travers les murs, sa voix râlante sollicitant l'aumône d'un peu d'eau.

« Enfin je parvins à m'endormir, et, malgré le froid, je fis un assez bon somme dans la paille. Le lendemain, au jour, nous allâmes rejoindre l'état-major et le reste de la légion, dont nous avions été séparés à la prise du mamelon.

« Il faisait un temps splendide, un beau soleil d'Italie. Nous étions réunis depuis une heure, quand la

fusillade reprit autour du château. Nous nous attendions à une seconde journée de siège, mais l'ardeur
des assiégés dura peu. Bientôt, nous vîmes sortir des
parlementaires : la forteresse de Mentana et tous ses
défenseurs, environ trois cents hommes, se rendaient
à nous. Cette capture, jointe à celle de la veille, de
la nuit et de la matinée, portait le nombre de nos prisonniers à dix-huit cents. On apprenait en même
temps que Monte-Rotondo était évacué. Garibaldi
avait décampé; les bandes, dispersées ou disparues,
nous abandonnaient plus de sept mille armes, et nos
canons étaient repris. La bataille de la veille les
avait dégoûtés d'un second siège à soutenir. Si le
succès dépassait notre attente, il la trompait aussi.
car nous espérions nous emparer de toute cette
armée.

« Alors, nous pûmes aller visiter le château, percé
de part en part de nos boulets et incendié sur certains points. Dans le village, toutes les portes étaient
brisées, on y aurait en vain cherché un morceau de
pain, et l'on voyait les malheureux habitants, pâles
et à demi hébétés par la terreur, errer au désespoir
devant leurs maisons dévastées. Quel triste spectacle! J'ai parcouru les rangs des prisonniers : les
trois quarts étaient vêtus comme de petits bourgeois
ou des ouvriers; il y avait peu de paysans. Les gradés, à peu près seuls, avaient la chemise, la casquette rouges et un semblant d'uniforme.

« Enfin, le mercredi nous revînmes à Rome, vers le

soir, au milieu de l'enthousiasme général : acclama-
tions, vivats, fleurs, mâts, drapeaux, mouchoirs agités, etc., rien ne manquait à l'élan de cette réception toute spontanée. Quelques jours après je rentrai
en France.

« Et voilà comment, ajouta Strasweck, se termina
l'expédition de Mentana.

— Quelle campagne avez-vous faite après celle-ci?

— Je n'ai plus fait de campagne à l'étranger, j'ai
simplement pris part, comme soldat du 2ᵉ d'artillerie,
à la terrible guerre de 1870-71.

« Mais, il est un peu tard pour vous en parler aujourd'hui, et puis je ne me sens pas bien; j'ai des
frissons, et la tête me brûle. Je m'en vais me coucher... »

Puis, en s'éloignant, l'invalide me cria :

« A dimanche! »

.   .   .   .

Or comme, le dimanche suivant, j'arrivais à la grille
des Invalides, j'aperçus, débouchant de la poterne
de la cour d'honneur dans le grand jardin de l'esplanade, un enterrement en tête duquel marchaient les
capitaines Mery et Colombain, en grande tenue. Derrière eux venait un cercueil porté à bras d'hommes
par quatre invalides. Une quinzaine de vieux brisquards suivaient, graves et tristes.

Lentement, le funèbre cortège traversa le jardin.
Arrivé à la grille, le cercueil fut déposé sur un cor-
billard et livré aux autorités civiles.

Alors, comme je demandais au caporal Crossard, planton de service, à la porte de l'esplanade, quel invalide on enterrait là, il me répondit avec tristesse :

« C'est Strasweck, ancien combattant de Zaatcha, de Crimée, d'Italie, de Mentana, de 1870-1871. Ce fut un homme brave, et en même temps un brave homme... Il sera vivement regretté de tous ses collègues... »

Telle fut la courte oraison funèbre prononcée par l'invalide Crossard devant le cercueil du malheureux fiancé d'Antoinette.

L'EX-ZOUAVE GÉRONDEAU

AU MEXIQUE. — VERA-CRUZ. — LES GUERILLEROS. — LE DIABLE ROUGE. LE DIABLE VERT. — LE DIABLE NOIR. — LES ÉCORCHÉS DE LA FORÊT CHAUDE. — SAN-AGOSTINO-DEL-PALMAR. — LA FUSILLADE. — DEVANT PUEBLA. — L'ATTAQUE DU PÉNITENCIER. — LE COUVENT DE SANTA-INÈS. — AU FORT CARMEN. — UN CULOT D'OBUS DANS L'ÉPAULE.

GÉRONDEAU

Comme je traversais l'immense et déserte cour d'honneur, je rencontrai l'invalide Gérondeau qui sortait du bureau de tabac.

Le vieux guerrier, m'abordant d'un air confus, me demanda si je disposais de quelques minutes.

Et sur ma réponse affirmative :

« J'ai, dit-il, à vous parler sérieusement.

« — De quoi donc, mon brave?

— De mes campagnes; car il faut vous dire qu'hier je ne vous les ai pas toutes racontées.

— En effet, dis-je, en désignant une de ses nombreuses médailles, je vois que vous avez fait la campagne du Mexique.

— Je vous crois; c'est là que j'ai été blessé d'un éclat d'obus dans l'épaule. Si vous voulez me suivre au réfectoire, je vous raconterai ça en déjeunant. »

Nous nous dirigeâmes vers le réfectoire.

En passant devant les cuisines, Gérondeau me montra la marmite légendaire où se faisait jadis la soupe pour les six mille invalides. C'est dans cette marmite immense que tomba, il y a soixante ans, le chef cuisinier Antoine. Il s'y serait infailliblement noyé, sans le dévouement de son plongeur, un jeune homme de vingt-cinq ans, qui, n'écoutant que son courage, se jeta tout habillé dans le bouillon et parvint à saisir son maître par son tablier, au moment où celui-ci allait disparaître... pour toujours!

Dans le réfectoire, vaste salle éclairée par six hautes fenêtres, une trentaine d'invalides déjeunaient par petites tables, sous la surveillance d'un adjudant.

Gérondeau alla s'attabler à l'une d'elles, entre l'invalide Lemaire, vétéran de Crimée, d'Algérie et d'Italie, et l'invalide Mermod, ex-chasseur d'Afrique, ex-dragon, décoré des médailles de Crimée, d'Algérie, d'Italie et du Mexique, de la médaille militaire et de la Légion d'honneur.

Un planton de service apporta un plat où une dizaine de portions de rosbif s'étalaient, alléchantes, mais superficielles. Pour éviter des discussions au sujet du choix des portions plus ou moins grasses, l'un des brisquards employa ce moyen, vieux comme l'hôtel des Invalides, mais d'une simplicité charmante, et qui consiste à faire tourner vivement le plat en le posant sur la table. Quand le plat a terminé son cycle d'évolution, si j'ose m'exprimer ainsi, chaque invalide doit prendre le morceau que le hasard a placé devant lui... Ce moyen fort simple et peu coûteux n'est pas encore adopté dans les lycées, collèges et pensionnats, mais espérons qu'un ministre réformateur saura l'y faire admettre, pour mettre fin à ces discussions incessantes et déplorables, à tous les points de vue, qui s'élèvent entre les élèves, au sujet des portions, fort inégales quant à la superficie.

Mais abandonnons le rosbif et revenons à nos moutons. Tout en découpant la portion qui lui était échue, l'invalide Gérondeau commença le récit de sa campagne du Mexique.

. . . .

« Quand éclata cette maudite guerre du Mexique, j'étais au 2e zouaves, à Oran. Je m'embarquai avec mon régiment sur le *Triton,* un vieux bateau.

« La traversée fut assez pénible. Avant d'arriver à la Vera-Cruz, une tempête nous lança sur des récifs où nous faillîmes sombrer. Ah! je crus bien que ma dernière heure était sonnée...

« Mais voilà que je vous parle d'une tempête, et ce n'est pas pour ça que vous êtes venu. Tout le monde en a vu, des tempêtes.

— Je te crois, » dit l'invalide Lemaire, après avoir sifflé d'un trait son verre de vin blanc.

Et, se tournant vers moi :

« Tenez, moi qui vous parle, j'ai failli *naufrager* sur les côtes de Sardaigne, lors de notre départ pour la Crimée. Nous l'avons échappé belle... Sans l'énergie et l'habileté du capitaine, nous aurions eu le même sort que la *Sémillante,* partie la veille et perdue corps et biens.

« Figurez-vous que la *Sémillante...* »

Et Lemaire allait se lancer dans un nouveau récit, lorsque Gérondeau, abattant un violent coup de poing sur la table :

« Mais, cré tonnerre de Brest, laisse-moi donc finir mon histoire, tu raconteras la tienne après...

« Voyons, où en étais-je? Sacré Lemaire, il me fait embrouiller le fil de mes idées.

— Vous me disiez que vous aviez failli faire naufrage...

— Oui, c'est vrai. Bref, après une traversée assez mouvementée, nous débarquâmes à Vera-Cruz, une petite ville aux rues larges, tirées au cordeau et coupées à angle droit, mais d'une saleté à faire rougir un porc. Les moustiques qui y pullulaient nous dévoraient la nuit et le jour. Je ne vous parle pas de la vermine, car elle nous suivait depuis Kamiesch.

Quant à la chaleur, elle était suffocante. Nous apprenons là que l'armée du président Juarez nous attendait à Mexico, où nous devions nous rendre en passant par Puebla; mais tout d'abord, nous dit-on, il faudra prendre Puebla, défendue par les troupes du général mexicain Ortega. De plus, nous aurions à combattre, tout le long de la route, les *guerilleros,* dont la tactique consiste à harceler nos troupes, nos arrière-gardes, et à capturer nos convois.

« Bref, trois jours après notre arrivée à Vera-Cruz, nous partons pour Santa-Fé, qui se trouve à douze kilomètres. La marche fut d'autant plus pénible que les chemins étaient sablonneux et qu'on y enfonçait jusqu'à la cheville. Nous partions toujours dès l'aube, nous marchions tout le jour, ne nous arrêtant que le soir pour jeter nos tentes et camper où nous nous trouvions. Enfin, au bout de quinze jours de marches exténuantes, nous arrivâmes à Jalapa. Là, nous apprenons qu'une avant-garde de cavalerie, ayant rencontré une bande de guerilleros, leur avait tué ou blessé cinquante ou soixante hommes et capturé autant de chevaux. De notre côté, nous avions eu deux soldats tués et cinq blessés. C'était la danse qui commençait. Le lendemain, à Guerro-Cordo, une troupe de Mexicains, dissimulée derrière des cactus, tira sur nos troupes. Une compagnie, envoyée contre ces tirailleurs, ne tarda pas à les débusquer et à les mettre en fuite. Mais, ceux-ci revinrent, deux kilomètres plus loin, attaquer notre arrière-garde. Ces guerilleros étaient, avec les moustiques, nos plus cruels ennemis. Divisés en trois bandes, dont les chefs, aussi audacieux que féroces, se faisaient appeler, l'un le Diable Vert, l'autre le Diable Noir, et le troisième le Diable Rouge, ils étaient partout présents et partout invisibles et insaisissables. Montés sur des chevaux rapides, armés d'excellents fusils, très bons tireurs, ils se mettaient en embuscade soit derrière des cactus, soit à l'abri des murs d'une hacienda, déchargeaient leurs armes sur nous, puis, tournant le dos, filaient comme le vent. Un jour que nous grimpions les derniers échelons de la Cordillère pour arriver sur le plateau de Perote, l'avant-garde se trouva subitement en présence d'un millier de guerilleros qui s'étaient dissimulés dans un pli de terrain. Aussitôt ils lâchent une décharge et prennent la fuite. Le général Bazaine, qui était en tête de la colonne, faillit être tué. Cinq des nôtres furent blessés, parmi lesquels le capitaine Fourgue, qui reçut une balle dans la tête. Ce malheureux mourut quelques jours après. Ah! ces guerilleros! ce qu'ils nous en ont donné du mal! Malheur aux traînards qui tombaient entre leurs mains! Ils étaient immédiatement emmenés dans la forêt Chaude, où le Diable Rouge les écorchait vifs, leur crevait les yeux, leur arrachait la langue, se livrait sur eux à d'épouvantables et monstrueuses mutilations. Nous eûmes un jour sous les yeux le spectacle atroce de leur férocité! Une bande de guerilleros attaqua un soir, sur la route de Vera-Cruz à San-

Agostino-del-Palmar, un convoi de vivres, de poudre et de cartouches qu'accompagnait une faible escorte. Voyant la résistance impossible, le capitaine qui commandait l'escorte fit sauter le convoi et se tua, pour ne pas tomber vivant entre les mains des bandits. Mais le cantinier et la cantinière furent faits prisonniers et entraînés dans la forêt, repaire habituel des guerilleros. Averti de ces faits, notre colonel nous envoya à la poursuite de ces bandits. Après deux jours de marche dans la forêt remplie de serpents, et parmi les marécages où s'ébattaient des caïmans, nous arrivâmes dans une clairière, où un spectacle affreux s'offrit à nos regards.

« Attachés aux troncs de deux arbres, le cantinier et la cantinière du convoi capturé avaient la peau du corps entièrement enlevée ; leur ventre ouvert laissait échapper les entrailles, les ongles de leurs pieds et de leurs mains étaient arrachés, ils avaient le nez coupé ; dans leurs yeux crevés et vides et d'où suintaient des larmes de sang, de longues épines étaient enfoncées ; de leur bouche ouverte et dont la langue avait été coupée, des mouches bleues s'échappaient en bourdonnant.

« C'était un horrible spectacle que celui de ces deux suppliciés devenus noirs et secs sous l'ardeur du soleil, au milieu de la flore tropicale du Mexique, parmi les flamboyants qui semblaient teints de leur sang.

« Les zouaves, mes camarades, pourtant peu sensibles, en étaient révoltés ; aussi se promettaient-ils de ne faire aucun quartier à la bande du Diable Rouge.

« A quelque temps de là, un Indien nous avertit que des guerilleros venaient d'arriver dans un village voisin. Une compagnie y fut envoyée, cerna le village, puis y pénétra aussitôt baïonnette au canon ; les guerilleros voulurent s'enfuir, mais ils furent tués ou capturés. C'était la fameuse bande du Diable Rouge. Cependant le chef ne se trouvait ni parmi les tués ni parmi les blessés ; on pensa qu'il devait se cacher. On le cherchait depuis longtemps et on désespérait de le trouver, lorsqu'un zouave, passant près du four d'une hacienda, eut l'idée d'en soulever la plaque de tôle. Bien lui en prit, car il aperçut deux grands pieds éperonnés, tandis que dans l'ombre du four brillaient deux yeux ronds et farouches. Il tira les deux pieds, ce qui lui fit voir deux longues jambes, lesquelles se mirent à ruer désespérément.

« Il ne fallut pas moins de six zouaves pour arracher de son four le bandit, qui s'y accrochait avec l'obstination d'un monsieur qui veut se faire incinérer.

« Le Diable Rouge était un grand gaillard sec et osseux, au visage tanné, boucané et d'expression plutôt féroce. Il était vêtu d'un dolman rouge, d'un pantalon gris, collant sur les cuisses, évasé du bas, fendu sur le côté et bordé de grelots de laine. Un vaste sombrero garni de pampilles et entouré d'un bourdalou d'or couvrait sa tête.

« Le lendemain matin, nous repartîmes pour San-Agostino-del-Palmar, emmenant avec nous le Diable Rouge et quinze guerilleros de sa bande.

« Nous passâmes à Alcucengo, gros village indien. On traversa les Cumbrès, étroit défilé où la route grimpe entre deux montagnes, ou plutôt deux véritables murailles d'une hauteur prodigieuse et qui s'étendent à perte de vue. Nous employâmes une journée à franchir les Grandes Cumbrès. Puis, il nous fallut traverser les Petites Cumbrès, défilé également très étroit et très rapide. Enfin, le soir du second jour, nous aperçûmes, des hauteurs où nous étions, une immense plaine dorée par le soleil couchant et que limitait, dans un lointain bleuâtre, une ligne de montagnes. On fit halte dans le bourg de la Canada. Le lendemain matin, on repartit pour San-Agostino-del-Palmar, où l'on arriva vers deux heures de l'après-midi. C'est là qu'après un jugement sommaire, le Diable Rouge et ses quinze guerilleros furent fusillés.

« L'exécution eut lieu sur la grande place. Une foule de gens du pays étaient accourus pour y assister. Je faisais partie du peloton d'exécution... J'étais donc au premier rang. Le Diable Rouge et ses bandits furent attachés à des poteaux. On leur avait bandé les yeux. Soudain le chef commanda : En joue!... feu. Et ran!... Justice était faite.

« Après quelques jours passés à Palmar, on se remit en marche pour aller à Puebla. Lorsque nous campions pour quelques jours dans un village, nous organisions des petites fêtes. On avait même monté un petit théâtre où les zouaves, toujours drôles, chantaient la chansonnette comique ou la romance à la mode... de Paris.

« Le 16 mars, nous arrivions au bivouac de Chachapa, qui se trouve à six kilomètres de Puebla.

« Le 17 au matin, nous débouchâmes dans la plaine de Puebla : c'est d'ailleurs tout ce que nous avons débouché ce jour-là.

« Il faisait un temps splendide. Je m'en souviens comme si c'était d'hier. Des hauteurs où nous nous trouvions, nous distinguions très bien Puebla, avec ses rues en damiers, ses places immenses, tandis qu'au-dessus des toits montaient vers le ciel les flèches de ses clochers en globule, bâtis dans le style espagnol, les dômes et les clochetons de ses couvents. Et tout autour de la ville s'élevaient, admirablement cultivées, des villas, des haciendas, des fermes, parmi des bouquets de bois.

« Toutes ces villas, toutes ces haciendas, toutes ces fermes, allaient devenir un cimetière, le cimetière de six mille de mes camarades.

« Mais le temps était si beau, le ciel si bleu, le soleil si brillant, l'air si pur ; des fleurs et des verdures montait un parfum si doux ; les régiments étaient si beaux, avec leurs armes astiquées et reluisantes comme pour une revue, les musiques jouaient des airs si gais... et nous étions si jeunes !!! que nul de nous ne songeait à la mort si proche. Et pourtant, combien de nous allaient mourir sur cette terre étrangère, loin de leur pays, loin de leurs parents! Et pour quelle cause! pour quelle mauvaise cause!

« Nous comprenions bien, et beaucoup de nos officiers comprenaient bien aussi que la guerre que nous faisions là était injuste. Mais nous n'avions pas à savoir si la guerre était injuste ou non, notre devoir était de nous battre, de vaincre ou de mourir. C'était le programme, nous l'avons exécuté... A vrai dire, personne ne croyait à une résistance sérieuse de Puebla.

« On pensait généralement qu'après un simulacre de défense les assiégés se rendraient dès le premier assaut. Oui, mais macache. Il nous fallut près de deux mois de siège.

— C'est comme à Sébastopol, interrompit Lemaire en vidant son verre. On croyait pouvoir s'emparer de la ville dès le premier jour du siège. Or il nous a fallu onze mois pour prendre cette ville. Tenez, faut que je vous raconte ça. »

Et, renversé sur sa chaise, essuyant d'un revers de main sa moustache blanche, il commença :

« Figurez-vous qu'à Malakoff...

— Allons, bon! dit Gérondeau, le voilà parti à nous raconter le siège de Sébastopol. »

Puis, abattant son poing sur la table, qui trembla avec les verres et les bouteilles :

« Mais, sacré mille tonnerres, laisse-moi donc finir mon histoire, tu raconteras la tienne après. »

Lemaire, obéissant, se tut, et Gérondeau continua :

« Je vous disais donc qu'à Malakoff... les Mexicains...

— A Malakoff? les Mexicains?

— Non, je veux dire à Puebla. Sacré Lemaire, il me fait embrouiller... Je vous disais donc que nous croyions enlever Puebla dès le premier jour. On croit toujours ce que l'on désire. Mais macache.

« Le soir même de notre arrivée à Puebla, fut préparée la ligne d'investissement. Nous campâmes en vue des remparts, et, après cette journée de marche, chacun rentra dans sa tente; je fis comme tout le monde. Vers le milieu de la nuit, je fus réveillé par le hennissement d'un cheval. Je tentai de me rendormir, mais ce fut en vain. Toutes sortes d'idées me passaient par la tête; je revoyais dans ma mémoire tous les pays que nous avions traversés depuis notre débarquement à la Vera-Cruz... les bois, les plaines, les villes et les villages, les défilés des Cumbrès, la forêt Chaude où nous avions trouvé le cantinier et la cantinière si horriblement mutilés, le Diable Rouge avec son air féroce, la place de San-Agostino-del-Palmar, les quinze bandits attachés aux poteaux, la fusillade, les cadavres percés de balles... puis l'arrivée dans la plaine de Puebla, la ville aperçue des hauteurs environnantes, etc.

« Un vent tiède passait sous nos tentes et me caressait le visage; par une fente de la toile, j'apercevais le ciel bleu où brillait une lune d'argent. Il devait faire bon dehors. Je me levai, j'allumai une pipe et je sortis. La nuit était splendide. Dans le ciel clair parsemé d'étoiles, la lune, toute ronde, jetait sa clarté bleuâtre sur la plaine immense et silencieuse où dormait toute une armée. Les remparts, les clochers, les dômes des églises et des couvents de Puebla, découpaient un écran d'ombre dans le ciel clair. Par instants, des cloches faisaient entendre leur carillon argentin, puis tout retombait dans le silence.

« Je restai de longues heures dehors, buvant l'air frais de la nuit, admirant ce spectacle merveilleux qui s'offrait à mes yeux sous la clarté lunaire ; puis ma pensée se reportait de l'autre côté des mers, dans ma ville natale, où je me souvenais avoir vu des nuits semblables à celle-ci, dans les prairies qui bordent la Loire. Singulière destinée, pensais-je, que celle du paysan qui, poussé par l'esprit d'aventures, se fait soldat, quitte son pays pour aller porter la dévastation en d'autres pays, jusqu'alors de lui inconnus, et faire la guerre à d'autres paysans contre lesquels il n'a aucun motif de haine et qui pourraient être ses amis. Car enfin, pensais-je, ces gens qui dorment à cette heure dans les haciendas, dans les fermes de la plaine, ne sont point du tout mes ennemis à moi... ils ne m'ont jamais rien fait ; je ne les connais pas, ils ne me connaissent pas. Ce sont des paysans, des laboureurs, des travailleurs qui cultivent la terre, la retournent pour lui faire produire le blé, l'orge, les fruits dont ils se nourrissent et dont ils nourriront leur famille. Et cependant, demain, sans aucun motif, nous incendierons leurs maisons, leurs fermes, nous saccagerons leurs récoltes, leurs plantations, nous sèmerons la misère et la ruine dans cette plaine si riche.

« Et pourquoi tous ces maux?... pourquoi?

. . . .

« Une sonnerie de clairon m'arracha à ma rêverie. C'était le réveil. A l'horizon, un léger bandeau d'or dans le ciel bleu entre deux hautes montagnes annonçait l'aurore. On voyait des ombres s'agiter dans la plaine. Des patrouilles allaient relever les sentinelles. Soudain, une galopade furieuse se fit entendre, et j'aperçus à cent mètres de moi un cheval échappé après lequel couraient plusieurs chasseurs d'Afrique, qui juraient comme des démons. Plus loin, sur les remparts de la ville, on apercevait les silhouettes des Mexicains, reconnaissables à leur large sombrero. Cependant, nos tambours sonnaient la diane; c'était, d'un bout du camp à l'autre, un roulement ininterrompu que dominait la note claire des clairons. Tout le monde se levait. Je rentrai dans ma tente, je cassai une croûte et bus un verre d'eau-de-vie pour me réchauffer, car la matinée était fraîche. Bientôt, tous les régiments furent sur pied. Mais l'heure de l'assaut n'était pas encore sonnée. Il fallait d'abord procéder aux travaux d'approche par l'ouverture des tranchées.

« Le 20 commença la première parallèle. Le 25, le

génie ouvrit une seconde parallèle, et l'artillerie commença l'installation de ses batteries.

. . . .

« Le 28 mars au soir, les travaux d'approche étaient à environ soixante mètres du saillant du bastion. Notre artillerie ouvrit le feu sur le fort Saint-Xavier. En peu de temps la brèche fut praticable. L'ordre d'assaut fut donné à cinq heures. On partit d'abord au pas accéléré, mais le sifflement des balles à nos oreilles, les boulets qui tombaient à nos côtés, le grelottement de la mitraille dans les baïonnettes, les obus qui semaient la mort dans nos rangs, nous agaçaient et nous énervaient tellement, qu'on prit le pas de gymnastique et qu'on se rua dans la brèche, où les Mexicains tentèrent de nous repousser. Ils se battaient comme des furieux. Je les vois encore avec leurs faces maigres et jaunes, leurs grands yeux noirs et brillants, leur air farouche. Ils ne voulaient pas céder d'un pas, mais, à coups de crosse de fusil sur la tête, à coups de baïonnette dans le ventre, on finit par les rejeter hors du fort Saint-Xavier, où ils voulaient se maintenir. Le crépuscule commençait à tomber lorsque le clairon sonna la retraite. Il était trop tard pour avancer plus loin. Nous dûmes nous contenter de la prise du fort et remettre la partie au lendemain.

« Cette première bataille nous avait coûté cent vingt hommes tués ou blessés. Mais nous avions mis deux cents Mexicains hors de combat et fait cent dix prisonniers. Parmi les blessés se trouvait le général d'artillerie de Laumière, qui reçut une balle dans la tête, blessure dont il mourut quelques jours après.

« Le lendemain, nouveau combat de nuit, au cours duquel on s'empara d'un pâté de maisons. Il faut vous dire qu'au Mexique les rues des villes sont toutes à angle droit, et les pâtés de maisons ont environ cent soixante mètres de long sur soixante de large. Si bien que chaque cadre était une véritable forteresse barricadée, bien défendue, et contre laquelle la lutte était plus meurtrière pour l'assaillant que pour le défenseur.

« Je me souviendrai toujours de l'attaque d'un de ces cadres, en lequel se trouvaient l'église de Santa-Inès et un couvent du même nom. Notre artillerie avait établi une batterie de brèche pour démolir ce couvent et des mines pour faire sauter le mur par-dessus lequel les Mexicains nous tiraient dessus. Ce cadre une fois en notre possession, la prise du fort Carmen n'était plus qu'une question d'heures.

« Avant l'attaque de Santa-Inès, on devait d'abord faire sauter les fourneaux de mine, puis, une fois la brèche faite, se ruer sur les Mexicains et les culbuter à coups de baïonnette. Malheureusement, un violent orage survenu à ce moment noya sous des torrents d'eau les tranchées et les galeries de mine, menaçant de mouiller nos poudres si l'on attendait une minute de plus. Alors on fit sauter les fourneaux, le mur du couvent tomba, et qu'est-ce que nous vîmes?... Un grand jardin coupé dans toute sa largeur par une grille en fer à demi couchée, les pointes tournées vers nous.

« Dans le même moment, une violente fusillade partait des fenêtres du couvent. Notre artillerie ouvrit alors un feu sur la cambuse et parvint à faire une brèche dans le mur. Sous les boulets, un bout de la grille tomba sur une longueur de douze mètres.

« C'était suffisant pour passer. Alors, nos officiers commandent l'assaut. Pour sortir du cadre 30 où nous étions, on dut ouvrir les portes que traversaient déjà les balles ennemies; mais comme on s'élançait au dehors, les Mexicains, s'étant remis derrière les murs du couvent, fusillèrent nos premiers rangs. De tous les côtés où nous allions, nous recevions des balles, et il était impossible d'avancer. Voyant cela, le général Douai ordonna la retraite et remit la partie à une autre fois.

« Quelques jours après, à l'attaque du fort Carmen, je recevais dans l'épaule un culot d'obus. Sous la secousse, je tombai à la renverse, inanimé. Puis je sentis qu'on me tenait par les pieds et qu'on me traînait sur le sol comme une guenille.

« J'ouvris alors les yeux, et je reconnus un zouave et mon capitaine. Je leur criai :

« — N... de D... de coch... je ne suis pas encore mort, vous me faites mal.

« Puis, je perdis connaissance.

« Quand je revins à moi, j'étais dans un bon lit, au milieu d'une belle salle dont les fenêtres donnaient sur la campagne tout ensoleillée.

« C'était une salle de l'hôpital de Pont-Mexico. J'y restai jusqu'à ce que ma blessure fut cicatrisée. Après quoi, je revins en France... Mon service militaire était terminé. »

L'EX-ZOUAVE REYNAUD

SOUVENIR DE L'INSURRECTION DES OULAD-SIDI-EL-CHEIK. — SIDI-HAMZA.
— L'AFFAIRE DE GERYVILLE. — MEURTRE DU COLONEL BEAUPRÊTRE.
— LA RÉPRESSION.

REYNAUD

L'invalide Reynaud me reçoit dans sa chambre, qui ressemble plutôt à une véritable volière, car des oiseaux de toutes sortes s'y ébattent, y chantent, y voltigent en toute liberté.

Ce conquérant, qui compte plus de vingt-cinq années de services militaires, est, avant tout, un sentimental. Il aime les fleurs ainsi que les oiseaux, et ses plus doux instants sont ceux qu'il passe dans sa volière au milieu de ses canaris, de ses bouvreuils, de ses rossignols, qui constituent aujourd'hui son unique famille.

L'invalide Reynaud est aussi un modeste, comme tous les braves; il ne veut raconter ni ses campagnes ni ses exploits. Il craint de passer pour un hâbleur, et s'il s'est couvert de gloire en maints combats, en Crimée, en Italie, en Algérie, il ne veut pas qu'on le sache.

Cependant, je parviens, à force d'insistance, à lui arracher quelques bribes de phrases qui me permettent de reconstituer en partie son passé militaire.

« Je me suis engagé à dix-huit ans, en 1853, au 7ᵉ léger. J'ai pris part, en 1854, à la campagne de Crimée. Embarqué le 6 mai sur le *Suffren,* je débarquai un mois après à Gallipoli, en Turquie. De Gallipoli, nous nous rendîmes à Varna, d'où l'on s'embarqua pour Kamiesch.

« En Crimée, je pris part à la bataille de l'Alma, à celle d'Inkermann et à l'assaut du Mamelon-Vert, où je fus enseveli sous un éboulement de terre et légèrement blessé.

« Revenu en France, je m'engageai au 4ᵉ voltigeur de la garde et je pris part à la campagne d'Italie.

« En 1863, je rengageai au 2ᵉ zouaves, à Oran.

« En mai 1864, je pris part à la répression de la révolte des Oulad-Sidi-el-Cheik, révolte fomentée par le Bach-Agha-Sidi-Sliman-ben-Hamza et son oncle Si-El-Ala-ben-Abou-Bekr, qui s'étaient mis en marche sur Géryville.

« Dès que la nouvelle de cette insurrection avait été connue à Alger, le maréchal Pélissier avait envoyé sur le Djebel-el-Etmour le colonel Beauprêtre avec cent hommes d'infanterie et un escadron de spahis.

« Le 28 mars, Beauprêtre arrivait à Aflou, où il trouvait tous ses goums réunis.

« Le 7 avril, il venait camper sur les eaux des Aouit-nat-Bou-Bekr, à vingt kilomètres environ de Géryville.

« Au lendemain, dès l'aube, Sidi-Sliman envahissait le camp du colonel Beauprêtre, pénétrait dans la tente de celui-ci et le tuait d'un coup de pistolet en plein front. Mais, aussitôt, Sidi-Sliman tombait, tué par l'ordonnance de Beauprêtre.

« La lutte continuait dans le camp entre les Arabes du Bach-Agha et la petite troupe de Français, trahis par les goums.

« Sous le nombre sans cesse croissant de leurs ennemis, les malheureux fantassins ne tardèrent pas à succomber. Ils furent massacrés jusqu'au dernier.

« Quand, quelques mois après, nous passâmes sur l'emplacement où avait eu lieu ce sanglant combat, nous ne trouvâmes plus que des ossements, des crânes à demi enfouis dans la terre.

« Mais la répression fut terrible.

« Nous vengeâmes cruellement nos malheureux frères d'armes, en nous montrant sans pitié pour les

Oulad-Sidi-el-Cheik dont nous nous emparâmes au cours des différents combats.

« Cependant, nous faillîmes éprouver un nouveau désastre à Aïn-el-Katha, le 23 avril.

« Attaquée par le marabout Mohammed-Hamza, à la tête de cinq mille cavaliers et de nombreux fantassins, notre colonne ne put se tirer du combat qu'après avoir éprouvé des pertes sérieuses.

« Je terminai mes vingt-cinq années de service dans la garde républicaine.

« Voilà tout ce que j'avais à vous dire. »

Sur ces mots, je quittai le vieux brisquard, le laissant seul avec ses oiseaux, qui pendant ce temps n'avaient cessé ni de chanter, ni de pépier, ni de voltiger autour de nous.

L'EX-LANCIER ZUCKMEYER

ET

L'EX-FANTASSIN ROUX

UN VIEUX DE LA VIEILLE. — SOUVENIRS DU COUP D'ÉTAT. — EN ALGÉRIE. — LA GUERRE DE 1870-1871. — WŒRTH. — COULMIERS. — ROUX CINQ FOIS BLESSÉ.

ZUCKMEYER

Sur un banc de la cour d'Alger, deux vieux brisquards, assis sur un banc, graves et immobiles, chauffaient leurs rhumatismes au bon soleil de mai.

C'étaient l'invalide Zuckmeyer, ex-lancier, ex-chasseur d'Afrique, et l'invalide Roux, ex-fantassin, du 3e de ligne.

Sollicités par moi d'exposer leurs états de services, les deux vieux braves y consentirent bien volontiers. Mais ils furent brefs.

« J'ai vingt-cinq ans de services et quatorze campagnes, me dit Zuckmeyer.

« Je me suis engagé en 1849, au 3ᵉ de ligne, en garnison à la Pépinière.

« Ma première campagne — une campagne qui compta pour deux — date du coup d'État de 1851. Ce jour-là, nous fîmes des patrouilles sur la rive gauche, rue du Cherche-Midi.

« Les émeutiers voulurent nous barrer la route en dressant une barricade. Après quelques coups de fusil de part et d'autre, ils s'enfuirent, et nous enlevâmes cette barricade.

« Je rengageai au 7ᵉ chasseurs à cheval à Pontivy. Puis, en 1859, je passai au 2ᵉ chasseurs d'Afrique.

« Je restai en Algérie jusqu'en juillet 1870, époque à laquelle je revins en France et pris part à la bataille de Frœschwiller.

« Depuis le commencement de l'action, nous étions restés inactifs, derrière les cuirassiers, attendant avec impatience l'ordre de charger. Par instants, des obus lancés par les batteries prussiennes tombaient dans nos rangs et nous tuaient du monde. C'est ainsi que fut tué M. Salmon, notre lieutenant, atteint dans les reins par un éclat d'obus. Vers trois heures de l'après-midi, le général de Nansouty nous fit disposer par échelons d'escadrons, la gauche en avant, pour charger une forte colonne d'infanterie, suivie par deux

batteries qui s'établirent bientôt au-dessus d'Elsasshausen et ouvrirent un feu d'enfer et de mitraille
sur les cuirassiers du général de Bonnemain. A ce
moment, le colonel Poissonnier reçut une balle dans
la tête ; il étendit les bras, porta la main à son front
et tomba de cheval.

« Le sous-lieutenant Fresnaye fut aussi mortellement blessé.

« Les obus et les balles, arrivant de tous les côtés, pleuvaient sur nous. Alors, le lieutenant-colonel
Guyon-Vérnier ordonna la retraite. Nous nous reti-
râmes jusqu'à l'entrée de Reichshoffen, et nous mîmes
pied à terre derrière un parc. Nous étions là depuis
dix minutes, quand des cuirassiers, arrivant en désordre, nous annoncèrent qu'ils étaient poursuivis
par plusieurs régiments prussiens. Le général leur
ordonna de s'arrêter et nous fit monter à cheval. Au
même instant, des uhlans apparurent près du village
de Reichshoffen, puis deux pièces d'artillerie ouvrirent le feu sur nous. On nous fit alors gagner la
route. Mais là, impossible de tourner à droite ou à
gauche. D'un côté c'était l'ennemi, de l'autre le village de Reichshoffen, encombré de chariots et de voitures de toutes sortes. Nous allions être faits prisonniers par les Prussiens, qui s'avançaient rapidement, lorsqu'un de nos lieutenants, M. Durckeim de
Montmarin, s'approcha du général et lui dit qu'il
connaissait un passage dans le parc.

« Le général nous ordonna de le suivre. Il nous

conduisit devant une grille dont on brisa la chaîne de fermeture à coups de hachette. On entra ainsi dans le parc, dont on referma et dont on barricada la porte après notre passage.

« Pour gagner la campagne, il fallait passer sur un pont de bois très fragile, jeté sur un fossé de trois mètres de largeur. Le général était déjà passé avec le 4ᵉ peloton du 5ᵉ, quand, sous le poids des chevaux, le pont cassa. Plusieurs cavaliers tombèrent avec leurs montures. Les autres, parmi lesquels j'étais, restaient encore dans le parc. Il fallait cependant se hâter de sortir, car les artilleurs prussiens nous criblaient d'obus, tandis que les escadrons wurtembergeois, accourus à la hâte et debout sur leurs étriers, nous fusillaient par-dessus le mur du parc, où ils n'avaient pu entrer.

« Enfin, en éperonnant nos chevaux, on put franchir ce fatal fossé, où tombèrent encore quelques cavaliers.

« Enfin, lorsqu'on fut de l'autre côté, chacun rallia son peloton, puis, en remontant au galop la colline que labouraient les obus prussiens, on parvint à gagner la route de Saverne. Nous y rencontrâmes plusieurs corps en déroute.

« Avec les débris de notre régiment, je revins à Châlons, d'où on repartit pour Sedan. Mais la malechance était contre nous. A Sedan, comme à Frœschwiller, nous fûmes battus. Avec toute l'armée de Mac-Mahon, je fus fait prisonnier.

« Tandis qu'on nous emmenait en Allemagne, je parvins à m'échapper.

Je repris du service dans l'armée de la Loire et j'eus l'honneur de prendre part à la bataille de Coulmiers, qui, pour nous, fut une victoire, la seule, hélas !

« Après les combats d'Arthenay et de Neuville-au-Bois, une partie de mon régiment, rejeté vers l'Est, vint se joindre à Bourbaki.

« Nous dûmes passer la frontière et nous réfugier en Suisse.

« Après l'armistice, je rentrai en France, et je pris part, comme cavalier au 17e hussards, à la répression de la Commune.

« Voilà toutes mes campagnes. »

. . . .

Citons encore, parmi les combattants de 1870-71 actuellement aux Invalides :

L'adjudant Thiébault, soldat de la classe 1847, vétéran de Crimée et d'Italie.

En 1870, Thiébault prit part aux batailles de Gravelotte, de Saint-Privat, de Ladonchamps. Fait prisonnier à Metz, il fut conduit à Gemmertz (Bavière), où il resta jusqu'à l'armistice.

L'ex-chasseur à pied Thil, déjà nommé, combattant de Gravelotte, de Saint-Privat, blessé d'une balle à la jambe, fait prisonnier à Metz et conduit à Posen.

Le soldat Collet, blessé à Spickeren.

Le soldat Grosclaude, combattant de Gravelotte, fait prisonnier à Metz.

Le soldat Charles, blessé pendant la Commune.

Schwirent, dix campagnes. Action d'éclat à Sedan.

Leblanc, né à Marseille, six campagnes de guerre, deux blessures.

Le soldat Hélie, blessé à Beaumont, d'une balle dans la bouche.

L'adjudant Braud, vétéran de Crimée et d'Italie, officier de la Légion d'honneur.

Le brave sergent Blanc, blessé deux fois à Gravelotte; les soldats Mallet, Lemaire, Gerhard, Luccioni, Delaigne, Dumont, Ambroise Hoffart.

L'invalide Roux, soldat au 3e de ligne, cinq fois blessé, qui raconte ainsi ses souvenirs de 1870-71 :

« Envoyé sur la frontière de l'Est, avec mon régiment, je reçus à Reichshoffen le baptême du feu, un de ces baptêmes dont on se souvient toute sa vie... Je fus cinq fois blessé en l'espace de deux minutes.

« Tout d'abord, je reçus une balle dans la cuisse gauche... Mais je continuai à faire face à l'ennemi; dix secondes après, je recevais une balle dans l'aine. La douleur fut si forte que je lâchai mon fusil et que je fis demi-tour à droite pour aller à l'ambulance. Au même moment, un éclat d'obus m'atteint à la tête et m'arrache le cuir chevelu... Je tombe. En tombant je me casse le bras gauche. De ma main restée libre, je tire mon mouchoir de ma poche pour éponger le sang qui coule sur mon visage. Je reçois alors deux autres balles, l'une pénètre dans mon bras, l'autre me coupe en deux l'index de la main droite.

« Le lendemain, des Prussiens me trouvèrent étendu, sans mouvement, sur le champ de bataille.

« Un officer plein de courtoisie me demanda si je souffrais beaucoup.

« Sur ma réponse affirmative, il me dit : — Je vais vous faire transporter à l'ambulance. — Puis il ordonna à ses hommes de me saluer, ce qu'ils firent avec beaucoup de correction.

« Cinq minutes après, j'étais relevé et transporté à l'ambulance de Wœrth, où les Allemands se montrèrent pleins de bienveillance pour moi. Conduit ensuite à Hagueneau, j'y achevai ma convalescence. Mais, hélas! j'étais infirme pour toute ma vie, et je devais toujours souffrir de mes cinq blessures.

— Vous n'avez pas la croix?

— Mon Dieu, non! répond Roux.

— Vous y auriez droit.

— Pourquoi?

— Vous avez cinq blessures.

— Oui, mais je n'ai... aucune relation. »

L'ADJUDANT GUILLERME

UN SOLDAT DE BUGEAUD. — SOUVENIRS DE LA COMMUNE. — LA BARRI-
CADE DU PONT DE NEUILLY. — BLESSÉ. — UN ÉCLAT D'OBUS DANS LA
CUISSE.

Dans la nef froide de la chapelle, près de la rotonde, je rencontre l'invalide Guillerme, adjudant,
gardien du tombeau de l'Empereur.

Guillerme, assis sur sa chaise, grelotte, tousse,
et éternue dans un mouchoir à carreaux rouges. Il
a le nez gelé, les yeux humides, les pieds glacés. Il
souffre, et il gémit, mais n'abandonnerait pour rien
au monde le poste d'honneur que le gouverneur lui a
confié. C'est pour lui une marque d'estime dont il est
très fier. Et tout en battant le rappel avec ses pieds,
Guillerme m'apprend que le poste de *gardien du
tombeau de l'Empereur* est un poste de combat où il
faut soutenir une lutte âpre et souvent mortelle contre les vents coulis, les courants d'air, le froid, l'humidité. On y attrape des rhumatismes, des fluxions,

des grippes, des névralgies, des maux de dents, des lumbagos, des engelures et... la mort.

Et cependant, lorsqu'un gardien du tombeau meurt à ce poste, victime de son dévouement, dix autres invalides se présentent aussitôt pour le remplacer. L'esprit de sacrifice est toujours vivace chez ces vieux brisquards. Ils sont toujours prêts à mourir pour l'Empereur, et c'est un grand honneur pour eux de garder son tombeau.

Aussi est-ce avec fierté que l'invalide Guillerme dit aux visiteurs de passage dans la crypte :

« C'est moi qui suis le gardien du tombeau de l'Empereur ! »

Guillerme aime aussi à rappeler ses années de service.

« Je suis, dit-il, un vieux soldat d'Afrique, où j'ai débarqué en 1845 ; je fis partie des colonnes infernales qui firent la chasse à Abd-el-Kader, le cernèrent et finalement l'obligèrent à se rendre. J'étais sous les ordres du maréchal Bugeaud, un brave homme et un excellent chef. De retour en France, mon congé terminé, j'entrai dans la gendarmerie.

— Où avez-vous été blessé ?

— A la barricade du pont de Neuilly, pendant la Commune. Je reçus un éclat d'obus à la cuisse.

« Nous venions de Versailles. Comme nous arrivions près de Courbevoie, des communards cachés dans les vignes tirèrent sur nous et nous tuèrent un grand nombre de gendarmes. Alors nous leur donnâmes la chasse. Ils battirent en retraite et se réfugièrent dans une caserne. Mais nous les y suivîmes, les poursuivant à tous les étages, à travers les chambres. La mort de nos camarades nous avait mis dans un tel état de fureur, que l'on tua sans pitié tous ceux dont on put s'emparer. On les frappait à coups de baïonnette, à coups de crosse. On les jetait par les fenêtres malgré leurs cris, leurs supplications. Je me souviens qu'en sortant de cette caserne, j'avais la crosse de mon fusil toute gluante de débris de cervelles, et des cheveux y étaient collés.

« Nous descendîmes en tirailleurs jusqu'au pont de Neuilly, où s'élevait une haute barricade défendue par une centaine d'insurgés qui avaient avec eux des canons et des mitrailleuses.

« Comme nous approchions de la barricade pour l'enlever à la baïonnette, un obus lancé sur nous éclata... Atteint à la cuisse par un éclat, je tombai sans connaissance. Relevé aussitôt, je fus conduit à l'ambulance de Versailles, qui regorgeait de blessés, soldats ou insurgés. On me mit dans une salle où il n'y avait que des communards. Et, ma foi, je n'étais pas très rassuré. Ces gaillards-là, pensais-je, sont capables de se relever la nuit pour m'achever. Alors je pris mon sabre-baïonnette, et je le glissai dans mon lit, à portée de ma main. C'était une mesure de précaution. Mais, malgré cela, je ne fermai pas l'œil de la nuit. Le lendemain, j'obtins qu'on me mit dans une autre salle où il n'y avait pas de communards.

J'y restai jusqu'à ma complète guérison. Après quoi, je repris du service dans la gendarmerie.

« Voilà tous mes souvenirs!... »

Et le gardien du tombeau de l'Empereur se remit à grelotter, à tousser et à éternuer dans son grand mouchoir à carreaux rouges.

LE CAPITAINE COLOMBAIN

COLOMBAIN

Le capitaine Colombain, à la porte duquel j'allai frapper, me reçut dans le spacieux logement qu'il occupe dans l'aile gauche des Invalides et qu'éclairent trois larges fenêtres donnant sur la pittoresque cour d'Alger. En entrant, on s'aperçoit de suite qu'on est chez un guerrier. Des panoplies, des gravures, des tableaux militaires, décorent les murs. Mais le capitaine n'a rien du vieux grognard que je redoutais de rencontrer. Il est, au contraire, d'une grande affabilité et se prête volontiers à l'interview.

Il m'apprend tout d'abord qu'il appartient à une vieille famille militaire. Chez lui, tout le monde est soldat. Son père a fait comme officier toutes les guerres du premier Empire. Ses cinq frères, soldats également, se trouvaient en 1870 devant les Allemands.

« Quand la guerre éclata, me dit le capitaine Colombain, j'étais au 89e régiment de ligne, à Toulon. Immédiatement appelé dans l'Est, je partis avec mon régiment.

« Avant d'arriver à Sedan, nous eûmes à essuyer plusieurs fusillades des Prussiens, qui nous blessèrent et tuèrent un assez grand nombre d'hommes. C'est au cours d'une de ces escarmouches que mon frère fut blessé assez grièvement. Il reçut une... montre dans le flanc.

— Une montre?

— Parfaitement...

— Ceci mérite explication.

— Je vais vous la donner... Écoutez-moi bien. »

Et le capitaine Colombain me raconta l'étrange et pourtant véridique aventure suivante.

« Plus nous approchions de Sedan, plus notre ordinaire était mauvais, insuffisant même. Un jour, las de marcher, le ventre creux, nous nous réunîmes six sergents-majors, dont mon frère et moi, pour nous procurer une poule. L'acquisition faite, l'un de nous installa le volatile sur son sac, en l'y attachant par la patte. A peine la pauvre bête, que nous réservions pour notre dîner, avait-elle pris place sur le poulailler ambulant, qu'elle poussa des gloussements joyeux et... pondit un œuf! Un œuf, quelle friandise! Mais pour six que nous étions, c'était vraiment insuffisant. On tira au sort qui l'aurait. Il échut à un camarade, qui s'en régala. Sur ces entrefaites, l'ennemi parut. Un combat se livra, combat sanglant, au cours duquel la pauvre poule reçut une balle en plein cœur... Elle était morte au champ d'honneur. On la pleura, tout en la déplumant, car nous l'aimions bien... Elle était d'ailleurs digne d'être aimée... puisque nous n'avions pas mangé depuis le matin.

« Bref, elle était déjà plumée lorsqu'on nous donna l'ordre de pousser en avant vers Sedan. Il fallut se remettre en route. On renversa la marmite remplie d'eau, qui attendait la volaille, on remit la victime dans un sac, et on repartit, très maussades, en grignotant quelques rocailleux biscuits.

« Nous bivouaquâmes pendant une partie de la nuit sur les hauteurs qui dominent Sedan, où se concentraient alors les troupes de toutes les armes. Quand l'aube jeta sa lueur rose sur notre bivouac et que les clairons sonnant la diane nous eurent éveillés, notre première pensée, inspirée par les crampes de nos estomacs, fut pour notre festin si souvent ajourné, et pourtant si ardemment désiré. Cette fois, il fallait réaliser notre désir. Immédiatement la marmite est fixée sur notre réchaud, l'eau chauffe... la poule est sortie du sac. Mais, ô fatalité! une violente fusillade éclate à notre gauche, derrière des broussailles où se sont dissimulés les Prussiens. Mon frère chancelle, ayant ressenti une violente secousse dans les reins. Il porte sa main à son côté et la retire pleine de sang. Il était blessé précisément à l'endroit où il avait sa montre, et celle-ci, chose étrange, avait disparu. Tout en s'appuyant sur son fusil, mon frère se rend à l'ambulance établie dans un jardin voisin. Durant le trajet, deux balles l'atteignent encore. Enfin il arrive à l'ambulance. Le soir seulement un médecin paraît et se met en devoir de retirer la balle; mais à peine a-t-il introduit un scalpel dans les chairs, qu'il s'arrête stupéfait, colle l'oreille près de la blessure, puis se redresse tout pâle, en disant : — Voilà qui est bizarre. J'entends dans votre corps un étrange tic tac... — Alors mon frère, se souvenant tout à coup de son chronomètre à répétition qui a disparu, s'écrie : — C'est ma montre. La balle l'aura atteinte et poussée violemment dans mon flanc. — Il n'en put dire davantage et s'évanouit, en proie aux plus atroces souffrances. Le 12 septembre, on retira de la blessure un morceau de verre et les aiguilles. Une autre fois ce fut le cadran et la partie intacte de la montre.

« Plusieurs jours après, mon frère était dirigé, avec un grand nombre de blessés, vers Charleroi, où ils arrivèrent la nuit. Quand le convoi fut arrêté dans la gare, on fit avancer des civières et des voitures pour conduire à l'ambulance ces victimes de la guerre, dont les sourds gémissements et les cris de douleur emplissaient le hall. Puis le triste cortège, éclairé par les lueurs incertaines des lanternes, se dirigea, à travers les rues tortueuses et sombres, pleines de rumeurs et de lamentations, jusqu'à l'ambulance, sise dans un faubourg, au point le plus élevé de la ville. C'est là que mon frère acheva sa convalescence. Le 26 décembre, alors que sa blessure se cicatrisait, il y remarqua un point noir à fleur de peau. Le médecin étonné pratiqua une légère incision et retira une dernière roue d'engrenage. La montre était, cette fois, bien complète.

« Cela semble étrange, n'est-ce pas? me dit en souriant le capitaine.

— Étrange, en effet.

— Le fait est cependant vrai; au surplus, voici la montre. »

Et, se levant, le capitaine Colombain alla prendre sur son bureau la montre, conservée précieusement sous un petit globe de verre. La balle, en l'atteignant, a découpé dans le boîtier une sorte de croissant, qui semble taillé à l'emporte-pièce.

« Mais, dis-je soudain au capitaine, et la poule?

— Ah! fit-il en riant, la poule, je ne puis pas vous la montrer, car nous l'avons mangée le soir de la bataille de Sedan.

— Était-elle bonne, au moins?

— Excellente! Ce fut notre meilleur repas de la campagne. Quelques jours après nous étions faits prisonniers et conduits en Allemagne, où on ne nous offrit pas du poulet, je vous prie de le croire.

— Je le crois, » dis-je avec conviction.

Et sur ces mots je quittai le capitaine Colombain.

LE TURCO DE FRŒSCHWILLER

URBAIN LUTRINGER

32 CAMPAGNES. — 26 ANNÉES DE SERVICE

LES DIX PIPES DU VIEUX TURCO. — DAGOBERT. — LA CANTINIÈRE. — LE DUEL A LA PIPE. — LA DÉCLARATION DE GUERRE. — EN ROUTE POUR LA FRONTIÈRE. — ARRÊT A PARIS. — LUTRINGER VA DINER CHEZ MADAME KARL SPITZER. — LA BOUFFARDE DE NUREMBERG. — MARIE-ROSE. — VERS L'EST. — STRASBOURG. — SUR LA ROUTE DE LANDAU. — EN FORÊT. — WISSEMBOURG. — SUR LE PLATEAU DU GEISSBERG. — PREMIER COUP DE CANON. — CONTRE LES BAVAROIS. — LA BATAILLE. — MORT DU GÉNÉRAL DOUAY. — EN RETRAITE. — FROESCHWILLER. — LA CHARGE DES TURCOS. — DÉVOUEMENT INUTILE. — DANS LES BOIS. — LA DÉBACLE. — A MORSBRONN. — MOULAH. — MAC-MAHON. — MARCHE AU CLAIR DE LUNE. — L'ARRIVÉE A SAVERNE. — INDISCIPLINE. — L'ASSAUT D'UNE CHARCUTERIE. — LA GUINGUETTE « AUX VINS DE LA MOSELLE ». — MADAME FRANTZ CHRISTEN. — UN BON REPAS. — EN ROUTE POUR CHALONS. — NEUFCHATEAU. — AU CAMP DE MOURMELON. — VERS SEDAN. — BEAUMONT. — SUR LE PLATEAU DE GIVONNE. — SITUATION CRITIQUE. — LA BOUCHERIE. — MORT DE MOULAH-MOHAMMED. — LUTRINGER BLESSÉ PAR UN ÉCLAT D'OBUS. — SUR LE CHAMP DE BATAILLE. — UNE NUIT TERRIBLE. — LES DÉTROUSSEURS DE CADAVRES. — ON VOLE MARIE-ROSE, LA PIPE DE LUTRINGER. — A L'AMBULANCE. — OLLIVIER. — LA POUPÉE MAURESQUE. — PÉNIBLE DEVOIR. — MORT D'OLLIVIER. — PRISONNIER. — EN ROUTE VERS L'ALLEMAGNE. — MAYENCE. — LES CASEMATES. — LA BOUTIQUE DU BRO-

CANTEUR JACOBUS MEYER. — LE CUIRASSIER DUROZIER. — PUNITION DE JACOBUS ET DE SON CHAT NOIR. — LUTRINGER RENTRE EN POSSESSION DE SA PIPE. — RETOUR EN FRANCE.

URBAIN LUTRINGER

Au-dessus du lit de fer du vieux turco, on voyait, accroché au mur, entre un rameau de buis et un portrait de femme encadré de menus coquillages, un porte-pipes d'acajou où s'alignaient une dizaine de bouffardes de toutes tailles, de tous calibres et de tous genres, depuis la modeste pipe de plâtre jusqu'à la luxueuse bouffarde en porcelaine de Nuremberg. Quelques-unes avaient leurs fourneaux fendillés, râpés, ébréchés par un long usage ; d'autres n'existaient plus qu'à l'état de culot lamentable, mais toutes étaient consciencieusement culottées.

On constatait, en les voyant, qu'elles avaient, depuis longtemps, reçu le baptême du feu et qu'elles comptaient de nombreuses campagnes à leur actif. Elles gisaient là comme des épaves, des souvenirs, les souvenirs d'une gloire qui s'en est allée en fumée.

Assis sur son lit voilé de blanc, l'invalide Urbain Lutringer, un grand et maigre vieillard, au visage

énergique allongé par une barbe blanche, en fourche, souriait en me voyant regarder ses pipes.

Soudain, il me dit :

« Ces bouffardes que vous voyez sont, avec mes
médailles, mes seules richesses. Peut-être sans valeur
pour vous, elles en ont une très grande pour moi,
car elles me rappellent différentes époques de ma
longue carrière militaire. Elles ont été mes seules
compagnes fidèles pendant mes vingt-cinq années de
service. Elles m'ont suivi ou plutôt précédé (car je
les tenais entre mes dents, comme tout le monde),
elles m'ont précédé partout où je suis allé. Elles ont
avec moi affronté les balles algériennes, les biscaïens
kabyles, les plombs marocains, les boulets mexicains,
les obus allemands.

« Tenez, cette pipe en plâtre, la première à droite,
fut avec moi de Rome, en 1853. J'étais, à cette époque, au 6e léger. Cette autre bouffarde en terre dont
le tuyau cassé au milieu est rafistolé avec du *lignou*
(*sic*), a fait avec moi la campagne de Kabylie. Depuis
ce temps, je l'appelle *Guetchoula*, nom d'une tribu
que nous avons combattue.

« A côté, voici *Lalla Fathma*, nom d'une marabath
des Illiten. Elle me fut donnée par un zouave de mes
amis grièvement blessé à l'attaque du pic d'Azrou.

« Cette autre, toute noire, a fait la campagne du
Maroc; aussi l'ai-je baptisée : la *Moghrebine*.

« En voici deux autres en merisier, *Guerilla* et
Puebla, ainsi nommées, la première parce que je l'ai

prise à un guerillero qui, lui, l'avait volée à un chasseur d'Afrique tué par lui dans une embuscade, la seconde parce que je l'ai achetée à Puebla après la prise de la ville.

« A côté, ce culot en bruyère, c'est *Dagobert!*

— Pourquoi Dagobert?

— Voyons, fit le vieux turco, vous ne devinez pas pourquoi je l'appelle Dagobert?

— Non, pourquoi?

— Cherchez bien.

— Je cherche, mais je ne trouve pas. »

Alors, en s'esclaffant, l'invalide répondit :

« Parce qu'il est culotté à l'envers!

— Mais l'autre, fis-je, ce culot de plâtre qui représente une tête d'Arabe?

— Ça, c'est *Abd-el-Kader,* acheté à Alger en 1865.

— Et cette grosse pipe en bruyère?

— Celle-là, c'est *Catherine.* Elle est de ma fabrication. Je me suis amusé à la faire avec mon couteau pendant mon séjour à Laghouat, où j'étais en garnison. Mais voyez à côté, dit l'invalide, il y a une place inoccupée. C'est là que devrait être *Kadidja.*

— Kadidja?

— Kadidja, répondit le vieux turco, était une superbe pipe en écume de mer, une pipe de luxe, une de ces pipes qu'on ne fume que lors des grandes cérémonies ou quand on va dans un salon, chez les gens chics. Elle m'avait été offerte à l'occasion du

jour de l'an 1867 par Mme Louisa... mais... chut!...
cantinière aux tirailleurs, qui me portait — j'ose le
dire — assez d'affection. Son mari, qui avait pour
habitude d'écouter aux portes, ayant su la chose, en
conçut contre moi un violent courroux. Un jour,
m'ayant rencontré fumant la pipe de sa femme, ou
plutôt... ma pipe, dans la cour de la caserne du 1er tirailleurs, il vint à moi, et, se campant à dix mètres,
les poings sur les hanches, il me dit, l'air goguenard :

« — Tu as une bien belle pipe, Lutringer.

« — N'est-ce pas, mon vieux, qu'elle est belle, répliquai-je, en jouant d'audace.

« — Combien t'a-t-elle coûté?

« — Pas un liard.

« — On te l'a donnée alors?

« — C'est exact.

« — Qui ça?

« — Une dame.

« — Qui s'appelle?...

« — Cherche, mon vieux; quand tu auras trouvé,
tu viendras me le dire.

« Le cantinier, les poings crispés, la face rouge
de colère, me cria :

« — Veux-tu parier qu'à vingt-cinq mètres je te
casse ta pipe entre les dents?

« — Veux-tu parier, répliquai-je, qu'à vingt mètres je te casse ta pipe dans le bec?

« Des camarades, que la discussion avait attirés,

nous écoutaient. L'un d'eux, le caporal Tropani, demanda :

« — Que pariez-vous, messieurs?

« — Une tournée de champagne à l'escouade, répondis-je.

« — J'accepte, fit le cantinier redevenu tout pâle.

« Chacun prit donc ses témoins. Un turco, nègre d'Abyssinie, nommé Mohammed-Moulah, s'en fut chercher des pistolets, et l'on alla s'aligner, à l'insu des chefs, dans un petit bois d'eucalyptus, à quelques mètres de la caserne. On nous mit à vingt pas l'un de l'autre, les pipes furent allumées, les pistolets chargés. Au commandement de feu, nous tirâmes en même temps...

— Quel fut le résultat?

— Ma pipe vola en éclats.

— Et la pipe de votre adversaire?

— Elle resta intacte, répondit Lutringer, car le cantinier, qui avait l'habitude d'écouter aux portes, reçut ma balle dans l'oreille droite. »

Et l'ancien turco ajouta d'une voix lugubre :

« Et voilà comment, de deux duellistes, l'un devint veuf de sa bouffarde, et l'autre sourd de l'oreille droite... »

La dernière pipe de Lutringer était une superbe bouffarde en porcelaine de Nuremberg, avec un tuyau en S autour duquel s'enroulait une cordelette terminée par deux glands de laine. Sur le fourneau de porcelaine au couvercle d'acier ajouré, étaient déli-

catement peints deux personnages : une jeune Alsacienne blonde aux yeux bleus, au teint rose, offrant
un bouquet de myosotis à un superbe grenadier qui
souriait en frisant sa moustache d'un air vainqueur.

Comme je demandais à l'invalide le nom de cette
jolie pipe, il me répondit :

« Je l'appelle *Marie-Rose*. »

Et, après un profond soupir, il ajouta :

« Cette pipe ne m'a pas porté bonheur : les autres
n'ont vu que des victoires, celle-ci a connu la défaite. Oui, cette pipe n'a pas eu de chance. Elle ne
me rappelle que de tristes souvenirs, et cependant
j'y tiens comme à la prunelle de mes yeux, parce
qu'elle me fut donnée par une femme, une brave
femme que j'aimais, que j'estimais, et sur la tombe
de laquelle je vais chaque année déposer une modeste gerbe de lilas. »

L'invalide tira sa tabatière, et, après avoir aspiré
une forte prise, il continua :

« Il faut que je vous raconte son histoire, qui est
aussi la mienne :

« C'était le 15 juillet 1870. Arrivé depuis la veille
à Paris avec mon régiment et disposant de quelques
jours de liberté avant notre départ pour la frontière,
j'étais allé rendre visite à une de mes cousines,
Mme Karl Spitzer, une Alsacienne de Saverne, qui
tenait une boutique de bric-à-brac, rue Saint-Sau-
veur, au coin de la rue Montorgueil. La brave femme,
qui ne m'avait pas vu depuis mon départ pour le

régiment, en 1853, fut enchantée de ma visite. L'accueil qu'elle me fit fut excellent. Elle m'offrit à dîner, et j'acceptai.

« Avant mon départ, Mme Karl Spitzer me dit :

« — Mon cousin, il faut que je vous fasse un cadeau... ça vous fera penser à moi.

« Et, à brûle-pourpoint, elle me demanda :

« — Connaissez-vous Marie-Rose?

« — Marie-Rose! fis-je, étonné. Est-elle de Saverne?

« — Non, répliqua-t-elle en riant; mais si vous voulez monter avec moi dans ma chambre, je vais vous la présenter.

« Je suivis donc ma cousine dans sa chambre, que je vois encore, avec ses murs tapissés de papier rose à fleurs dorées, son lit à baldaquin, son armoire alsacienne, sa cheminée de marbre et sa grande glace où se reflétait un petit vaisseau de verre filé qui était posé sur la commode en face.

. . . .

« Il y a pourtant trente-trois ans de cela. Eh bien! je revois tout comme si c'était d'hier. Je revois ma cousine ouvrant un tiroir de la commode et sortant, de dessous une pile de linge blanc qui embaumait la lavande, une grande pipe de porcelaine — cette pipe que voici — et me la tendant d'un air ravi, en me disant :

« — Je vous présente Marie-Rose. Prenez-la, mon cousin, prenez cette pipe; c'était celle de mon pauvre père défunt. Ma mère la lui avait offerte en 1813, lorsqu'il partit pour l'armée avec ce brigand de Napoléon. — C'est grâce à cette pipe, nous disait souvent le cher homme, c'est grâce à cette pipe qu'à Waterloo je n'ai pas eu le visage fendu d'un coup de sabre que m'assena un dragon anglais : le coup fut, en effet, amorti par le couvercle d'acier du fourneau...

« Et ma cousine, avec des larmes dans les yeux, ajouta :

« — Puisse-t-elle, mon cousin, vous porter également bonheur dans les combats que vous allez livrer aux Prussiens.

« — Je le souhaite, ma cousine, lui dis-je en l'embrassant, tout aussi ému qu'elle.

« Puis, bourrant de tabac ma nouvelle bouffarde, dont j'étais très fier, je sortis de chez ma cousine en fumant comme une locomotive.

. . . .

« Le lendemain nous partîmes, au son des musiques militaires, prendre, à la gare de l'Est, le train pour Strasbourg. Une foule enthousiaste nous suivit en chantant la *Marseillaise* et le *Chant du départ*.

« A la gare, tout le monde se précipita vers nous pour nous serrer une dernière fois la main; les femmes pleuraient, les hommes criaient, d'autres applaudissaient. C'était du délire. Quand le train s'ébranla, un immense cri de : Vivent les turcos! retentit.

« Puis tous ces braves gens rentrèrent paisiblement chez eux, tandis que nous allions à toute vitesse vers la boucherie où notre pauvre régiment devait perdre les trois quarts de son effectif.

« Nous traversâmes Vitry, Nancy, Saverne, acclamés dans toutes les gares par les populations accourues à l'annonce de notre passage.

« Au crépuscule, un crépuscule rouge comme du sang, nous aperçûmes, dans le lointain, la haute flèche d'une cathédrale, puis une ville immense. C'était Strasbourg.

« Nous restâmes peu de temps dans cette ville, car, à midi, on repartit pour Haguenau. Après avoir suivi une magnifique route bordée de carolins, on arriva dans la soirée à Brumath, où l'on passa la nuit. Partis dès l'aube, nous entrions quelques heures après dans la vieille ville alsacienne de Haguenau. On y fit une courte halte, et l'on repartit pour aller rejoindre notre régiment à quelques kilomètres de là, sur la frontière.

« Le 2 août, à quatre heures du matin, le clairon nous réveilla. Après avoir pris le café, nous repartîmes pour Haguenau. On traversa cette ville, musique en tête, et vers les sept heures nous entrions dans une forêt magnifique, dorée par le soleil levant et remplie d'oiseaux. Sur le coup de midi, nous arrivâmes au village de Soultz, où l'on fit halte.

« A trois heures et demie, on repartait pour Wissembourg, où des uhlans, nous dit-on, commençaient à se montrer. Sur tout le parcours, nous fûmes l'objet de la curiosité et même de la stupeur des populations

alsaciennes. Ces braves gens, qui n'avaient jamais vu
de nègres, étaient littéralement stupéfaits. Les enfants se sauvaient, les vieilles femmes se signaient,
les jeunes filles riaient comme des folles, et une octo-
génaire s'évanouit de peur en voyant mon ami Moulah, un nègre d'Abyssinie, noir comme l'ébène. Elle
avait cru voir le diable en personne.

« Après avoir longtemps marché, nous arrivâmes,
dans la soirée, sur une haute montagne, à quelques
kilomètres en avant de Wissembourg, dont nous apercevions à nos pieds les maisons et le vieux clocher.
On campa dans les terres labourées. Après avoir mal
dîné, avec du biscuit et du lard rance, on se coucha.
mais je me consolai de ces petites misères en fumant
Marie-Rose, ma seule compagne, et bientôt je m'endormis comme un bienheureux.

« Le lendemain matin, nous étions en train de
faire la soupe sur les hauteurs du Gessberg, d'où l'on
domine la belle vallée de la Lauter, lorsqu'on entendit un coup de canon. Chacun releva la tête en s'é-
criant : — Déjà !

« Un petit frisson, non pas de peur, mais d'émotion, me chatouilla l'épiderme.

« — Cette fois, ça y est, pensai-je, c'est aujour-
d'hui qu'aura lieu le coup de chien !

« Mais un second coup de canon se fit entendre,
suivi bientôt d'une vive fusillade qui éclata dans le bas
de Wissembourg. Et voilà que, du haut des coteaux
plantés de vignes qui nous faisaient face, se mettent

à dégringoler des milliers de Bavarois en casques à chenilles et en tuniques bleu-de-ciel, avec le manteau marron roulé en bandoulière. Alors, en les voyant, on court aux armes sans avoir le temps de manger la soupe. Le général Pellé nous ordonne d'aller nous ranger en bataille dans la plaine. Nous nous précipitons aux cris de : You! you! que poussent les Kabyles. Nous traversons la rivière et nous nous déployons en tirailleurs dans les vignes ou derrière les haies. Au même instant, commence de part et d'autre une violente fusillade. Le lieutenant Bellamy fut tué. Les Bavarois, soutenus par des masses d'infanterie prussienne qui débouchaient à chaque moment de derrière les coteaux, avancèrent à travers les ravins, les vignes, les chemins creux et les bois jusqu'à cent mètres de Wissembourg, tandis que leur artillerie nous accablait de ses obus, qui tombaient dans nos rangs et sur la ville, dont plusieurs maisons étaient déjà en flammes. Quelques compagnies de chasseurs bavarois tentèrent alors de prendre d'assaut la porte de Landau, mais une violente fusillade les mit en fuite. Postés près du moulin, en dehors de la ville, derrière les haies et les murs des jardins, nous tirions sans discontinuer. Soudain nous apprenons que le général Douay venait d'être tué par un éclat d'obus. Cela nous fit beaucoup de peine, car c'était un bon chef. Le général Pellé prit alors le commandement de la division et nous ordonna de rompre les colonnes bavaroises qui nous entouraient de tous côtés et sem-

blaient vouloir nous enfermer dans un cercle de fer.
Nous étions à peine cinq mille Français contre quatre-
vingt mille Allemands. La partie n'était vraiment pas
égale. Malgré des efforts inouïs, nous fûmes repoussés. On dut se borner à défendre la porte de Landau.
Pour comble de malechance, nous avions laissé nos
sacs sur le Gessberg, avec notre réserve de cartouches. N'ayant plus de munitions, il fallut employer
la baïonnette. Des milliers de casques à chenilles
descendaient toujours en rangs serrés les pentes de
Schwergen. On se rue sur eux, malgré leur violente
fusillade, on arrive sur leurs premiers rangs et on
leur plante la baïonnette dans la poitrine. Lorsque
nos armes étaient brisées, on frappait les Bavarois
à coups de pied ou bien on les étranglait comme des
lapins. Comme ils étaient les plus nombreux, ils
entourèrent notre petit bataillon et en massacrèrent
une partie. Cependant, quelques autres turcos, et
j'étais de ceux-là, purent rejoindre le bataillon de
Lammez. Peu de temps après, un bataillon prussien
s'étant avancé dans l'avenue de peupliers qui conduit à la gare, nous nous jetâmes sur lui à la baïonnette et nous le repoussâmes plus vivement qu'il
ne le désirait. Dans le même moment, un régiment
allemand survient : on se jette à plat ventre, on le
laisse passer, puis, bondissant, nous courons dessus
et nous dispersons les Teutons à coups de baïonnette.

« Cernés une seconde fois par un bataillon de chas-

seurs bavarois, nous nous jetons sur eux pour prati-
quer une trouée à coups de baïonnette.

« Dégagés, nous nous retirons en entendant sonner
la retraite. Il était midi. Le court espace où nous
nous étions battus était couvert de morts et de blessés
français et allemands.

« Mais les plus nombreux étaient les chasseurs bavarois, reconnaissables à leurs tuniques vertes avec
le passepoil rouge.

« Exaspérés par la résistance qu'ils avaient rencontrée, les Bavarois sé vengèrent férocement en mas-
sacrant les prisonniers et les blessés. Ayant trouvé
dans une maison notre lieutenant, M. Villemin, et
une dizaine de turcos blessés, ces bandits s'élancèrent sur eux et les lardèrent de coups de baïonnette.
Seul, le lieutenant Villemin survécut à ses blessures.

« Plus loin, ayant découvert trois turcos blessés
cachés sous la paille dans un grenier, les bandits
bavarois les tirèrent par les pieds jusqu'à la lucarne
et les jetèrent dans la cour, où ils vinrent se broyer
la tête sur les pavés. »

Et Lutringer ajoute avec mélancolie :

« Je ne peux pas croire que toutes ces horreurs et
tous ces crimes ne seront jamais punis.

. . . .

« Dans l'après-midi et dans la soirée, continua-t-il,
on se retira sur le col de Chaffeuchlicq, et de là à
Climbachs, où l'on passa la nuit.

« Le lendemain, on rejoignit la division du général

Ducrot, au col du Pigeonnier. N'ayant pas mangé depuis vingt-quatre heures, brisés de fatigue, couverts de blessures, les vêtements en lambeaux, nous étions dans un état lamentable. Après avoir traversé le joli et verdoyant vallon de Liebenfraventhal, on arriva devant Frœschwiller, où se concentraient toutes les troupes du 1er corps.

« Le pays était inondé de soldats : fantassins, zouaves, turcos, artilleurs, cuirassiers, lanciers, hussards et chasseurs d'Afrique défilaient sans cesse dans la vallée et à travers les villages de Wœrth, Spachbach, Morsbronn, Gunstel, Reichshoffen, Elsasshausen. Sous le soleil qui faisait scintiller, au milieu des verdures, les casques, les cuirasses et les baïonnettes, c'était, ma foi, un très joli coup d'œil.

« Plus loin, au-dessus des coteaux plantés de vignes, on voyait les grands bois de Niederwald. Dans le bas s'étendaient de vertes prairies, des houblonnières, des champs de lin, au milieu desquels s'élevaient quelques blanches maisons. De Frœschwiller notamment, la vue était admirable ; d'un côté on apercevait toute la chaîne des Vosges, couverte de forêts, et de l'autre une succession de collines boisées, bordées au lointain par les bois de Haguenau.

« La bataille commença dès le matin, mais nous n'y avons pris part que vers les quatre heures. Les charges du 9e cuirassiers et du 6e lanciers à travers Morsbronn n'ayant pu arrêter les masses énormes de l'infanterie allemande, le maréchal de Mac-Mahon eut recours à nous. Sur son ordre, le colonel Maurandy commande : — En avant ! Nos trois bataillons, ayant en tête les commandants de Sermesan et Lammez, se déploient aussitôt en tirailleurs. Les clairons sonnent la charge. On se précipite au pas de course sur les Prussiens, malgré la grêle de balles et de mitraille qu'ils font pleuvoir sur nous. Sous cette rafale de fer et de feu, je vois tomber le capitaine Meurigner, les lieutenants Got, Bergé, Rousseau, Trawil, et une foule de camarades. Le lieutenant-colonel Barachin tombe aussi, mais il se relève aussitôt. Sans avoir tiré un seul coup de fusil, nous arrivons sur une de nos batteries dont les Prussiens s'étaient emparés. Ne pouvant enclouer les canons, nous enclouons les Prussiens à coups de baïonnette, nous culbutons tout ce qui veut nous arrêter. Effrayé par notre charge, l'ennemi recule. Les Prussiens s'enfuient de tous les côtés et cherchent à se cacher dans les bois. Mais nous les y poursuivons. En un clin d'œil, toute cette clique est balayée. Nous arrivons ainsi jusqu'au bois de Niederwald, où se trouvait dissimulée l'artillerie prussienne. Alors, celle-ci lâche ses boulets et ses obus sur nous. Sous cette pluie de fer, nous sommes obligés de nous replier.

« Pour éviter le cercle de feu qui menace de nous entourer, nous battons en retraite et nous gagnons les bois.

« Là étaient également en retraite des troupes de outes armes, artilleurs, fantassins, lanciers démontés,

cuirassiers, le visage en sang. Tout le monde fuyait,
l'air fou, cherchant à éviter la fusillade qui nous poursuivait à travers la broussaille. Avec quelques camarades, on gagna la lisière, on arriva sur une route
encombrée de caissons de voitures, d'affûts de re-
change, de charrettes, de chevaux affolés que ne
pouvaient retenir leurs conducteurs. Des fourgons
de pain passèrent : on se jeta dessus, on les vida en
un clin d'œil.

« Tout le long de la route, jusqu'à Reichshoffen, on
voyait des morts ou des blessés qui s'étaient traînés
jusque-là et, ne pouvant aller plus loin, avaient glissé
dans le fossé pour y mourir. A Reichshoffen, il était
impossible de traverser la grande rue, tellement elle
était encombrée de voitures de toutes sortes, de fourgons, de charrettes où les habitants effrayés avaient
entassé leur pauvre mobilier pour fuir devant les
Prussiens. On se pressait, on s'écrasait entre les
murs des maisons. On n'entendait que des clameurs
affolées, des jurons de colère, des commandements
brefs des chefs qui n'étaient plus écoutés. Tous les
régiments, d'ailleurs, se trouvaient confondus.

« Nous sortîmes avec peine du village et nous gagnâmes Niederbronn, où plusieurs régiments s'étaient
reformés sur la petite place. Mac-Mahon, l'air abattu,
nous regardait défiler. Un de nos chefs lui dit que la
moitié de notre régiment avait été détruite. Le maréchal poussa un gros soupir et ne répondit pas ; il
marcha au-devant d'un groupe de zouaves qui arri-

vaient derrière nous, serrés autour du drapeau de leur régiment. Les obus commençaient à pleuvoir sur Niederbronn lorsque nous quittâmes ce village.

« Sur la route de Saverne, nous rencontrâmes de l'infanterie. C'était une division du corps de Failly, qui arrivait de Bitche et que nous avions vainement attendue à Frœschwiller pour la bataille. Elle arrivait trop tard.

« On marcha toute la nuit. Une lune toute ronde éclairait de sa lueur blafarde cette pitoyable débâcle. Lorsque l'aube parut, nous n'étions plus qu'à quelques kilomètres de Saverne. Vers les sept heures, mon ami Moulah me dit :

« — Lutringer, toi, regarde là-bas.

« Je levai les yeux dans la direction indiquée, et j'éprouvai une grande joie en reconnaissant les toits à pignons et le vieux clocher de Saverne, la vieille ville d'Alsace où j'étais venu tant de fois dans mon enfance.

« Nous entrâmes dans la ville sans ordre, aigris par la défaite, abrutis par la fatigue.

« On n'écoutait plus les chefs. La faim — nous n'avions pas mangé depuis la veille au matin — faisait de nous des révoltés. L'indiscipline était partout. Notre unique pensée était de trouver du pain et de manger... Après, on verrait.

« Des troupes, arrivées avant nous, circulaient déjà dans les rues ; des soldats erraient comme des bandes de loups, envahissaient les boulangeries, les

charcuteries, les cabarets. Les braves habitants
étaient effrayés, et on voyait des vieilles affolées,
lever les bras au ciel et s'écrier : — C'est-y Dieu possible! Les Cosaques n'ont pas fait pis!...

« Sur la grande place, je vis l'une d'elles courir
après des zouaves qui venaient de lui chaparder des
canards, et qui fuyaient en tenant par les pattes ces
volatiles, dont les couacs, couacs... se mêlaient aux
lamentations de la vieille. Chacun pillait comme en
pays conquis. Alors, voyant cela, nous fîmes comme
tout le monde. A l'étalage d'une charcuterie, un
carré de porc s'offrait, tentateur, à notre appétit.

« — Toi décrocher ça, dit Moulah.

« Et il m'enleva dans ses bras robustes. La côte
disparut sous ma veste. Le charcutier, en nous voyant,
sortit pour défendre sa marchandise ; mais, une quinzaine de camarades s'étant rués dans sa boutique, il
dut y rentrer aussitôt pour défendre ses saucissons,
ses andouilles et ses pieds truffés. Hélas! que vouliez-
vous qu'il fît contre quinze? Qu'il mourût? C'eût été
trop bête. Il valait mieux pour lui se laisser dévaliser.
C'était le plus sage parti à prendre.

« Munis de ces provisions, nous nous dirigeâmes
vers une guinguette où mes parents, jadis, descendaient lorsqu'ils venaient au marché. C'était dans
une ruelle à l'autre bout de la ville. Aucun soldat
n'y avait encore passé. Le cœur me battit bien
fort lorsque, du bout de la rue, je reconnus l'enseigne : *Aux Vins de la Moselle*. Je pensai alors aux

heureuses années de mon enfance, à mes parents que je voyais encore dans mon souvenir... et je ne pus retenir mes larmes en entrant dans la petite salle à cette heure déserte et qui n'avait pas changé d'aspect.

« Il y avait au fond une grande table garnie d'une toile cirée.

« C'était devant cette table que nous venions nous asseoir jadis, mon père, ma mère et moi. C'était là que, tout en fumant sa pipe de porcelaine, M. Franz Christen, le patron, un ancien grenadier de la garde impériale, blessé à Wagram, racontait ses campagnes, et qu'en l'entendant je m'enflammais d'une ardeur guerrière. Je rêvais aussi d'être soldat... et de faire la guerre.

« Me voilà invalide maintenant. J'ai fait la guerre pendant vingt ans, et nul plus que moi ne désire aujourd'hui la paix.

« Mais Moulah, qui avait grand'faim et grand'soif, appela la patronne.

« Quand celle-ci descendit de sa chambre, je lui dis :

« — Bonjour, madame Christen.

« Elle me regarda avec surprise.

« — Vous ne me reconnaissez pas?

« — Non... Qui êtes-vous?

« — J'ai donc bien changé depuis vingt ans?... Voyons, regardez-moi bien!

« Elle me fixa avec attention.

« — Non, dit-elle, je ne vous reconnais pas.

« — Voyons! Avez-vous connu le père Lutringer, qui descendait ici les jours de marché?

« — Oui, dame! que je l'ai connu!

« — Eh bien, c'est son garçon qui est devant vous !

« La brave femme se récria :

« — C'est toi! C'est vous! Je... je... Ah! comme vous avez changé! Comme vous avez maigri! Comme vous êtes fatigué! Je vous vois encore tout petit, quand vous veniez à la maison avec votre papa. Vous étiez un bel enfant, rose et blond. Je vous ai vu à six ans, à huit ans, à douze ans, puis à dix-sept ans, avant votre départ pour le régiment. Mais vous avez tellement changé, qu'aujourd'hui je ne vous reconnaissais pas.

« — Vous rappelez-vous, lui dis-je, vous rappelez-vous quand M. Franz Christen s'asseyait là, à cette table, et nous racontait ses campagnes?

« — Certes!... que je m'en souviens; mais comme c'est loin, tout ça!

« — Et M. Christen, comment va-t-il?

« La cabaretière poussa un soupir et dit :

« — Il est mort, le pauvre cher homme!

« — Il est mort! m'écriai-je surpris.

« — Nous l'avons enterré l'année dernière. Il s'est tué en voulant descendre seul un tonneau de vin à la cave; il a glissé, entraîné par sa charge, qui l'écrasa.

« Un grand silence se fit, puis Mme Christen nous dit :

« — Je vois, mes pauvres enfants, que vous êtes bien fatigués. Vous devez avoir faim et soif; que voulez-vous que je vous serve?

« Alors Moulah, tirant sa côte de porc de dessous sa veste :

« — Faire cuire ça, bono.

. . . .

« Cinq minutes après, nous étions attablés devant une bouteille de vin de la Moselle et notre carré de porc qui, rôti avec des pommes, embaumait. Cette bouteille en appela une autre, qui, elle-même, en appela une troisième. Puis, la cabaretière nous ayant offert le café, les petits verres succédèrent aux petits verres. Bref, on oublia, dans la chaleur de l'ivresse, les tristesses de la défaite. Moulah chanta *la Mère Gaspard*; moi, je chantai *Fanfan la Tulipe*. Et, alourdis par la boisson, nous ne tardâmes pas à nous endormir sur la table. Quand nous nous éveillâmes, il commençait à faire nuit. Nous sortîmes après que Mme Christen eut bourré de cervelas et de saucissons les poches profondes de nos larges pantalons de treillis blanc.

« Dans les rues, où s'allumaient, de loin en loin, des lanternes pendues à des potences, des soldats de toutes armes circulaient, la plupart ivres et chantant à tue-tête. On n'aurait jamais cru que nous venions d'être battus par les Prussiens et que l'avenir s'annonçait pour nous sous les plus sombres aspects.

« Comme nous arrivions aux portes de la ville, à

l'endroit où, le matin, nous avions campé, nous constatâmes avec stupeur que le régiment était parti.

« Un lancier qui se trouvait là nous apprit que le
régiment était en route pour Phalsbourg.

« — Eh bien, nous voilà frais, dis-je à Moulah.
Que faire? Rentrer à Saverne et attendre les événements?

« — Macache! dit Moulah, qui avait une peur horrible d'être porté déserteur...

« — Alors, lui dis-je, il faut jouer des jambes.
Allons, oust! au pas de gymnastique!

« Et nous voilà lancés tous les deux à la recherche
de notre régiment sur la route de Phalsbourg.

« Comme nous arrivions à l'entrée d'un bois, nous
aperçûmes des lignards, deux chasseurs à pied et un
tirailleur qui se dirigeaient vers Saverne. Dès qu'ils
nous virent, ils se cachèrent dans les fossés de la
route. Nous devinâmes que c'étaient des déserteurs.

« — Eh bien, quoi, les enfants? leur criai-je... On
a donc peur, qu'on se cache?

« Se voyant découverts, ils se levèrent et vinrent
vers nous. Le tirailleur, que je reconnus pour être
un soldat de ma compagnie, un Parigot, très brave
au feu, mais très indiscipliné, me dit :

« — Voilà qu'on veut nous faire recommencer les
trottes de l'autre nuit, avec le sac sur le dos et rien
dans le ventre. Et tout ça, pour fuir devant les Prussiens. Zut! J'en ai assez, je ne marche plus. Je veux
bien me faire casser la g... sur le champ de ba-

taille, mais je ne veux pas crever de faim, comme un chien galeux, sur le bord d'une route !

— Nous sommes de son avis, dirent les chasseurs ; il nous faut du plomb ou du pain.

« Je cherchai à leur faire comprendre qu'en désertant devant l'ennemi, ils agissaient en mauvais Français, ce fut inutile. A toutes mes exhortations ils répondaient :

« — Nous savons ce que nous avons à faire. Nous n'avons pas besoin de conseils !...

« Alors, nous quittâmes ces enragés, et, après avoir couru plusieurs kilomètres, nous aperçûmes la queue de la colone au moment où celle-ci entrait dans un village. A la faveur de l'obscurité, nous nous glissâmes dans les rangs sans être vus.

Vers minuit, on arriva à Phalsbourg. Bien qu'il fût tard, beaucoup d'auberges et de cabarets étaient encore ouverts ; mais les soldats qui nous précédaient les avaient envahis, et il fut impossible de se procurer des vivres. On traversa la ville sans s'arrêter pour gagner Sarrebourg, où nous arrivâmes épuisés de fatigue, vers les dix heures du matin. On repartit la nuit pour Blamont.

« On marcha longtemps, sous une pluie battante et froide qui nous glaçait. De Blamont, on se rendit à Lunéville, qu'on traversa sans s'arrêter. On passa ensuite à Villacourt, à Vézelize. Avant d'arriver à Vicherey, on rencontra Mac-Mahon avec son état-major qui passait.

« Le 14 août, vers midi, nous arrivâmes à Neufchâteau, une jolie et coquette petite ville, tout à proximité des Vosges. On campa à l'autre bout de la ville dans un faubourg.

« Pour la première fois depuis Frœschwiller, on nous fit des distributions de pain. Nous allâmes ensuite nous promener en ville. Comme je passais dans une rue, une jeune fille, l'air d'une servante, vint vers moi et me demanda si j'avais assisté à la bataille de Frœschwiller, et, sur ma réponse affirmative, elle me dit :

« — Voudriez-vous venir avec moi? Monsieur désire vous parler; c'est à quelques pas.

« Et elle m'indiqua une maison d'apparence bourgeoise.

« Un grand vieillard, la moustache et la barbe toutes blanches, décoré de la Légion d'honneur, m'attendait sur le seuil. Il s'avança vers moi et me dit :

« — Veuillez m'excuser, monsieur, de vous avoir dérangé de votre route... Mais on m'a dit que le régiment de turcos qui campe aux portes de la ville avait pris part à la bataille de Frœschwiller.

« — C'est exact, monsieur, répondis-je.

« Tout en parlant, il m'avait fait entrer dans la salle à manger, une jolie salle très éclairée, aux murs ornés de panoplies de toutes sortes.

« — Eh bien, dit-il en s'asseyant dans son vaste fauteuil, racontez-moi, je vous prie, cette bataille.

« Alors je lui en fis un récit détaillé, que le vieillard écouta, silencieux et pensif. Quand j'en vins à la charge des cuirassiers, venant se faire broyer par la mitraille et les obus sous la gueule des canons allemands, le vieillard, levant la tête, me dit avec tristesse :

« — Mon fils Jacques y était... Il a été tué!...

« Au même instant, la porte s'ouvrit, et une dame vêtue de deuil entra.

« Le vieillard me la présenta : c'était sa femme.

« S'adressant à celle-ci, il lui dit, les yeux pleins de larmes :

« — Ce brave turco était à Frœschwiller. Je l'ai prié de me raconter la bataille où notre pauvre enfant fut tué.

« Alors la pauvre mère se jeta au cou du vieillard et, éclatant en sanglots :

« — Mon pauvre Jacques!... Nous ne le reverrons plus jamais!... C'est fini! fini! On nous l'a tué!

« Et, pendant un instant, je n'entendis plus que les sanglots des deux vieillards, dont la douleur faisait peine à voir.

« Bientôt l'homme se releva et dit :

« — Quand quittez-vous Neufchâteau?

« — Ce soir, répondis-je.

« Il voulait me retenir à dîner ; je ne pus accepter, car le clairon sonnait déjà le ralliement. Mais, avant de me quitter, ces braves gens voulurent absolument que j'emportasse une bouteille de vin et un pâté, qu'ils me remirent enveloppé dans un journal.

« Quand on partit, une foule immense, en toilette de dimanche, nous accompagna jusqu'à la gare, où l'on s'embarqua pour Châlons.

« Après avoir passé six jours à Mourmelon afin de se réorganiser, on repartit le 21 août vers Reims, pour Vouziers.

« — Cette fois, disions-nous, nous allons au-devant des Prussiens!

« Et nous marchions avec plaisir, l'esprit plein d'illusions, le cœur rempli d'espoir!

.   .   .   .

« Le 27, à sept heures du matin, on traversa Voucq, on prit la route de Vouziers et l'on descendit des hauteurs dans la belle vallée de l'Aisne. A environ quinze cents mètres du village, on s'arrêta dans une verte prairie et l'on se forma en colonne d'attaque.

« Tout le monde se dit : Ça va chauffer.

« Mais bientôt on nous fit rétrograder vers l'Argonne. Dans l'après-midi nous vîmes arriver une compagnie de volontaires de Paris. Nous restâmes avec eux, dans l'attente du combat, pendant toute la nuit. Le lendemain 28, vers midi, des coups de fusil furent tirés dans le lointain. Moulah me poussa le coude et me dit, le doigt tendu vers l'horizon :

« — Tiens, Lutringer, regarde, toi, là-bas.

« Je levai la tête, et en suivant la direction de son doigt, j'aperçus au loin, sur de légers coteaux, quelques uhlans qui venaient avec audace examiner nos positions.

« Lorsqu'ils eurent vu ce qu'ils désiraient voir, ils se retirèrent tranquillement.

« Dans l'après-midi, la fusillade recommença de plus belle. Les uhlans revinrent. On leur tira quelques coups de fusil, dont ils ne parurent nullement effrayés.

« Enfin on nous fit avancer à travers les bois, jusqu'à un petit village qui s'appelle, je crois, le Chêne-Populeux ou Populaire. Pendant ce temps, Voucq, envahi par les Prussiens, brûlait comme un feu de paille.

« Le 29, nous nous dirigeâmes sur Raucourt, à travers un pays de bois et de montagnes.

« Vers deux heures, on arriva à Stonne, sur un plateau très élevé d'où l'on avait une magnifique vue sur la vallée de la Meuse, entre Sedan et Stenay.

« Nous descendîmes ensuite dans une prairie où l'on prit un peu de repos. On repartit vers les trois heures, et, vers les sept heures du soir, on entrait à Raucourt, où l'empereur venait d'arriver.

« Mais à peine étions-nous campés qu'il fallut repartir et aller de l'avant.

« Le 30, au matin, on se dirigea vers la Meuse. Arrivés vers une heure à un petit village dont j'ignore le nom, on passa la Chiers, une petite rivière qui se jette dans la Meuse.

« Dans la soirée, nous entendîmes, soudain, le bruit du canon très loin, très loin, et nous aperçûmes les obus qui éclataient en l'air.

« Chacun se dit :

« — On se cogne par là ! Bientôt, nous allons être de la partie.

« Mais nous continuâmes notre route sans nous inquiéter du canon. Et vers les sept heures nous arrivions enfin à Carignan, où l'empereur et Mac-Mahon nous avaient précédés.

« Là, nous rencontrâmes plusieurs grenadiers. Ils nous apprirent qu'une division du général de Failly, surprise par les Prussiens avant le passage de la Meuse, avait été en partie détruite. Nous partîmes de Carignan pour aller bivouaquer à six cents mètres dans un creux de terrain, près du chemin de fer de Montmédy.

« Pendant toute la journée du 31 août, nous restâmes inactifs, passant notre temps à regarder les régiments, les fourgons, les caissons, les voitures d'ambulances, dont c'était un défilé ininterrompu sur la route de Carignan. Des soldats du corps de Failly en retraite passèrent aussi, affolés. Ils nous racontèrent comment ils avaient été surpris dans leur bivouac, canonnés, mitraillés par l'artillerie prussienne, sans avoir pu se défendre.

« Sur le coup de quatre heures, nous levâmes le camp pour gagner un plateau en arrière de Carignan. On battait en retraite sur Sedan. Mon régiment suivit la ligne de collines qui côtoient la frontière belge. On était fatigué par toutes ces marches et contremarches, on traînait la jambe, on se demandait avec tristesse où l'on nous menait et pourquoi on ne nous conduisait pas à l'ennemi. On voyait, dans le lointain, du côté de la Meuse, des nuages de fumée et l'on entendait toujours le grondement du canon. On se battait dans cette direction. Pourquoi n'y allait-on pas?

« Sans doute, les Prussiens voulaient nous fermer la route de Sedan pour nous isoler de l'armée de Bazaine. Voilà ce que chacun pensait. Il ne fallait pas être bien malin pour voir clair dans le jeu des Allemands... Malheureusement pour nous, ils avaient tous les atouts : nous devions donc nous attendre à être battus.

« Enfin on arriva à Francheval, joli petit village entouré de jardins, où l'on fit halte.

« Dans la soirée, les coups de canon cessèrent, mais on vit encore des lueurs rouges dans le lointain. Nous sûmes, depuis, que la bataille s'était livrée à Bazeilles, vaillamment défendu par l'infanterie de marine.

« Vers les sept heures, on quitta Francheval pour gagner Givonne, où l'on arriva sur le coup de neuf heures. Il y avait, dans les rues de ce village, une cohue indescriptible de soldats de toutes armes, qui se pressaient les uns contre les autres sans pouvoir avancer. On entendait des jurons, des appels; les maisons et même les granges regorgeaient de blessés dont les plaintes et les gémissements parvenaient jusqu'à nous. C'étaient les blessés du combat de Beaumont.

« Parfois une porte s'ouvrait. Alors, à la lueur des lanternes, on apercevait, couchés sur la paille, des rangées de soldats, la tête, les jambes, les bras, entourés de linges sanglants. Près d'eux, des braves villageois s'empressaient et s'efforçaient, par des soins attentifs, d'atténuer leurs souffrances. Mais les plus malheureux c'étaient encore les derniers arrivés. Comme il n'y avait plus de place dans les maisons, on les avait laissés dehors, dans les charrettes qui les avaient amenés.

« A la lueur louche et blafarde des torches, on les voyait s'agiter sur leur couche de paille, se tordre en d'atroces douleurs. Les uns gémissaient comme des enfants, et appelaient leur mère ; d'autres juraient comme des damnés. Parfois l'un d'eux, pris de délire, se dressait debout dans sa voiture, agitait les bras, et retombait lourdement en poussant des cris de terreur.

« A la lueur sinistre des lanternes et des torches, c'était un bien triste spectacle !

« On sortit avec peine de cette cohue et l'on atteignit le plateau de Givonne, où tous les autres corps étaient déjà campés. Je fis comme tous les camarades ; je me couchai sur la terre froide, et, après avoir allumé Marie-Rose et l'avoir fumée avec plaisir, je m'endormis, sous le plafond bleu où scintillaient des étoiles.

« Le lendemain, 1ᵉʳ septembre, le clairon m'éveilla. Il faisait — je m'en souviens — un temps magnifique ; le ciel était bleu, l'air très doux, la journée promet-

tait d'être belle : elle le fut en effet. Mais elle l'eût
été davantage si elle ne s'était pas terminée par un
désastre pour nous.

« Nous venions de boire le café, lorsque l'ordre vint
de quitter l'endroit où nous nous trouvions pour nous
porter un peu plus loin. De la hauteur où nous étions,
nous entendions la fusillade qui se livrait dans le bas
entre nos troupes et les Allemands. Dans le même
moment, notre artillerie vint au galop prendre position sur les bords du plateau. Ce fut alors un beau
tapage... Les canons grondaient, les mitrailleuses
pétaradaient. C'était un tohu-bohu à vous rendre
sourd en cinq minutes. Moi, je me sentais tout étourdi
et j'avais des bourdonnements dans les oreilles. Les
coups de canon se succédaient avec une vitesse
effrayante ; on voyait que nos artilleurs voulaient
exterminer, en le moins de temps possible, tous ces
brigands d'outre-Rhin. Mais les gaillards ne tardèrent
pas à nous répondre. Des collines lointaines de l'horizon où ils étaient perchés, ils nous envoyèrent, à
leur tour, des obus et des boulets à profusion. Ils se
trouvaient, heureusement, trop loin pour viser et
toucher juste, et l'on s'en félicitait, lorsque, au moment où l'on s'y attendait le moins, une bordée de
boulets et d'obus nous arriva sur notre droite, d'autres batteries allemandes s'étant soudain démasquées
sur une série de coteaux qui s'étendent de Bazeilles
à Givonne. Notre artillerie de réserve vint leur
faire vis-à-vis pour leur répondre. Pendant que s'en-

gageait ce combat d'artillerie, mon régiment changeait de front, et venait se placer derrière nos canons et nos mitrailleuses, qui rendaient aux Prussiens la monnaie de leurs pièces. Mais, comme nous étions placés derrière le point de mire, nous recevions dans nos rangs les boulets et les obus allemands destinés à nos batteries. C'était, vous en conviendrez, plutôt gênant qu'agréable. Alors le régiment reçut l'ordre de se coucher à terre, ce que tout le monde fit sans se faire prier; car, on a beau être brave, on préfère éviter les coups que les recevoir, surtout quand la nécessité ne s'en fait point sentir. Nous nous couchâmes donc dans l'herbe. Seul, M. Sermensan, notre lieutenant-colonel, resta debout, donnant ainsi un bel exemple de courage et de sang-froid.

« Appuyé sur mon coude, je fumais tranquillement ma bouffarde Marie-Rose, lorsqu'une rafale de plomb et de mitraille dirigée sur nos batteries vint s'abattre sur nous... Plusieurs turcos furent tués ou mutilés. A partir de cet instant, la rafale ne cessa pas de faucher nos rangs. Plombs et mitrailles tombaient comme la pluie. Mais ce qu'il y avait de plus terrible, c'étaient les obus. — Oh! ces obus! Ils arrivaient, décrivant dans l'air un demi-cercle, et, comme un météore, tombaient du ciel, sifflaient et éclataient, projetant de tous côtés leurs éclats meurtriers. Quand j'entendais dans l'air leur sinistre sifflement, je me disais : Ça y est! et je me faisais tout petit. Soudain, boum!... Il avait éclaté. Soupir de soulagement. Je relevais la tête, et j'apercevais, à droite, à gauche ou en arrière, des camarades couverts de sang, éventrés, les membres brisés ou la tête emportée.

« C'est ainsi que je vis broyé et mutilé à mes côtés un lieutenant, un capitaine, le commandant Vincelet ainsi qu'un grand nombre de simples turcos. Et le plus embêtant, au cours de cette affaire, c'est qu'il n'y avait pas moyen de se garer ; il fallait recevoir les coups sans avoir l'espoir de les rendre. Et cela nous énervait, on murmurait, les plus exaltés criaient : — Qu'on nous mène à l'ennemi ; nous saurons, avec notre baïonnette, faire taire ces canons de malheur. Mais nos chefs nous engageaient à rester immobiles... à *patienter*. On aurait cru, à les entendre, que nous attendions du monde à dîner. Cependant, on leur obéissait, on se taisait, on... patientait ; mais, quand les obus recommençaient à pleuvoir et à démolir des hommes dans tous les bataillons, on se reprenait à murmurer, à dire que c'était ridicule de nous avoir placés derrière les batteries pour y passer la journée, sur le ventre ou sur le dos, et se faire écrabouiller bêtement comme des tomates, alors que les autres soldats, les biffins, les simples tourlourous, se battaient dans la vallée et mouraient, au moins, en combattant.

« Un instant, on crut que les Prussiens renonçaient à leur jeu de massacre ; les obus avaient cessé de siffler au-dessus de nos têtes, on commençait à respirer,

lorsque, soudain, un, deux, trois sifflements se firent
entendre, suivis de fortes explosions et de cris épouvantables qui nous firent tous frissonner jusqu'aux
os. Et, quelques secondes après, je vis passer, en
courant, des turcos qui portaient vers l'ambulance
des camarades grièvement blessés, ainsi qu'un capitaine dont la cuisse avait été broyée par un éclat d'o-
bus. Dans le même moment, une explosion formidable fit jaillir la terre à mes côtés et m'en jeta dans
les yeux. Quand je pus les ouvrir, je vis, couché en
travers de deux turcos, dont l'un avait la moitié du
crâne enlevé et dont l'autre était complètement éven-
tré, je vis, les entrailles à l'air, mon vieux camarade Moulah, la bouche pleine de sang, qui râlait en
proie à d'horribles souffrances, tandis qu'en son visage noir, ses yeux roulaient tout blancs. Un éclat
d'obus l'avait atteint au ventre et à la gorge. Il était
perdu. — Pauvre Moulah! brave camarade, vieux
frère d'armes, lui dis-je en lui prenant la main, tu
étais mon seul ami, maintenant je vais être seul!...
Et je sentais des larmes brûlantes couler sur mes
joues. — J'étais debout devant lui, le regardant
mourir, ne songeant plus aux obus qui éclataient
tout autour de moi, quand quelqu'un me cria :

« — Lutringer, gare la...

« Je n'entendis pas la fin de la phrase. J'avais
ressenti un formidable choc à la tête et à la jambe,
en même temps qu'un bruit terrible retentissait à
mes oreilles. Je roulai à terre sans connaissance.

. . . .

« Il y avait longtemps que j'étais évanoui, quand je sentis une pression sur ma poitrine, en même temps que le frôlement furtif d'une main qui se glissait dans ma poche. J'eus la perception, assez vague d'abord, plus nette ensuite, que quelqu'un me fouillait. Je me sentais la gorge sèche, le front brûlant, les reins et les pieds glacés. J'avais sur les yeux comme un poids qui m'empêchait d'ouvrir les paupières, mais je sentais bien que quelqu'un était penché sur moi. Enfin, dans un effort suprême, je levai les paupières, et je vis, juste au-dessus de moi, dans l'obscurité, je vis — comme une lune — une lune rouge. Je rassemblai mes idées, j'ouvris démesurément les yeux, et je reconnus bientôt que cette lune était un crâne d'homme chauve, un crâne où se reflétait la lueur rougeoyante d'un incendie, pourtant assez lointain. Peu à peu, je reconnus que ce crâne chauve remuait, et je distinguai dans l'ombre deux yeux verts près d'un nez crochu, puis une longue barbe en fourche, un corps osseux couvert d'une lévite et une main velue qui tenait ma pipe Marie-Rose.

« On me volait; j'avais devant moi un détrousseur de cadavres, un de ces vampires qui suivaient les armées allemandes, et s'abattaient la nuit sur les morts et les blessés oubliés sur le champ de bataille.

« — Ma pipe! pensai-je aussitôt. On me vole ma pipe.

« Je voulus bondir, je me dressai sur mon séant,
mais je retombai aussitôt épuisé par cet effort, tandis
que mon vampire fuyait à demi courbé, comme s'il
eût marché à quatre pattes. J'en aurais pleuré de rage.
J'essayai une seconde fois de me lever, mais ce fut
impossible. Alors je regardai autour de moi et je
fus surpris de voir que la plupart des blessés et des
morts avaient déjà été enlevés. On voyait bien, çà
et là, quelques cadavres, mais peu, relativement au
nombre de victimes que j'avais vu tomber. Le sol
était jonché de débris de toutes sortes, fusils brisés,
baïonnettes tordues, sacs éventrés, ceinturons, vêtements déchirés, et des affûts de canons renversés,
les roues en l'air. Un grand silence planait sur tout
le plateau. Parfois, cependant, des bouffées de vent
amenaient jusqu'à moi le bruit sourd des caissons et
des voitures qui roulaient sur une route lointaine. A
ma droite, au-dessus de Sedan, je vis un nuage tout
rouge et qui semblait immobile. Mais c'était surtout
du côté de Bazeilles que le spectacle était terrible à
voir : le ciel avait des lueurs effrayantes, des rou-
geurs de sang et d'incendie. J'ai su depuis que les
Prussiens, exaspérés de la résistance héroïque de ce
village, l'avaient mis à feu et à sang, lorsque, après
deux jours de lutte, ils avaient pu y pénétrer. En
voyant ces incendies, ces dévastations, ces morts et
ces blessés, je me disais alors : « Faut-il tout de même
que les hommes soient sauvages pour s'entre-déchi-
rer, s'entre-tuer et semer partout la désolation, la

ruine et la mort, au lieu de s'entr'aider, de se soutenir, de travailler pour élever honnêtement leur famille ! Ah ! c'est alors, en voyant tous ces maux dont nous avions à souffrir en plus de la honte de la défaite, c'est alors que je reconnus combien nous avions été injustes et cruels envers les Arabes et les Kabyles, les Mexicains et les Chinois, lorsque nous allions chez eux faire la guerre, allumer des incendies, semer la dévastation et la mort, parce que nous étions les plus forts, les vainqueurs ! Car, voyez-vous, monsieur, c'est dans la défaite et quand on est les vaincus qu'on se fait une idée exacte de la justice et qu'on estime que tout le monde y a droit et que la force ne prouve rien. C'est dans le malheur qu'on devient bon et juste et que l'on méprise la force qui prime le droit, comme l'a prétendu cette vieille canaille de Bismarck.

« Mais, tandis que je me faisais ces réflexions, j'entendis marcher derrière moi. Je crus que c'était mon voleur qui avait oublié de prendre ma blague à tabac et qui venait la rechercher pour bourrer ma pipe. Alors j'attirai à moi ma baïonnette, bien décidé à la lui flanquer dans le ventre, à titre de souvenir.

« Ce n'était malheureusement pas lui ; car je vis bientôt devant moi un gros major allemand suivi de quatre soldats en béret à bandes rouges, portant un brancard, et d'un paysan français qui tenait à la main une lanterne. Le gros major s'arrêta près de moi, se pencha, défit ma ceinture, jeta un rapide coup d'œil à ma blessure, dit deux mots à ses hommes, qui me hissèrent sur leur brancard. Cent mètres plus loin, stationnait une charrette déjà remplie de blessés, couchés sur la paille et dont plusieurs râlaient. On me coucha à côté d'eux. Comme j'avais la tête un peu basse, le paysan roula sa limousine en forme d'oreiller et me la glissa sous la nuque. Puis il s'assit sur le marchepied de sa charrette, posa sa lanterne dans son étui, fouetta son cheval, et la voiture roula dans la nuit, suivie du gros major à cheval et de ses brancardiers à pied. Une demi-heure après, nous arrivions à une ambulance établie dans la grange d'une ferme, dont je vois encore au-dessus de moi les grosses poutres noires tapissées de toiles d'araignées, et la lucarne qui découpait un carré bleu dans le ciel. Des lanternes, posées de loin en loin ou accrochées aux chevrons, éclairaient le chirurgien, qui coupait des bras, des jambes, tailladait des chairs, pansait des plaies le plus tranquillement du monde, semblant être chez lui, dans cette grange pleine de chairs pantelantes où l'on sentait l'âcre odeur du sang répandu sur le sol et dont la paille était engluée. Je restai plusieurs jours dans cette ambulance provisoire. J'avais pour voisin un turco nommé Ollivier, qui n'était pas de ma compagnie, que je ne connaissais nullement, mais avec qui j'eus vite lié connaissance. Ollivier avait aussi reçu un éclat d'obus, mais il était plus sérieusement touché que moi. Il avait le sein droit presque arraché, et les chirurgiens conservaient peu d'espoir de sauver le malheureux turco, qui, d'ailleurs, ne se faisait pas d'illusion sur son sort. Il savait qu'il allait mourir, et c'était avec des larmes dans les yeux qu'il me parlait de sa vieille mère et de son enfant, une fillette de quatre ans dont il avait le portrait sur lui, et qui allait devenir orpheline, la mère étant morte l'année précédente. Plus de vingt fois par jour, le malheureux disait, d'une voix où tremblaient les sanglots :

« — Que va-t-elle devenir, ma pauvre petite Jeannette, que va-t-elle devenir?

« Puis il regardait le portrait et se mettait à fondre en larmes.

« Le soir du troisième jour, comme une dernière lueur crépusculaire glissait dans la grange, Ollivier m'appela d'une voix faible et me dit :

« — Mon pauvre camarade, c'est fini; je sens la mort qui s'approche.

« — Allons donc! fis-je, c'est une idée.

« — Je le sens, reprit-il, je la vois qui s'approche. Demain, peut-être ce soir, je serai mort. Eh bien! écoute-moi, écoute, camarade, je vais te demander un service.

« — Parle, lui dis-je, je suis entièrement à ta disposition.

« Il poussa un soupir et déclara :

« — Quand la guerre sera terminée et que tu seras libre, tu iras à Ouzouer : c'est un petit village de Beauce. Arrivé à l'entrée de ce village, tu suivras la

grand'rue jusqu'à une placette plantée de marron-
niers. A droite, sur cette placette, il y a un maréchal
ferrant, et tout à côté une petite épicerie-mercerie.
Tu entreras dans cette épicerie, tu verras une femme
assez âgée avec une douce figure, et sans doute,
près d'elle, tu verras aussi une fillette blonde, mi-
gnonne, avec deux grands yeux.

« — Ta mère et ta fillette? demandai-je.

« — Oui, fit-il avec des sanglots dans la gorge.

« Et sortant de dessous sa veste une de ces poupées
mauresques qu'on vend dans les bazars algériens :

« — Tiens, ajouta-t-il, c'est le seul souvenir que je
puisse laisser à mon enfant. Tu le lui donneras, et tu
l'embrasseras de la part de son papa! Allons, adieu,
mon pauvre ami, adieu et... merci!

« Puis Ollivier tourna la tête sur sa botte de paille,
pour qu'on ne le vît pas pleurer.

« Et alors voilà-t-il pas que moi, le vieux dur à
cuire de Kabylie, du Maroc et du Mexique, voilà-t-il
pas que je me mets à fondre en larmes comme une
Madeleine!...

« Les camarades en étaient littéralement stupéfaits.

« — Voyons, voyons, Lutringer, me dit un Parigot, ferme les robinets, tu vas inonder l'ambulance!

« Mais je n'entendais rien, je ne voyais rien, je
n'étais plus un homme, mais une fontaine Wallace!

« Quand cette grande douleur fut calmée, je vis les
soldats prussiens entrer dans la grange avec des lanternes et précédant un hauptmann. Celui-ci, nous

interpellant d'une voix brève, déclara que tous les blessés en état de marcher partiraient le lendemain pour se joindre à une colonne de prisonniers en route vers l'Allemagne.

« J'espérais que cette mesure ne m'atteindrait pas, car, quoique mes blessures fussent cicatrisées, j'étais encore très faible sur mes jambes. Mais, le lendemain, le hauptmann, accompagné du chirurgien, vint dès l'aube lire la liste de ceux qui devaient partir. J'étais sur cette liste, je dus me lever avec une dizaine de camarades et m'apprêter au départ. Avant de sortir, je voulus dire un dernier adieu à mon pauvre ami Ollivier. Il était froid. Il était mort. Un rayon de soleil glissant au travers des tuiles disjointes du toit éclairait son visage tout pâle, ses joues creuses. De ses yeux glauques, deux larmes avaient coulé jusqu'à sa fine moustache.

« Je sortis, le cœur chaviré, pensant à la pauvre vieille mère et à la fillette qui l'attendaient là-bas, au pays, et je maudissais encore une fois la guerre qui cause tant de misères et fait couler tant de larmes.

« A quelques kilomètres de la grange, sur la route de Beaumont, nous rencontrâmes une longue colonne de prisonniers, soldats de tous les régiments, chasseurs à pied, zouaves, turcos, encadrés par une double haie d'Allemands, baïonnette au canon. Après une courte halte, l'ordre de partir étant venu, on se remit en marche vers l'Allemagne, où un mois auparavant on se promettait d'entrer en vainqueurs, et où nous

allions entrer, hélas! en vaincus, mais non en déses-
pérés.

« Entre une double haie de soldats allemands, nous
marchions tristes et fiévreux, brisés de fatigue, mais
la rage au cœur, en songeant que nous ne pourrions
de longtemps nous battre contre les envahisseurs de
notre territoire, contre ces Allemands maudits qui
ne devaient leur succès qu'à l'incapacité ou à la tra-
hison de certains chefs, ainsi qu'à la supériorité de
leur artillerie, contre laquelle notre courage et notre
élan s'étaient brisés comme verre.

« Seul, l'espoir des revanches futures nous soute-
nait encore !

« Après avoir marché des jours et des nuits dans
la boue, et n'avoir pris que quelques heures de repos,
étendus sur le sol mouillé, devant un maigre feu de
bivouac, nous arrivâmes à un village dont j'ignore
le nom. Là, on nous fit monter dans des wagons à
bestiaux, où nous étions serrés comme des harengs
dans une caque.

« Le lendemain matin, le train s'arrêtait dans une
gare de grande ville.

« Quand je fus descendu de wagon, je lus au-dessus d'une horloge ce nom : *Mayence*.

« On traversa la ville, toujours encadrés par une
compagnie de la landwehr. Les Mayençais étaient tous
sur leurs portes ou à leurs fenêtres pour nous voir
passer. Les gamins nous suivaient en criant : — Les
Français! les Français! *Frantzozen! Frantzozen!*

« On nous logea dans des sortes de casemates qui étaient divisées en deux par une allée au milieu, les lits à droite et à gauche. Nos lits, si j'ose m'exprimer ainsi, se composaient d'une vieille paillasse, d'un traversin ; des sacs servaient de draps.

« Ces casemates étant humides, nous eûmes beaucoup à souffrir du froid, d'autant plus que nous, turcos, nous étions partis en campagne avec nos pantalons de treillis,... des pantalons d'été. Aussi, vous pensez si nous étions à notre aise. Je crois que je n'ai jamais autant souffert du froid que pendant ma captivité. Avec ça, on était très mal nourri : nous avions tous les deux jours un pain de trois livres ; à midi, nous recevions une terrine de riz, ou de gruau, ou de pommes de terre ; avec des fayots, où quelquefois, après de longues recherches, on découvrait un morceau de lard ou de bœuf dont la fraîcheur était plutôt ancienne.

« Pour que nous ne nous amollissions pas dans la paresse, on nous faisait travailler, manier la pelle et la pioche, rouler des brouettes de terre ou casser des cailloux.

« Au bout de quelques semaines, je sollicitai, avec quelques amis, la permission de travailler en ville, ce qui me fut accordé. Je trouvai un emploi de jardinier chez une dame Kauffmann, dont le mari était à la guerre. En échange de mon travail, ma patronne me nourrissait et me donnait quelque menue monnaie. Le dimanche, après la messe, elle me faisait asseoir à sa table et se plaisait à m'entendre raconter mes campagnes. Elle me considérait, me disait-elle, bien plus comme un ami que comme un prisonnier.

« Le dimanche, j'étais libre d'aller me promener dans les rues de Mayence, à condition de ne pas sortir de la ville... où nous subissions une surveillance occulte. Or, un dimanche, comme je déambulais dans la Capucignerstrasse, mon attention fut attirée par la vitrine d'un brocanteur, où l'on voyait des sabretaches, des épées, des sabres, des pistolets, des lorgnettes, des pipes, des montres, des pendules de toutes tailles et de tout prix, les unes en bronze doré, les autres en porcelaine, délicatement peintes d'anges roses et joufflus, s'ébattant au milieu de nuages bleuâtres. L'une d'elles était particulièrement jolie, avec son cadran de faïence rose, cerclé d'un filet d'or, et son fronton représentant le pignon d'une maison alsacienne où se becquetaient deux tourterelles. Je pensai un instant à l'acheter, pour l'emporter en France comme souvenir de mon séjour à Mayence, quand je m'aperçus que ce petit chef-d'œuvre d'art allemand était d'origine... française... Et alors, examinant de plus près les autres objets exposés à la vitrine, je constatai qu'ils avaient été également fabriqués en France et devaient provenir d'un butin de guerre, du sac ou du pillage de quelques villes de mon pays.

« Mais où ma surprise fut extrême, ce fut de reconnaître, dans un lot de pipes, ma chère bouffarde

Marie-Rose, étiquetée huit marks. Voilà, certes, une aventure qu'on ne voudrait pas croire, si elle était imprimée dans des journaux ou dans des livres. Elle est pourtant vraie, il n'y a pas à dire le contraire, puisque c'est à moi qu'elle est arrivée : aussi, vous pensez si j'étais stupéfait de voir à la vitrine d'un brocanteur de la Capucignerstrasse, à Mayence, la pipe qui m'avait été volée à Givonne. Tout d'abord, je croyais rêver, je me frottais les yeux ; mais non, je ne dormais pas, je ne rêvais pas, je ne me trompais pas, c'était bien Marie-Rose que j'avais sous les yeux, c'était bien ma pipe, c'était bien son tuyau en S entouré d'une cordelette terminée par deux glands ; c'était bien son fourneau de porcelaine à couvercle d'acier ajouré, retenu par une chaînette et sur lequel fourneau étaient peints une jeune Alsacienne offrant un bouquet de myosotis à un superbe grenadier. Ah ! oui ! que j'étais stupéfait et ému ! Le cœur me battait avec une telle force que je me sentis devenir tout pâle ; puis la colère m'empoigna, et je vis le moment où j'allais briser la vitrine à coups de bottes... Mais je me ravisai, en songeant que ma situation de prisonnier... libre sous condition ne me permettait pas de recourir aux moyens violents pour rentrer en possession de ma pipe. Un esclandre n'aurait eu pour résultat que de me faire boucler à la casemate... Il était donc bien préférable, dans la situation où je me trouvais, d'user de ruse pour recouvrer ce qui était mon bien.

« Pressant le bec-de-cane, j'entrai dans la boutique toute en longueur et où s'entassaient pêle-mêle mille objets des plus disparates ; on y voyait des cigognes empaillées, des bassinoires de cuivre rouge et des buffets alsaciens, des chassepots, des sabres et des casques tout bosselés de cuirassiers français, des selles avec leurs fontes, tout un harnachement de cheval de hussard, des bonnets à poils de grenadiers, des colbacks, des vestes, des pantalons, des tarbouchs, des chéchias de zouaves et de turcos, et même un costume tout flambant de capitaine de chasseurs d'Afrique. Il semblait tout neuf, mais en m'approchant je remarquai sous les bras quelques taches de sang mal lavées et une large entaille sur le côté.

« Au fond de l'étroit et long boyau qui formait la boutique, il y avait, sur un clavecin en palissandre, une magnifique cuirasse d'officier français ; elle était percée au milieu par une balle.

« Comme j'attendais depuis un instant, et que personne ne se montrait, j'appelai. Alors une lumière s'alluma au fond de la boutique obscure, et, de derrière le clavecin, se leva un vieillard, qui vint vers moi en tenant en l'air une lampe dont la lumière éclairait son crâne chauve et rond comme une lune. En le voyant, je pensai aussitôt à mon voleur de Sedan ; car, bien que celui-ci fût plus âgé, il avait avec lui un certain air de famille, le crâne, le nez crochu et les yeux ronds d'oiseau de proie.

« — Si ce n'est lui, pensai-je, c'est donc son frère.

« Je résolus de m'en assurer.

« Désignant ma pipe au brocanteur, qui, très obsé-
quieux, se confondait en salamalecs, je lui en demandai le prix.

« — Huit marks, répondit-il en s'inclinant.

« Et comme je la trouvais trop chère pour le prix
qu'elle lui avait coûté, il l'approcha de la lampe pour
me la faire admirer, disant que cette pipe avait une
valeur historique, ayant été prise à l'ennemi.

« En l'entendant parler ainsi, je me sentais une
envie folle de lui abattre mon poing sur le nez et de
me sauver en emportant Marie-Rose. On dit que le
premier mouvement est le bon, ce n'est pas toujours
vrai ; car si j'avais cédé à celui-ci, j'eusse été infailliblement condamné à cinq ou dix ans de prison pour
délit de droit commun. Heureusement que, chez moi,
la réflexion vient toujours à temps atténuer les effets d'un tempérament trop violent. Je sus donc conte-
nir ma colère, et, après avoir exprimé le regret de ne
pouvoir acheter cette pipe, je sortis de la boutique
du brocanteur, en me promettant bien d'y revenir.

« Le soir, à la prison, ayant raconté mon aventure à mon camarade de lit, un cuirassier, homme
de bon conseil, qui, si mes souvenirs sont exacts, se
nommait Durozier, celui-ci me dit :

« — Si tu veux m'écouter, il faut prendre patience ;
nous allons être bientôt renvoyés en France, la paix
est sur le point d'être signée ; mais, la veille de notre départ, j'irai avec toi chez le brocanteur, et je te

réponds qu'il te rendra ta pipe de gré ou de force. En attendant, nous allons nous informer de ses habitudes et tâcher de savoir s'il vit seul, à quelle heure il sort et quel est l'instant le plus favorable pour le tenir dans un coin entre quatre-z-yeux.

« Je remerciai Durozier de ses bons conseils, et, ce soir-là, je m'endormis en songeant à Marie-Rose.

« Dès le lendemain, nous prîmes discrètement nos renseignements sur le brocanteur. Nous apprîmes qu'il s'appelait Jacobus Meyer, ne sortait jamais de chez lui, si ce n'est le samedi pour aller à la synagogue, et qu'il vivait seul, avec une Gretchen, sa domestique, laquelle venait le matin à huit heures et s'en allait le soir à cinq heures, après lui avoir fait sa popote.

« La veille au soir de notre départ, ayant fait mes adieux à Mme Kauffmann qui semblait désolée, j'allai retrouver Durozier, qui m'attendait à la brasserie Friedérich, une des meilleures de Mayence. Après avoir bu plusieurs bocks de bière en écoutant des étudiants chanter à tue-tête la gloire des armées allemandes, nous allâmes, Durozier et moi, nous poster devant la vitrine de la boutique.

« — La Gretchen est partie, me dit alors Durozier; je l'ai rencontrée avec un caporal de la Landwehr. Tiens, regarde, au fond de la boutique, le vieux Jacobus est seul. Il allume sa lampe. C'est le moment d'entrer et d'agir, car dans un quart d'heure la patrouille chargée de la surveillance des prisonniers va faire sa ronde, et si le vieux faisait du pétard, il pourrait nous en cuire.

« Lorsque nous entrâmes, le père Jacobus était au fond de sa boutique derrière le clavecin; on ne voyait que sa tête chauve éclairée par la lampe pendue au plafond; on eût dit une tête de vieux vautour déplumé. Quand il nous entendit entrer, il se leva et voulut venir au-devant de nous; mais Durozier, qui avait pris ma pipe dans la vitrine, se dirigeant vivement vers le fond de la boutique, pria le mercanti de ne pas se déranger. Le vieux s'étant assis, nous attirâmes à nous d'antiques fauteuils de velours cramoisi et nous nous assîmes devant lui, de chaque côté du clavecin, de manière à lui barrer le passage, au cas où il aurait voulu fuir.

« Alors Durozier, s'adressant au père Jacobus que notre audace inquiétait visiblement, lui dit, en lui montrant ma pipe :

« — Pourquoi, père Jacobus, voulez-vous vendre huit marks cette pipe qui ne vous a rien coûté?

« — Mais permettez, objecta le vieux.

« — Je ne permets pas... Répondez-moi.

« — Je n'ai pas à vous répondre...

« — Ça c'est une erreur, fit Durozier; si je vous pose une question, c'est pour que vous y répondiez, ou bien sans ça... gare la casse.

« Et Durozier abattit un violent coup de poing sur le clavecin.

« A ce moment, un miaulement triste, plaintif, se

fit entendre, et un vieux chat maigre, tout noir et galeux, vint sauter sur les genoux de Jacobus, puis il se mit à gronder en arrondissant le dos, le poil hérissé, roulant vers nous des yeux féroces.

« — Mais Durozier poursuivit son interrogatoire.

« — Où avez-vous acheté cette pipe?

« — Je ne l'ai pas achetée, fit Jacobus; on me l'a donnée.

« — Qui ça?

« — Mon fils… Je la tiens de mon fils, qui est à la guerre.

« Alors, prenant la parole, je dis à mon tour :

« — Ton fils est un voleur, père Jacobus; il est à la guerre, mais il ne se bat pas, il vole et détrousse les morts sur les champs de bataille; c'est un vilain oiseau de nuit… Ton fils m'a volé cette pipe; il me l'a volée dans ma poche, alors que, grièvement blessé par un éclat d'obus, j'étais étendu sur le champ de bataille de Givonne.

« — Qui me prouve que ce que vous dites est vrai? dit alors le vieux mercanti.

« Irrité d'une telle insolence, je lui criai à la face :

« — Tu mérites, vieux vautour, qu'on t'étrangle et qu'on te cloue aux portes comme les oiseaux de proie.

« — Allons, lui cria Durozier, te décides-tu à rendre à mon camarade cette pipe qui lui appartient?

« Le vieux tremblait de tous ses membres et ne répondait pas.

« — Te décides-tu? tonna Durozier d'une voix formidable.

« Je vois encore le vieux brocanteur, blême, la sueur au front, les mains tremblantes... reculer insensiblement sa chaise en fixant mon ami avec ses yeux verts, cerclés de sang et dilatés par la frayeur.

« — Veux-tu répondre? cria Durozier, en se levant, l'air menaçant.

« Au lieu de répondre, le vieux Jacobus se leva et voulut se réfugier dans son arrière-boutique. Mais avant qu'il en eût repoussé la porte, Durozier avait bondi, et, sa main énorme s'étant abattue sur l'épaule du mercanti, celui-ci s'effondra à terre en poussant des cris de porc qu'on égorge.

« Alors Durozier, arrachant d'un rideau un morceau d'andrinople rouge, en bâillonna Jacobus, que je ligotai avec des cordelières trouvées dans la boutique. Comme je finissais de ficeler le brocanteur, mon ami poussa un cri de douleur.

« — Qu'y a-t-il? demandai-je.

« — Le chat! le chat, fit-il en me montrant sa main droite pleine de sang, tandis que de l'autre il enlevait par la peau du cou la bête furieuse, dont les poils se hérissaient.

« — Étrangle-moi ça, fit-il.

« Avec une des cordelières qui me restaient, j'étranglai le matou de Jacobus et je le pendis à la suspension de la lampe, où il se débattit un instant en allongeant sa langue rouge et pointue.

« — Maintenant, fit Durozier en jetant un paquet de tapis sur le brocanteur ficelé et bâillonné, il est temps de filer.

« Mais avant de sortir et pour qu'on ne nous vît point du dehors, car la vitrine était restée ouverte, j'éteignis la lampe, puis nous gagnâmes la porte en tâtonnant dans l'obscurité, nous heurtant aux mille objets disparates qui s'entassaient dans ce gourbi, renversant des statuettes qui se brisèrent, des fusils, des cuirasses qui tombèrent à terre avec un bruit épouvantable de ferraille.

« Comme nous sortions de la boutique, la patrouille débouchait dans la Capucignerstrasse; on ne la voyait pas encore, mais on entendait le pas lourd des soldats dont les grosses bottes résonnaient sur le pavé de la rue. Il faisait déjà nuit, des lanternes s'allumaient de loin en loin, et les fenêtres de la brasserie Friederich ainsi que la vitrine en bousillage resplendissaient de lumière.

« Avant de rentrer à la prison, Durozier alla laver à une borne-fontaine sa main qui saignait toujours et qu'il enveloppa dans son mouchoir. Pendant ce temps, j'allumai ma pipe Marie-Rose, que je fumai ce soir-là avec plus de plaisir que jamais.

« Le lendemain matin, par un beau soleil, nous prenions le train pour la France, riant comme des fous en songeant à la tête qu'allait faire la Gretchen en découvrant son maître ficelé comme un saucisson sous un tas de vieux tapis, et au-dessus duquel se balançait, pendu à la cordelière, le chat maigre, noir, galeux et anthropophage du vieux Jacobus Meyer.

« Mais ce qui me faisait le plus de plaisir, c'était d'avoir retrouvé ma bouffarde, cette vieille bouffarde. »

. . . .

Et, en disant ces mots, le vieux turco tournait et retournait Marie-Rose dans ses mains, la regardant avec amour; puis soudain il la remit en place au râtelier en disant :

« Quand j'y touche, j'ai toujours peur de la casser; car, voyez-vous, si je cassais ma pipe, j'en mourrais. »

LE DERNIER BRISQUARD

Les douze heures de minuit sonnèrent, graves et lentes, à la vieille horloge des Invalides.

Dans l'immense *salle de l'Héroïsme*, éclairée par la faible lueur d'une veilleuse, l'invalide Landor, ex-voltigeur, vétéran de Crimée et d'Italie, qui râlait depuis un instant, poussa un grand cri et mourut.

Réveillé en sursaut par cette clameur, l'ex-grenadier Flicottot, son camarade de lit, jeta autour de lui un regard hébété, et, voyant à ses côtés le cadavre de Landor, murmura simplement :

« Pauvre vieux ! »

Autour de lui s'alignaient quarante-neuf lits funèbrement vides... Tous ses frères d'armes étaient morts !... le dernier, Landor, venait de rendre l'âme.

Il restait seul !

. . . .

Un mois auparavant, ils étaient encore trois : l'ex-turco Lafleur, l'ex-voltigeur Landor, et lui, Flicottot, ex-grenadier de la garde impériale.

« Trois invalides, disait alors Landor, c'est peu pour l'immense hôtel qui contenait jadis six mille personnes.

— C'est peu évidemment, approuvait Flicottot avec philosophie ; mais c'est suffisant pour jouer à la manille à trois, sous les lilas... dans le jardin de la cantine... tout en buvant un petit vin blanc, frais, pétillant et qui vous ravigote.

— Grenadier, répondait Landor, grenadier, vous avez raison.

— C'est aussi mon avis, » opinait Lafleur.

Les trois brisquards s'attablaient alors sous les lilas, dans le jardin de la cantine, et entamaient d'interminables parties de manille.

Le dimanche, quand il faisait beau, Lafleur et Flicottot allaient jouer aux quilles dans une guinguette de l'avenue Bosquet, tandis que, sur l'Esplanade, leur camarade, le paralytique Landor, se promenait dans son fauteuil articulé, qu'il manœuvrait lui-même avec habileté, décrivant sur le sable des cercles parfaits, ou bien s'essayant (ô vanité éternelle du sportsman!) à dépasser les automobiles, qui filaient devant lui à toute vitesse.

.   .   .   .

Un jour, l'ex-turco Lafleur, qui était gardien du tombeau de l'Empereur, prit froid, étant à son poste.. Bref, il trembla, toussa, s'alita et mourut.

Le soir de l'enterrement, Landor et Flicottot se retrouvèrent à la cantine.

« Nous ne sommes plus que deux, observa l'ex-grenadier.

— Deux invalides, soupira Landor, c'est peu pour l'immense hôtel qui en contenait jadis six mille...

— C'est peu, évidemment, approuva Flicottot, mais c'est suffisant pour jouer aux dominos, dans le jardin de la cantine, tout en buvant... »

Et d'une voix habituée à commander... des bouteilles :

« Patron, une de blanc et un jeu de dominos. »

. . . .

A quelque temps de là, l'invalide Landor, qui avait succédé à Lafleur comme gardien du tombeau de l'empereur, prit froid, étant à son poste, et, comme son prédécesseur, il toussa, s'alita et, dans la nuit, mourut.

. . . .

Depuis la mort de Landor, seul, irrémédiablement seul, l'invalide Flicottot errait, triste et lamentable, à travers l'immensité des salles désertes, martelait de son pas lourd les dalles sonores des corridors froids et silencieux, promenait son ombre dans la solitude des cours, envahies d'herbes folles, gravissait les vieux escaliers de bois vermiculé, traversait de vastes dortoirs où voletaient des chauves-souris effarées, puis redescendait à la cantine où, tout en buvant sa bouteille, il jouait mélancoliquement au bilboquet.

Parfois, las d'être seul, il s'asseyait devant la glace
qui, reflétant son image, lui donnait l'illusion d'être
avec quelqu'un. Souvent les vins généreux lui facili-
taient cette illusion. Alors il trinquait avec... l'autre,
les verres se choquaient dans la glace, et Flicottot,
heureux d'être en agréable compagnie, racontait ses
campagnes et ses actions d'éclat à *l'autre,* qui, poussant la déférence jusqu'à l'obséquiosité, imitait ses
moindres gestes et disait toujours comme lui.

Levé dès l'aube, il s'en allait dans son jardinet,
un lopin de terre planté d'un lilas, avec, au milieu,
une corbeille de tulipes cerclée de buis, et au fond
une tonnelle de verdure meublée d'un banc et d'une
table, au-dessus de laquelle pendait à un fil une boule
en verre argenté. Il passait là ses matinées, s'occupant à bêcher ses plates-bandes de salade, à arroser
ses corbeilles de tulipes, à ratisser ses allées, à planter des arbustes qu'il espérait voir grandir et le cou-
vrir un jour de leur ombre, éprouvant d'ailleurs une
joie enfantine à faire la toilette de son jardin, et s'attendrissant devant un bourgeon qui s'ouvrait, comme
devant une nouvelle vie à laquelle il aurait participé.

A midi précis, Flicottot, qui avait succédé à Landor comme gardien du tombeau de l'Empereur, allait
prendre son service dans la crypte, et restait là jusqu'à cinq heures, assis sur une chaise devant le sar-
cophage de granit, lisant, pour se distraire, l'histoire
de Napoléon, s'enthousiasmant à la lecture des pages
brûlantes de récits de batailles et resplendissantes

de noms de victoires, oubliant, dans l'exaltation où
le jetait cette lecture, les dangers qui l'environ-
naient, s'exposant imprudemment à l'humidité glaciale de la crypte et aux courants d'air mortels de la
chapelle.

Or, un jour, comme il tournait les pages de ce livre,
les dernières et les plus tristes, et qu'il lisait avec
émotion le récit de la bataille de Waterloo, la défaite
de Napoléon et l'agonie de la Grande Armée dans un
cercle de flammes et de fumée, sous des rafales de
mitraille, au milieu d'un ouragan de fer et de feu,
un grand frisson le secoua sur sa chaise, une faiblesse
le prit, la fièvre le saisit aux tempes, une grande
lueur jaillit devant ses yeux.

Quand elle se fut dissipée, il vit ou crut voir devant lui... un homme.

A sa redingote grise, à son gilet blanc barré du
ruban rouge de la Légion d'honneur, il le reconnut
aussitôt.

Alors il se leva, salua, et, d'une voix tonnante, dont
l'écho roula en ondes sonores sous la voûte de la
crypte, il cria :

« Vive l'Empereur ! ! ! »

. . . .

A ce cri du dernier brisquard, répondit cet autre
poussé par une voix fraîche :

« Vive la République ! ! ! »

Qui avait poussé ce cri ?

L'ex-grenadier regarda autour de lui. Alors il aperçut sur le seuil de la porte le petit tambour Pierre, un enfant de troupe, petit-fils d'un de ses collègues décédé.

« Clampin ! » fit-il.

Et il voulut s'avancer vers lui, la canne menaçante ; mais il fit trois pas, chancela, et tomba raide mort, entraînant avec lui dans la tombe... toute une époque.

SOCIÉTÉ ANONYME D'IMPRIMERIE DE VILLEFRANCHE-DE-ROUERGUE

Jules BARDOUX, Directeur.

Librairie **CH. DELAGRAVE**, 15, rue Soufflot, Paris

Collection à 3 fr. 50

Ouvrages pouvant être mis entre toutes les mains

Victor Hugo. — Morceaux choisis. Prose, Poésie, Théâtre. 3 vol. (Ces trois volumes, reliés, dans un écrin, **15 fr.**)

Alfred de Vigny. — Morceaux choisis. Prose et Poésie. Un volume.

Alfred de Vigny. — Œuvres complètes. Poésies. Édition définitive. Un volume. Cinq-Mars. Édition définitive. Deux volumes.

Ferdinand Fabre. — Œuvres choisies. Un volume.

L'Idée de Ghislaine, par B. Neulliès; illustrations de L. Jouenne.

La Mionette, par Eug. Muller; illust. de A. Bertrand.

Cousine Sidonie, par V. Debay; illustrations de Dulac.

Histoire de Janine, par Marie Nervat.

Heurs et Malheurs, par Madeleine Marion; illustrations de F. Vernay.

Pensées et Maximes pour la Pratique de la vie, par Em. Cazes.

Les Grandes Ombres. Œuvre posth., par L. Ratisbonne.

Théâtre choisi des Auteurs comiques du XVIIe et du XVIIIe siècle, par Hippolyte Parigot.

Contes et Causeries, par N. Bernardin. Samedis de l'Odéon : Conférences, Contes inédits.

L'Asie en feu, par Féli-Brugière et L. Gastine.

Une Étude en Rouge, par Conan Doyle; traduction de Charleville.

La Famille Middleton, par Montgomery; traduction de Fitz-Gerald.

Dans la Cité des Fleurs, par Marshall; traduction de J. Trémaes, illustrations de Devoux.

IMPR. PAUL SCHMIDT. PARIS-MONTROUGE (SEINE).

www.ingramcontent.com/pod-product-compliance
Lightning Source LLC
LaVergne TN
LVHW050302060726
842525LV00002B/376